LA PLANIFICACIÓN DE LA ENSEÑANZA

Traducción: **Jorge Brash**

Revisión técnica: **Emilio Ribes Iñesta**
Profesor de tiempo completo en la
Facultad de Psicología
Universidad Nacional Autónoma de México

LA PLANIFICACIÓN DE LA ENSEÑANZA

Sus principios

Robert M. Gagné

Leslie J. Briggs

EDITORIAL TRILLAS

México, Argentina, España,
Colombia, Puerto Rico, Venezuela

Catalogación en la fuente

Gagné, Robert Mills
    La planificación de la enseñanza : sus
principios. -- México : Trillas, 1976 (reimp. 2002).
    287 p. ; 23 cm.
    Traducción de: Principles of Instructional Design
    Incluye bibliografías e índices
    ISBN 968-24-0456-8

    1. Educación - Planeamiento. I. Briggs,
Leslie J. II. t.

D- 371.3'G518p   LC- LB1027'G3.6   560

Título de esta obra en inglés:
Principles of Instructional Design

Versión autorizada en español de la
primera edición publicada en inglés por
Holt, Rinehart and Winston, Inc.
Nueva York, N. Y., EUA

Derechos reservados en lengua española
© 1976, Editorial Trillas, S. A. de C. V.,
División Administrativa, Av. Río Churubusco 385,
Col. Pedro María Anaya, C. P. 03340, México, D. F.
Tel. 56884233, FAX 56041364

División Comercial, Calz. de la Viga 1132, C. P. 09439
México, D. F. Tel. 56330995, FAX 56330870

Miembro de la Cámara Nacional de la
Industria Editorial. Reg. núm. 158

Primera edición en español, 1976 (ISBN 968-24-0456-8)
    Reimpresiones, 1977, 1978, 1979, 1980, 1982, 1983,
    mayo y octubre 1986, 1987, 1990, 1992, 1994, 1996,
    1997, 1999 y 2001

Decimoséptima reimpresión, marzo 2002

Impreso en México
Printed in Mexico

Prólogo

Para escribir esta obra hemos tenido en cuenta la patente necesidad que tienen los maestros, elaboradores de planes de estudio, dirigentes y administradores de la enseñanza, lo mismo que todos los dedicados a profesiones relacionadas con la educación, de aprender a planificar sistemáticamente la enseñanza. Nuestro objetivo es, pues, el de comunicar los principios del diseño y elaboración de planes y procedimientos para la enseñanza. Tratamos de proporcionarle al lector un sólido fundamento intelectual para la tarea de planificar la enseñanza.

Se describen en este volumen la creación y la aplicación de métodos para planificar materias, cursos y lecciones de diversos temas, basados en los principios del aprendizaje humano y el análisis de la conducta. Estos métodos se relacionan también con el planeamiento y evaluación de los sistemas de enseñanza.

En el capítulo introductorio encontrará el lector algunos principios del aprendizaje, en los cuales estará basada la planificación de la enseñanza, así como un vistazo al contenido general. En el capítulo 2 se definen e ilustran las principales clases de objetivos de aprendizaje para los programas de enseñanza, incluidas las capacidades intelectuales, información, actitudes, destrezas motoras y estrategias cognoscitivas. En los capítulos 3 y 4 se describen las condiciones del aprendizaje aplicables a la adquisición de estas capacidades.

La segunda parte trata de los métodos para planificar la enseñanza. El capítulo 5, primero de esta parte, se ocupa de los procedimientos para definir los objetivos de aprendizaje. En el siguiente capítulo se describen los procedimientos para distribuir las materias de enseñanza, los cuales pueden aplicarse a cursos y a planes de estudios. En el capítulo 7 se introducen algunos principios generales para planificar los acontecimientos que constituyen la enseñanza a nivel de la clase. En el capítulo 8 se presentan procedimientos prácticos para disponer las condiciones de aprendizaje eficaces en relación con el planeamiento de las clases. En el capítulo 9 se trata de la evaluación del desempeño del alumno.

En la parte 3 el capítulo 10 se refiere en términos más generales al planeamiento de la enseñanza en función de un sistema completo como el que puede adoptarse en las escuelas. El empleo de procedimientos para la enseñanza individualizada conforme a dicho sistema está tratado pormenorizadamente en el capítulo 11. Finalmente, en el capítulo 12, se tratan los procedimientos para evaluar los programas de enseñanza.

Se trata de que esta obra pueda usarse en la formación de maestros y otros especialistas de la educación, responsables del planeamiento y función de los programas educativos. Se trata de que sirva para hacer planes de estudios y programas de enseñanza y también planes de enseñanza individual y procedimientos para evaluar el aprendizaje.

Se espera concretamente que este volumen satisfaga una necesidad de los cursos de preparación de maestros tanto en los alumnos regulares como entre los de postgrado. Los profesores que dan cursos sobre métodos de enseñanza, planeamiento de la misma, teoría de los planes de estudio y métodos para el aula, hallarán de utilidad este libro. En la educación de postgrado podrán encontrarse usos para el texto en estas mismas áreas, así como en los cursos sobre psicología del aprendizaje y educativa.

Tallahassee, Florida   R. M. G.
Septiembre, 1973   L. J. B.

Índice general

1

procesos fundamentales del aprendizaje y la enseñanza

capítulo 1

Introducción

Por mucho que se diga, la enseñanza no es más que una ayuda para que las personas aprendan, y la manera de prestar esta ayuda puede ser adecuada o inadecuada. Pero, por obvio que parezca, no es fácil precisar cuál de estas dos maneras se ha elegido. No obstante, todos estarán de acuerdo en que la enseñanza debe practicarse con responsabilidad.

El ser humano es extraordinariamente adaptable en lo que toca al aprendizaje. No es de extrañarse, entonces, que un tipo de plan de enseñanza parezca ser tan bueno como otro, y que sea difícil demostrar que hay diferencias entre los efectos de dichos planes. La gente pasa gran parte del tiempo ocupada en aprender. Pero, cuando se emprende la tarea de enseñar, no se responsabiliza uno de todo el aprendizaje que vaya a tener lugar. Antes bien, la enseñanza planificada deliberadamente afectará sólo a una parte, acaso pequeña, de lo que la persona aprenda.

Ahora bien, si es verdad que los efectos de la enseñanza planificada y sistemática son limitados, ¿cuál es el objeto de planificarla?; ¿cuál es la función de las escuelas, por lo que hace al aprendizaje? Las respuestas a estas preguntas han de buscarse examinando a los individuos de edad adulta que constituyen nuestra sociedad. ¿Están todas las personas razonablemente adaptadas a las exigencias de la vida moderna? ¿En qué medida es cada individuo un ciudadano auténticamente responsable? ¿Se ocupan todos de una labor de por vida que absorba su total interés? ¿Están todos satisfechos de su manera de ser?

En la medida en que puedan responderse positivamente estas preguntas, se podrá decir que el aprendizaje —planificado o improvisado— emprendido por cada individuo ha tenido o no ha tenido éxito. En la medida en que las personas no alcancen los ideales que se acaban de mencionar, el aprendizaje que haya tenido lugar será de una u otra manera impropio. Y, por una u otra razón, el aprendizaje que forma parte de la experiencia de cada persona no permitirá que el individuo "viva plenamente su vida". Naturalmente que esto es un ideal, y que nadie espera lograrlo por completo. Sin embargo, también está generalizado el ideal de emplear de manera óptima la mente y el cuerpo para vivir una vida completa. Tal es la norma de superación (Gardner, 1961), norma respecto de la cual debe valorarse la necesidad de la enseñanza planificada.

El aprendizaje debe planificarse para que cada persona se aproxime al máximo a las metas de empleo óptimo de sus capacidades, disfrute de su vida e integración con su medio físico y social. Naturalmente, esto no quiere decir que el planeamiento de la enseñanza tenga el efecto de hacer más parecidos a los individuos diferentes. Por el contrario, la diversidad de los individuos se hará más acentuada. La enseñanza planificada trata de contribuir a que cada persona se desarrolle tan complejamente como le sea posible, y en su propio sentido.

Suposiciones básicas sobre la planificación de la enseñanza

¿Cómo ha de planificarse la enseñanza? ¿Cómo puede uno emprender la tarea? Debe haber obviamente muchos modos de hacerlo. En este libro describiremos una forma que consideramos viable y digna de tenerse en cuenta. Esta manera de planificar y diseñar la enseñanza tiene ciertas características que deben mencionarse de antemano.

En primer lugar, suponemos que el planeamiento de la enseñanza debe hacerse *para el individuo*. Aquí no nos ocupamos de los cambios "masivos" de opiniones o capacidades, ni de la educación en su sentido de "difusión" de información y actitudes dentro de las sociedades y entre ellas. La enseñanza de que nos ocupamos está orientada hacia el individuo, tanto en su desarrollo de la niñez a la edad adulta como a lo largo de toda su vida.

En segundo, el planeamiento de la enseñanza tiene etapas que son tanto *inmediatas como a largo plazo*. El planeamiento, en su sentido inmediato, es lo que hace el maestro cuando prepara el "plan de la clase" horas antes de enseñarla. Los aspectos a largo plazo son más complejos y variados. Atañen más bien a un conjunto de lecciones organizadas en "temas", a un conjunto de temas que constituyen un curso o programa de curso, o tal vez a todo un sistema de enseñanza. Este tipo de plan es el que emprenden a veces los maestros, grupos de maestros, comisiones escolares, grupos y organizaciones de elaboradores de planes de estudio, autores de libros de texto y grupos de especialistas en disciplinas académicas.

Esas etapas, inmediata y a largo plazo, pueden recorrerse mejor como tareas independientes, sin mezclarlas. La labor del maestro, es decir, enseñar, exige mucho de su tiempo, esfuerzo y dedicación intelectual. Pero el maestro tiene, en todo momento, mucho que hacer en la planificación de la enseñanza. Su tarea puede facilitársele enormemente cuando dispone de los productos de una planificación de la enseñanza minuciosa y de largo alcance, en forma de libros de texto, auxiliares audiovisuales y otros materiales. Tratar de cumplir con los planeamientos inmediato y a largo plazo mientras se enseña a veinte o treinta estudiantes, es algo que se convierte en tarea abrumadora para una sola persona, y fácilmente puede ocasionar que el maestro desatienda sus funciones esenciales. Pero con esto no tratamos de decir que los maestros sean incapaces o no deban emprender el planeamiento a largo plazo, ya sea por sí solos, o bien como parte de un equipo. Los profesores tienen contribuciones esenciales que hacer en esa planificación a largo plazo, y pueden realizarla mejor durante los periodos en que no están ocupados en la enseñanza en sí.

La tercera suposición se refiere a que la enseñanza planificada sistemáticamente puede afectar enormemente al desarrollo del individuo como persona. En algunas obras pedagógicas (por ejemplo, Friedenberg, 1965; Silberman, 1970) se insinúa la creencia de que la educación sería mejor si se planificara simplemente como un medio de fomentar el desarrollo del niño y el joven a su propia manera, sin que se les impusiese ningún plan de aprendizaje. Consideramos desacertada esta forma de pensar. Creemos que el aprendizaje sin plan ni dirección conduce casi necesariamente a la formación de individuos que, de una u otra manera, serán incompetentes para vivir satisfechos en la sociedad actual y en la del mañana. Una de las razones fundamentales de que tenga que planificarse la enseñanza es la de garantizar que nadie esté en "desventaja educativa", que todos tengan la misma oportunidad de aprovechar al máximo sus capacidades.

Por último, cabe mencionar lo que en el siguiente capítulo, igual que en el resto del libro, se tratará más extensamente. El planeamiento de la enseñanza debe basarse en el conocimiento de la manera como aprende el hombre. Al considerar la manera como han de desarrollarse las capacidades individuales, no basta con decir lo que éstas deben ser: debemos examinar con detenimiento la cuestión de cómo han de adquirirse. Los materiales de la enseñanza necesitan reflejar no solamente lo que su autor sabe, sino también la manera como se trata de que el estudiante adquiera tal conocimiento. Por eso, en el planeamiento de la enseñanza, se deben tener en cuenta todas las condiciones de aprendizaje necesarias para que ocurran los efectos deseados.

ALGUNOS PRINCIPIOS DEL APRENDIZAJE

Cabe ahora considerar con más detenimiento la idea de basar la planificación de la enseñanza en el conocimiento de las condiciones en que se da el aprendizaje humano. ¿Qué tipo de conocimiento se necesita para planificar la enseñanza?

Durante muchos años se ha investigado el proceso del aprendizaje mediante los métodos de la ciencia (labor llevada a cabo principalmente por los psicólogos). Como científico, el investigador del aprendizaje se interesa fundamentalmente en explicar la manera como tiene lugar el aprendizaje. Para esto, elabora generalmente *teorías* acerca de las estructuras y los hechos (concebidos generalmente como acontecimientos que ocurren en el sistema nervioso central) que producen la notable conducta que puede observarse directamente como "acto de aprendizaje". De estas teorías deduce ciertas consecuencias que puede someter a prueba mediante observaciones controladas.

Durante este proceso de elaboración de teorías y realización de experimentos se acumula una gran variedad de conocimientos. Los efectos que producen ciertos acontecimientos en el aprendizaje pueden someterse una y otra vez a prueba en las más diversas condiciones. Así se va conformando un cuerpo de "hechos" y otro de "principios", cuya validez habrá de confirmarse en circunstancias variadas. Por ejemplo, un principio bastante conocido del aprendizaje es el siguiente: cuando se aprende algo como el nombre de una persona, e inmediatamente después se aprenden nombres de otras personas, es probable que se olvide el primer nombre. Es interesante advertir que incluso un principio tan conocido debe enunciarse denotando cuidadosamente las condiciones. Tratar de simplificarlo enunciándolo como "todo lo que se aprende se olvida con el tiempo", sería incorrecto.

Algunos de los hechos y principios del aprendizaje humano que se han acumulado de esta manera son muy importantes para planificar la enseñanza. Se ha visto, por ejemplo, que es más difícil aprender listas de sílabas sin sentido con combinaciones poco familiares de letras, como ZEQ, XYR, etc., que aprender combinaciones con letras familiares como BOJ, REC, etc. Aunque tal descubrimiento tiene cierta importancia para elaborar teorías, no la tiene tanta para planificar la enseñanza, ya que ésta rara vez guarda relación con el aprendizaje sin sentido. Un ejemplo de lo contrario nos lo da el descubrimiento de que una serie de palabras como HOMBRE Y MUCHACHO FUERON MUY LEJOS es más fácil de aprender y recordar que la de MUY MUCHACHO LEJOS HOMBRE Y FUERON (Miller y Selfridge, 1950). En este caso el principio *tiene* cierta pertinencia, debido a que la enseñanza se ocupa a veces del aprendizaje de palabras, clases de palabras y series de las mismas. Existen muchos ejemplos de este tipo en la bibliografía científica del aprendizaje humano (Deese y Hulse, 1967).

Comentarios similares pueden hacerse de las propias teorías del aprendizaje; algunas ideas, pero no todas, son de suma importancia para la enseñanza. Por ejemplo, una teoría del aprendizaje puede proponer que un solo hecho de aprendizaje produce un cierto cambio en la composición química de las células nerviosas activadas. Tal teoría quizá sea interesante, pero carece de importancia intrínseca para planificar la enseñanza. Otra teoría podría afirmar que la presentación de una señal de "alerta" inmediatamente antes de presentar el estímulo para el aprendizaje activa ciertos circuitos nerviosos de manera que facilita el aprendizaje. De verificarse tal concepto teórico, quizá habría que considerarlo pertinente en la planificación de la enseñanza. Los aspectos de la teoría del aprendizaje que atañen a la enseñanza son los relacionados con *hechos y condiciones controlables*. Así pues, cuando se trata de planificar la enseñanza para que ocurra eficientemente el aprendizaje, hay que buscar aquellos elementos de la teoría del aprendizaje que se avengan a los hechos sobre los cuales pueda actuar el maestro.

Algunos principios del aprendizaje verificados con el tiempo

¿Cuáles son los principios derivados de la teoría del aprendizaje y la investigación que pueden aprovecharse para planificar la enseñanza? En primer lugar mencionaremos algunos de los principios que durante muchos años han convivido con nosotros. En cierto sentido todavía son principios válidos, pero acaso necesiten nuevas interpretaciones a la luz de la teoría moderna.

Contigüidad. Este principio afirma que la situación estímulo en la que se quiere que responda el educando debe presentarse *en proximidad temporal* con la respuesta deseada. Habría que pensar mucho para dar un ejemplo de violación del principio de contigüidad. Supongamos, por ejemplo, que queremos que un niño aprenda a escribir la letra E. Un profesor inexperto trataría de hacerlo de la siguiente manera: primero, daría la instrucción verbal: "enséñame cómo escribes una E". A continuación, para ejemplificar la forma de la letra, le mostraría al niño una E impresa en una página. Dejaría la página sobre la mesa del niño. El niño escribe entonces una E. Ahora, ¿ha aprendido el niño a dibujarla? Haciendo referencia al principio de contigüidad, se tendría que decir:

Situación estímulo: una E impresa.
Respuesta del niño: escribir una E.

Pero el objetivo de la lección es:

Situación estímulo: "enséñame cómo escribes una E".
Respuesta del niño: escribir una E.

Para que el principio de contigüidad ejerza el efecto esperado, el primer conjunto de acontecimientos debe ser remplazado por el segundo, o sea que debe retirarse el estímulo interpuesto (la E impresa). En el primer caso, las instrucciones verbales están *alejadas* de la respuesta esperada, no contiguas a ella.

Repetición. Este principio afirma que la situación estímulo y su respuesta necesitan repetirse o practicarse para que el aprendizaje mejore y se retenga. Hay situaciones en que la necesidad de repetir es evidente. Por ejemplo, si aprende uno a pronunciar una palabra francesa nueva, como *variété*, con ensayos repetidos se irá logrando una pronunciación cada vez más aceptable. No obstante, la teoría del aprendizaje moderna deja mucha duda acerca de que la repetición funcione por "fortalecer conexiones aprendidas". Además, existen muchas situaciones en que la repetición de ideas recientemente aprendidas no mejora el aprendizaje ni la retentiva (véase Ausubel, 1968; Gagné, 1970). Acaso sea mejor considerar que la repetición no es condición fundamental del aprendizaje, sino tan sólo un procedimiento práctico ("práctica") que sirve para garantizar la presencia de otras condiciones favorables para el aprendizaje.

Reforzamiento. La primera forma que tuvo este principio es la siguiente (Thorndike, 1913): el aprendizaje de un acto nuevo se fortalece cuando a éste sigue un estado de cosas que es satisfactorio (es decir una "recompensa"). Este concepto de reforzamiento sigue siendo problema teórico y son muchos los testimonios a su favor. No obstante, para los fines de la enseñanza, uno se siente inclinado a confiar más en otra concepción del reforzamiento que podría formularse así: se aprende más fácilmente un acto nuevo (A) cuando va seguido de inmediato por un acto "viejo" (B) que el individuo ya ejecuta con facilidad, de suerte que la ejecución de B sea contingente respecto de la ejecución de A (Premack, 1965). Supongamos que a un niño le gusta mucho ver dibujos de animales y se quiere que aprenda a dibujarlos. Según este principio, se aprenderá más fácilmente la nueva habilidad de dibujar animales asociándola al hecho de ver otros dibujos de animales. Haciendo, en otras palabras, que la oportunidad de ver dibujos de animales sea contingente respecto de dibujar uno o más animales. Así es más eficaz el principio de reforzamiento.

Principios del aprendizaje más recientes

En el estudio del aprendizaje humano, se ha ido advirtiendo cada vez con mayor claridad que las teorías deben perfeccionarse de continuo. El de la contigüidad, el de la repetición y el del reforzamiento, son todos ellos buenos principios, y lo que mejor los caracteriza es que se refieren a hechos controlables de la enseñanza. El planificador de ésta, lo mismo que el maestro, puede idear fácilmente situaciones que incluyan estos principios. Pero el solo hecho de hacer tales cosas no garantiza que se obtenga una buena situación de aprendizaje. Al parecer, falta algo todavía.

Este faltante hay que buscarlo *dentro* del individuo, no en su medio. Hay estados mentales que el educando ya posee desde antes de iniciar la tarea de aprender; en otras palabras, son las capacidades adquiridas por el propio educando. Éstas parecen ser sumamente importantes para garantizar el aprendizaje eficaz.

Procesos internos del aprendizaje

Todo acto de aprendizaje requiere que haya varios estados internos aprendidos previamente. Por ejemplo, el estudiante que aprende las ventajas mecánicas de las palancas, expresadas en la ecuación $Fd = F'd'$, ya debe saber que F es un símbolo que representa a la fuerza, que puede expresarse en kilogramos; que d indica la distancia a partir del punto de apoyo, expresada en centímetros; y otro tipo de *información* por el estilo. Por otro lado, debe disponer de ciertas *habilidades intelectuales* como la de sustituir símbolos por valores específicos en los lugares adecuados, resolver ecuaciones sencillas, y otras. Por último, su tarea de aprender se facilitará en la misma medida en que posea los *métodos* de "autoadministración" que rijan su propia conducta de atender, almacenar y recuperar información, y de organizar la solución del problema. Estos tipos de estados internos dependen, en mayor o menor grado, del *aprendizaje previo*.

Otros acontecimientos internos importantes para el aprendizaje son la *motivación* y una *actitud de confianza* en aprender (en ocasiones se abarcan todos estos factores con el "concepto de sí mismo"). Estos estados internos son indispensables para que el aprendizaje tenga éxito. Nótese que no se les trata directamente al estudiar los procesos del aprendizaje. Por lo contrario, se supone que están presentes como condiciones previas del planeamiento de la enseñanza. Las etapas iniciales de la instrucción, que preceden a la que describiremos, a menudo tienen que ver con el establecimiento y la canalización de la motivación.

Debe darse información objetiva para referirse a un acto de aprendizaje. De hecho, esto puede ocurrir de tres maneras diferentes. La primera, y más obvia, es la de sencillamente comunicársela, en términos accesibles, a la persona. Por ejemplo, las "instrucciones" impresas pueden estar siempre disponibles como referencias durante el aprendizaje. La segunda consiste en que se aprenda la información inmediatamente antes. Por ejemplo, el estudiante enfrentado a un problema sobre rendimiento mecánico quizá haya leído en la página anterior que "*d* simboliza la distancia y que ésta usualmente se expresa en centímetros"; podrá entonces memorizar activamente este principio mientras aprende a resolver problemas de rendimiento mecánico. Por último, tal vez la información objetiva necesite recuperarse de la memoria por haber sido aprendida y almacenada meses o años antes. En ese caso, el estudiante deberá buscar en su memoria esta información.

Para que ocurra el aprendizaje, deben recordarse las habilidades intelectuales necesarias para el mismo. Para aprender cosas nuevas, el estudiante tiene que disponer de formas de hacer las cosas, particularmente en lo que se refiere al lenguaje y otros símbolos. Puede estimulársele a recordar estas habilidades intelectuales mediante algunas "claves" verbales. Por ejemplo, al estudiante que aprende una regla sobre rendimiento mecánico puede decírsele: "Acuérdate de cómo se halla el valor de una variable en una ecuación", o algo parecido. Es importante notar que una habilidad intelectual generalmente no puede transmitirse mediante "instrucciones". Para poderla recordar en el momento adecuado, debe haberse aprendido antes. Pero, ¿no podría aprenderse inmediatamente antes de tener lugar el nuevo aprendizaje o bien casi simultáneamente? Sí, pero este procedimiento puede dificultar aún más el aprendizaje.

Un hecho del aprendizaje requiere la activación de estrategias para aprender y recordar. El individuo puede poner en juego estrategias para atender a la estimulación compleja, para elegir y codificar partes de ella, resolver problemas y recuperar lo aprendido. Gran parte del aprendizaje, salvo el de los niños muy pequeños, echa mano de estas capacidades de "autoadministración" del proceso de aprendizaje. A diferencia de lo que sucede con las habilidades intelectuales, las estrategias son muy generales en cuanto a la variedad de situaciones en que pueden aplicarse. Las estrategias de autoadministración pueden mejorar en algunos años. Para cualquier hecho particular del aprendizaje, los métodos de que se dispone pueden ser sencillamente los mejores que el estudiante tenga a su alcance en ese momento. Es probable que mejoren con la práctica continuada. En la mayoría de los casos, el maestro apoya al aprendizaje con la estimulación. Conforme el estudiante gana experiencia aprendiendo, llega a depender cada vez más de las estrategias que ha incorporado. En otras palabras, se hace cada vez más un "autodidacto".

En la figura 1 se representan las dos categorías de factores que participan en un hecho del aprendizaje. Las teorías antiguas acerca de éste le daban más importancia a los factores *externos*, y el modelo de lo que se necesitaba interiormente consistía casi completamente en "conexiones que había que fortalecer". El modelo más reciente hace mayor hincapié en la importancia de los factores que se originan en la fuente *interna*, que

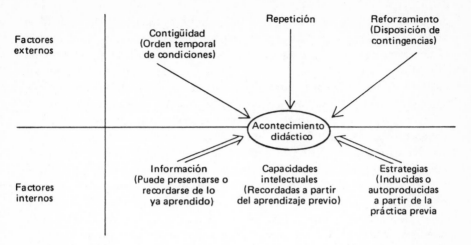

Figura 1. Factores externos e internos que afectan al acontecimiento didáctico.

es la memoria del individuo. Las influencias de estos factores se ejercen a través de recuerdos de lo ya aprendido. Así, el planeamiento de la enseñanza debe tener en cuenta no sólo la situación externa inmediata que estimula al estudiante, sino también las capacidades de éste. El planeamiento de la enseñanza debe también ser sostén del aprendizaje previo de estas capacidades.

La importancia del aprendizaje en la enseñanza

Hay diversas formas de capacidades aprendidas que la enseñanza procura establecer. Por vía de ilustración ya hemos mencionado tres —información, capacidades intelectuales y estrategias cognoscitivas— y en el siguiente capítulo completaremos la lista con las *destrezas motoras* y las *actitudes*. Cualquiera de ellas puede representar una categoría de lo que tiene que aprenderse. Cualquiera de éstas puede ser necesaria de recordarse, como capacidad previamente aprendida, en el momento de aprender lo nuevo. ¿Pero cuál de ellas debería ser un objetivo primordial de la enseñanza? ¿Es posible asignarles prioridades, con base en la teoría o en la práctica?

No basta concentrar la enseñanza en cualquier tipo de capacidad sola, ni en ninguna combinación de dos cualesquiera de ellas. La información objetiva, en sí, representará una meta educativa de todo punto inadecuada. El aprendizaje de las capacidades intelectuales conduce a la competencia práctica. No obstante, estos factores también son insuficientes para el aprendizaje porque en éste también se usa la información. Además, adquirir capacidades intelectuales es algo que, por sí solo, no le proporciona al estudiante las estrategias de aprendizaje y memorización que necesita para ser un autodidacto independiente. Volviendo a las estrategias cognoscitivas en sí, es obvio que no pueden aprenderse ni mejorarse progresivamente sin tener en cuenta la información y las capacidades; se debe, en otras palabras, "tener algo con qué trabajar". Asimismo, las actitudes necesitan un sustrato de información y capacidades intelectuales que las apoyen. Finalmente, las destrezas motoras constituyen una rama un tanto cuanto especializada de aprendizaje escolar, que no es representativa del todo. En suma, deben reconocerse los *objetivos múltiples* de la enseñanza. La persona que estudia una materia, necesita lograr una gran variedad de capacidades aprendidas.

Información. Habida cuenta que los principios del aprendizaje frecuentemente se derivan de los estudios del aprendizaje de información, podemos sacar en conclusión que la prioridad que se da a la enseñanza debiera dársele precisamente a ese aprendizaje de la información. Para que el aprendizaje y la manera de resolver problemas resulten eficaces, se requiere que la información sea accesible. No obstante, para resolver el problema, ésta *puede* ponerse a disposición del estudiante como parte de la comunicación que se le da al enunciarle el problema. Por otra parte, el estudiante puede buscarla en fuentes de referencia adecuadas; no en todos los casos tiene forzosamente que almacenarla. Cierta información puede recordarse y recuperarse en el momento del aprendizaje. Alguna otra puede comunicarse como parte de la descripción del problema. Otras cosas pueden consultarse y almacenarse en la memoria por el lapso que dura el acto de aprender. Debido a todas estas opciones viables, el planeamiento de la enseñanza, por lo que se refiere a la información objetiva, parece ser un curso de acción por todo concepto inadecuado.

Estrategias cognoscitivas. Algunos teóricos de la educación parecen darle una importancia especial a las estrategias cognoscitivas como objetivos de la enseñanza. Así sucede con los escritos de Bruner (1960, 1971). En ciertos aspectos, esta insistencia es razonable y hasta deseable. Se basa en la idea de que uno de los propósitos fundamentales de la enseñanza es garantizar que el estudiante llegue a ser un autodidacto eficaz. No obstante, el aprendizaje de las estrategias no puede afectarse de un momento a otro con la enseñanza. Dichas capacidades mejoran de calidad y eficacia en periodos relativamente largos, del orden de meses y hasta años. Por ejemplo, con el paso de los años, la persona que lee continuamente deberá ser un lector eficiente, más consciente, hasta un virtuoso de la lectura. Pueden hacerse planes de enseñanza completos para que los educandos mejoren sus estrategias cognoscitivas de aprender, codificar información verbal, almacenar y recuperar lo que han aprendido, atacar y resolver problemas. Los planes para alcanzar tales estrategias parecen necesitar de que se dispongan diversas situaciones prácticas, que se prolonguen muchos meses.

*Las capacidades intelectuales como elementos constitutivos de la ense-
ñanza.* En la planificación de la enseñanza, desde sistemas educativos completos hasta lecciones individuales, las capacidades intelectuales tienen muchas características útiles, en tanto que resultan ser componentes del sistema
de planeamiento (Gagné, 1970). Una capacidad intelectual no puede
ap
 nderse mediante la simple consulta bibliográfica, ni proporcionársele al
educando de manera verbal. Debe aprenderse, recordarse y emplearse en
el momento adecuado. Por ejemplo, consideremos la capacidad intelectual
de deletrear palabras con un sonido de *a* "abierta". Cuando el educando ha
adquirido esta habilidad puede deletrear rápidamente y sin necesidad
de consultar el conjunto de reglas. Su desempeño demuestra que puede recordar éstas y ponerlas inmediatamente en práctica. Al mismo tiempo,
dominar las reglas necesarias para deletrear palabras con *a* "abierta" no es
empresa de muchos meses (como parece ser el caso de las estrategias cognoscitivas). Esencialmente, puede esperarse que en un periodo muy corto
se establezca un desempeño intachable basado en tal tipo de habilidad intelectual.

Las habilidades intelectuales tienen otras ventajas como fundamentos
de la enseñanza y de la planificación de ésta. Tales habilidades acaban por
relacionarse estrechamente y constituir estructuras intelectuales internas elaboradas y de carácter acumulativo (Gagné, 1970). El aprendizaje de una
habilidad le facilita al educando el aprendizaje de otras de "orden superior".
Supongamos que un individuo ha aprendido la habilidad de sustituir las
literales por valores numéricos específicos en una expresión simbólica como
ésta:

$$\sigma^2 = E(X - m)^2.$$

Esta habilidad contribuirá al aprendizaje de muchos tipos de capacidades
avanzadas, y no sólo relativas a la matemática, sino a muchas ramas de las
ciencias y los estudios sociales. Las habilidades intelectuales son ricas en
efectos de transferencia que originan la formación de estructuras cada vez
más complejas de competencia intelectual.

Otra ventaja de las capacidades intelectuales como componentes prima-
rios de la enseñanza es la relativa facilidad con que pueden observarse
confiablemente. Cuando el estudiante adquiere una habilidad intelectual,
por ejemplo "representar gráficamente aumentos cuantitativos", no es difícil ver lo que debe hacerse para demostrar que realmente ha aprendido
dicha habilidad. Pueden dársele valores numéricos de cualquier variable en
aumento, y pedirle que construya una gráfica que describa los cambios
respectivos. Una habilidad intelectual siempre puede definirse operacionalmente; es decir, siempre puede relacionarse con una clase de actividad
humana, con algo que el estudiante que aprende *puede hacer*.

Así, la elección de habilidades intelectuales como punto de referencia principal para planificar la enseñanza, obedece ante todo a consideraciones prácticas. A diferencia de la información objetiva, las habilidades no pueden simplemente consultarse ni manifestarse con sólo "decirlas", sino que deben aprenderse. En contraposición con las estrategias cognoscitivas, las habilidades intelectuales generalmente se aprenden en poco tiempo y no necesitan afinarse ni perfeccionarse con meses y años de práctica. Se suman unas a otras para formar estructuras intelectuales cada vez más elaboradas. En virtud del mecanismo de la transferencia del aprendizaje, es posible que en todo individuo la competencia intelectual esté siempre en constante desarrollo. Y finalmente, dichas habilidades pueden observarse con facilidad, de manera que no se dificulta determinar cuándo se han aprendido.

MARCO TEÓRICO DE LA PLANIFICACIÓN DE LA ENSEÑANZA

Ha de emprenderse la planificación de la enseñanza atendiendo particularmente a las condiciones en que se da el aprendizaje. Por lo que hace a quien aprende, las condiciones son tanto externas como internas, y dependen, a su vez, de lo que se esté aprendiendo.

¿Cómo pueden usarse estas ideas fundamentales para planificar la enseñanza? ¿Cómo pueden aplicarse al planeamiento de las clases, cursos y sistemas de enseñanza completos? Estas son las preguntas que trataremos de responder en esta obra. Para hacerlo, comenzaremos por examinar las partes, para luego elaborar el todo.

La derivación de la enseñanza

Los pasos racionales que se siguen para establecer procedimientos de enseñanza pueden delinearse brevemente así:

1. Los efectos duraderos del aprendizaje consisten en que el educando adquiere diversas *capacidades*. Por principio de cuentas, consideraremos qué tipo de capacidades pueden aprenderse. Describiremos las variedades de ejecución que, por cada tipo de capacidad aprendida, quedan al alcance del educando: habilidades intelectuales, estrategias cognoscitivas, información, aptitudes y destrezas motoras.

2. Como resultados de la enseñanza y el aprendizaje, las capacidades humanas suelen especificarse en función de las clases de ejecución que posibilitan. A dichas especificaciones a veces se les llama "objetivos conductuales" *u objetivos de ejecución*, que es el término que vamos a usar. Son "objetivos" por cuanto identifican los resultados, esperados o planificados,

de los acontecimientos del aprendizaje. Se refieren a clases de ejecuciones que pueden observarse confiablemente.

3. Al identificarse los objetivos de ejecución pueden clasificarse las capacidades en categorías fáciles de manejar. Sin éstas, únicamente podríamos manejar los principios del aprendizaje de manera muy general. Gracias a ellas podemos inferir los tipos de capacidad que está adquiriendo el educando. Asimismo, pueden describirse las *condiciones*, internas y externas, que serán necesarias para producir con la mayor eficiencia el aprendizaje. Cuando se conocen los objetivos del desempeño se puede inferir, primeramente, qué *tipo* de capacidad se está adquiriendo y, en segundo lugar, qué condiciones (tanto internas como externas) serán las que favorezcan al máximo el aprendizaje.

4. La inferencia de condiciones para el aprendizaje permite planificar *programas de enseñanza*. Esto se debe a que la información y las habilidades que necesitan recordarse en cualquier acontecimiento de aprendizaje tienen que haberse aprendido antes. Ejemplo sencillo, tomado del estudio del lenguaje, es el hecho de aprender la habilidad intelectual de emplear un pronombre en el caso objetivo cuando el objeto de una preposición requiere memorizar otras habilidades "subordinadas", identificar preposiciones, pronombres, los casos de los pronombres y el concepto "objeto de"; así pues, si procedemos a la inversa, a partir del resultado de haber aprendido cierto tema, podemos identificar la serie de objetivos intermedios (o "requisitos") que deben alcanzarse para hacer posible el aprendizaje deseado. De esta manera, los programas de enseñanza deben ser aplicables a temas, cursos o incluso a planes de estudio completos. Los programas derivados de esta manera vienen a ser como mapas del desarrollo intelectual, que pueden consultarse cuando los estudiantes avanzan de un nivel de capacidad a otro.

5. Ya diseñado el curso correspondiente a una serie de objetivos de ejecución, y disponiéndose de un medio para evaluarlos, puede procederse a planificar pormenorizadamente la enseñanza en razón de la *lección individual*. En este caso tenemos también que la primera referencia para dicho planeamiento es el objetivo de ejecución que representa el resultado de la lección. La atención se centra en la disposición de *condiciones externas* que serán más eficaces para producir el aprendizaje deseado. ¿Cuáles son los acontecimientos que el maestro o elaborador del programa deben arreglar para garantizar el aprendizaje? Son estos acontecimientos, preparados y ordenados, los que constituyen la llamada *enseñanza*. La determinación de las condiciones para la enseñanza también abarca la elección de los medios y las combinaciones adecuadas de medios que puedan emplearse para fomentar el aprendizaje.

6. El otro elemento que se requiere para redondear el plan de enseñanza es el conjunto de procedimientos de *evaluación* de lo aprendido. Este

componente se deriva naturalmente de las definiciones de objetivos de la enseñanza. Los últimos enunciados se refieren a dominios, a partir de los cuales se eligen "ítemes". Éstos, a su vez, pueden consistir en observaciones del maestro o en reuniones para formar pruebas. Los procedimientos de evaluación se elaboran para proporcionar una medida de los resultados del aprendizaje *referida al criterio* (Popham, 1971). Se usan a manera de medidas directas de lo que han aprendido los estudiantes como resultado de la enseñanza.

7. El diseño de clases y cursos, con sus respectivas técnicas de evaluación de los resultados de la enseñanza, hace posible planear *sistemas* completos. Los sistemas de enseñanza apuntan hacia objetivos amplios en escuelas y sistemas escolares. Deben encontrarse medios adecuados a los diversos componentes, a través de un sistema de administración a veces llamado "sistema de suministro de la enseñanza". Naturalmente, los maestros desempeñan funciones clave en la operación de dicho sistema. Una clase especial de sistemas se ocupa de la *enseñanza individualizada,* y abarca un conjunto de procedimientos que garantizan el desarrollo óptimo del estudiante.

Finalmente, debe prestársele atención a la *evaluación* de todos los aspectos de la enseñanza que se hayan planificado. Los procedimientos evaluativos se aplican en primer lugar a la tarea misma del planeamiento. Se buscan pruebas para las revisiones necesarias, tendientes a perfeccionar la enseñanza ("evaluación formativa"). En una fase posterior se emprende la "evaluación global" para comprobar la eficacia didáctica de lo que se ha planificado.

EL TEMA DE ESTA OBRA

El marco teórico del planeamiento de la enseñanza se encuentra distribuido en los capítulos de este volumen, de la manera siguiente:

Primera parte: Procesos fundamentales del aprendizaje y la enseñanza

En el capítulo 1, la Introducción, se explican someramente los principios del aprendizaje y se bosqueja la manera como habrán de tomarse en cuenta para el planeamiento de la enseñanza.

Con el capítulo 2 se introduce al lector a las cinco categorías principales de capacidades humanas que se aprenden como resultado de la enseñanza. Se describen y distinguen las variedades de ejecuciones que hacen posibles estas capacidades.

En el capítulo 3 se describen pormenorizadamente las características y condiciones del aprendizaje relativas a dos de estas categorías de capacidades aprendidas: las habilidades intelectuales y las estrategias cognoscitivas.

En el capítulo 4 se amplía esta descripción de las capacidades aprendidas, a las tres categorías restantes de información, actitudes y destrezas motoras.

Segunda parte: La planificación de la enseñanza

El capítulo 5 trata de la determinación y descripción de los objetivos (objetivos de ejecución). Se relacionan, por una parte, con objetivos educativos en general y, por la otra, con las capacidades aprendidas, motivo central de la enseñanza.

En el capítulo 6 se estudian principios aplicables a la programación de la enseñanza, comenzando por los cursos, pasando por temas secundarios de aquélla, como las materias y las clases relativas a éstas. Se hace particular hincapié en el uso de las jerarquías del aprendizaje para identificar los requisitos de habilidades intelectuales.

En el capítulo 7 se describen los acontecimientos de la enseñanza que ordinariamente les dan estructura a las clases.

En el capítulo 8 se describen los procedimientos para planificar clases individuales, incluida la ordenación de las partes de la clase, la disposición de las condiciones eficientes para el aprendizaje, en relación con los diferentes tipos de objetivos y el uso de los auxiliares didácticos.

En el capítulo 9 se trata la evaluación del desempeño del estudiante como resultado de la enseñanza.

Tercera parte: Sistemas educativos

En el capítulo 10 se explican las maneras de combinar los diversos componentes planificados, para formar procedimientos sistemáticos aplicables a la enseñanza individualizada.

En el capítulo 11 se consideran los factores del planeamiento de sistemas educativos completos, por ejemplo, para una escuela o sistema escolar, empleando los componentes ya estudiados.

En el capítulo 12 se presenta el desarrollo lógico que siguen los estudios evaluativos. Para la evaluación se emplean pruebas de la viabilidad y eficacia de la enseñanza, a partir de las clases, hasta los sistemas.

RESUMEN

Se planifica la enseñanza con el objeto de estructurar el aprendizaje. En esta obra se describen los métodos que se siguen para planificar la enseñanza individualizada. Suponemos que la instrucción planificada tiene objetivos de largo y de corto alcance, por lo que respecta a sus efectos sobre el desarrollo del hombre.

El planeamiento de la enseñanza debe tener en cuenta ciertos principios del aprendizaje y, específicamente, de las condiciones en que ocurre dicho proceso. Las teorías del aprendizaje identifican condiciones que lo facilitan, algunas de las cuales pueden controlarse por procedimientos didácticos. En las teorías antiguas se ponen de relieve, particularmente, las condiciones externas del aprendizaje conforme a los principios de contigüidad, repetición y reforzamiento. Las teorías modernas agregan a las anteriores ciertas condiciones internas, a saber, las existentes dentro del propio alumno. Estos estados internos se hacen posibles por el recuerdo del material aprendido y almacenado en la memoria del estudiante.

Estos procesos interiorizados afectan enormemente al acto de aprender. En particular, sobre el aprendizaje influye el recuerdo de la información previamente aprendida, las habilidades intelectuales y las estrategias cognoscitivas. Estas y otras capacidades humanas establecidas por el aprendizaje se describirán en los siguientes capítulos. Tales capacidades aprendidas, igual que las condiciones en que se adquieren, sirven de base para planificar la enseñanza. De estos principios se deriva el marco teórico de los procedimientos prácticos para planificar una enseñanza eficaz.

El alumno que use este libro podrá profundizarse en la idea derivada de los estudios dedicados al aprendizaje humano, remitiéndose a las fuentes que se le proporcionan al final de cada capítulo. El estudiante interesado en capacitarse para planificar la enseñanza tendrá que realizar ejercicios prácticos que ejemplifiquen los procedimientos descritos. Por la diversidad de los cursos y de los medios educativos en que puede usarse este libro, esperamos que en todo caso la tarea de estudiarlo sea asesorada por el maestro. Para tal fin, se proporcionan ejemplos y ejercicios en los dos volúmenes de Briggs, publicados en 1970 y 1972.

REFERENCIAS BIBLIOGRÁFICAS

AUSUBEL, D. P. *Educational psychology: a cognitive view.* Nueva York: Holt, Rinehart and Winston, 1968.
BRIGGS, L. J. *Handbook of procedures for the design of instruction.* Pittsburgh, Filadelfia: American Institutes for Research, 1970.
BRIGGS, L. J. *Student's guide to handbook of procedures for the design of instruction.* Pittsburgh, Filadelfia: American Institutes for Research, 1972.
BRUNER, J. S. *The process of education.* Cambridge, Mass.: Harvard University Press, 1960.
BRUNER, J. S. *The relevance of education.* Nueva York: Norton, 1971.

DEESE, J. Y HULSE, S. H. *The psychology of learning.* Nueva York: McGraw-Hill, 1967.

FRIEDENBERG, E. Z. *Coming of age in America: growth and acquiescence.* Nueva York: Random House, 1965.

GAGNÉ, R. M. *The conditions of learning.* 2a. edición. Nueva York: Holt, Rinehart and Winston, 1970.

GARDNER, J. W. *Excellence.* Nueva York: Harper & Row, 1961.

MILLER, G. A. Y SELFRIDGE, J. A. Verbal context and the recall of meaningful material. *American Journal of Psychology,* 1950, *63,* 176-185.

POPHAM, W. J. (dir.). *Criterion-referenced measurement.* Englewood Cliffs, Nueva Jersey: Educational Technology Publications, 1971.

PREMACK, D. Reinforcement theory. En D. LEVINE (dir.), Nebraska *Symposium on Motivation.* Lincoln: University of Nebraska Press, 1965.

SILBERMAN, C. E. *Crisis in the classroom.* Nueva York: Random House, 1970.

THORNDIKE, E. L. *The psychology of learning: educational psychology,* vol. 2. Nueva York: Teachers College, Columbia University, 1913.

capítulo 2

Resultados de la enseñanza

La mejor forma de planificar la enseñanza consiste en empezar por los resultados que se esperan, y luego proceder en orden inverso. En este capítulo se describen algunas de las maneras de trabajar hacia atrás y las repercusiones de esto en el contenido de la enseñanza. Estos procedimientos comienzan por la identificación de las capacidades humanas que han de establecerse mediante la enseñanza. Estos resultados, introducidos y definidos aquí en función de cinco categorías amplias, se presentan a lo largo del libro como la estructura en que se basa el planeamiento de la enseñanza.

LA ENSEÑANZA Y LOS OBJETIVOS DE LA EDUCACIÓN

La razón fundamental de planificar la enseñanza es hacer posible la consecución de un cierto conjunto de objetivos. La sociedad en que vivimos tiene que desempeñar ciertas funciones para atender a las necesidades de sus integrantes. Muchas de estas funciones —de hecho la mayor parte de ellas— necesitan actividades humanas que deben aprenderse. Consecuentemente, una de las funciones de la sociedad es garantizar que se dé tal aprendizaje. Toda sociedad apoya de una u otra forma la educación de las personas, a fin de que puedan llevarse a cabo las diversas funciones necesarias para la supervivencia. *Los objetivos de la educación* consisten en las actividades humanas que contribuyen al funcionamiento de la sociedad (que comprende el desempeño del individuo en ésta) y que pueden adquirirse por aprendizaje.

31

Naturalmente que en las sociedades de organización simple —a menudo llamadas "sociedades primitivas"— los objetivos de la educación y los medios empleados para alcanzarlos son bastante fáciles de describir y entender. Por ejemplo, en la sociedad primitiva, cuya economía giraba en torno de la caza, los objetivos de la enseñanza más importantes tenían relación con las actividades cinegéticas. El hijo del cazador se adiestra en estas actividades con su padre o acaso con otros cazadores de la aldea a la que pertenece. Fundamentalmente, los objetivos de la enseñanza tienen el mismo origen en la moderna sociedad compleja. Con todo, es obvio que mientras las sociedades se van haciendo más complejas, lo propio sucede con la mayoría de los objetivos de la enseñanza.

Dentro de nuestra propia sociedad, de vez en cuando damos conferencias, reunimos asambleas o establecemos comisiones para estudiar los objetivos de la enseñanza. Una muy famosa comisión de este tipo formuló un conjunto de objetivos llamados "Principios cardinales de la educación secundaria" (1918). La idea fundamental de este documento se expresó de la siguiente manera (pág. 9):

En una democracia, la educación tanto dentro como fuera de la escuela, deberá fomentar en cada individuo el conocimiento, intereses, ideales, hábitos y capacidades que le ayuden a encontrar su lugar en la comunidad, para formarse a sí mismo y conducir a ésta siempre hacia fines más nobles.

La comisión de marras consideró que la suma de "conocimiento, intereses, ideales, hábitos y capacidades" pertenecía a siete áreas, a saber, de: a) salud, b) dominio de destrezas básicas, c) ser un digno miembro de la familia, d) cumplir con una vocación, e) ciudadanía, f) un uso digno del tiempo libre y g) carácter ético.

Podría suponerse que a partir de programas como estos podían derivarse objetivos más específicos para la educación. No obstante, este tipo de análisis se convierte en una tarea abrumadora, tan enorme que nunca la ha emprendido nuestra sociedad. Por lo contrario, dependemos de meras simplificaciones para lograr el propósito de especificar metas educativas pormenorizadamente. Estos enfoques simplificadores condensan la información de varias etapas, y por ello se pierde cierta información durante la marcha.

Así pues, sucede que tendemos a estructurar la educación en función de "materias de estudio", que en realidad son simplificaciones burdas de los objetivos educacionales, en vez de estructurarla en función de actividades que reflejen las actividades reales de los miembros de la sociedad. Es como si la actividad de tirarle a los osos en una sociedad primitiva se transformara en una "materia" llamada "puntería". Representamos un objetivo educacional con el nombre de "Inglés", y no con las muchas y variadas actividades en que el lenguaje es el común denominador. Una de las empresas más conocidas, reciente y de alcances nacionales, fue la formulación de finalidades educativas dentro de diversos campos, que se realizó en el Programa de Evaluación Nacional del Progreso Educativo (Womer, 1970).

Los objetivos como resultados de la educación

Las necesidades sociales relativas a los objetivos de la educación generalmente se reflejan en definiciones que describen categorías de la *actividad humana*. De preferencia se enuncia un objetivo no como "salud", sino como "desempeñar las actividades que mantengan al individuo en estado saludable". Un objetivo no podría expresarse peor que con la palabra "civismo", pues lo que se pretende queda mucho más claro en un enunciado como "llevar a cabo las actividades de un ciudadano en una sociedad democrática".

Lo que sería deseable que lograran los investigadores de la educación, pero que aún no han podido conseguir, es la derivación de un cierto ordenamiento de *capacidades* humanas que hicieran posible los tipos de actividades expresados en las finalidades educativas. Estas capacidades representan las metas próximas de la enseñanza. Para llevar a cabo las actividades de conservar la salud, el individuo debe tener ciertos tipos de capacidades (conocimiento, destreza y aptitudes). En la mayoría de los casos las ha aprendido en virtud de una enseñanza deliberadamente planificada. De la misma manera, para realizar las actividades propias de un ciudadano, tendrá que haber adquirido, gracias a la enseñanza, muchas capacidades.

Los objetivos de la educación son enunciados de los resultados de la misma. Se refieren particularmente a las actividades que hacen posible el aprendizaje y que, a su vez, se originan de la enseñanza planificada. En el fondo, el problema no difiere del que tendría una sociedad primitiva. En ésta, por ejemplo, el objetivo educacional de la "actividad de cazar" se logra mediante un régimen de adiestramiento de las capacidades (localizar la presa, acecharla, disparar, etc.), que integran la actividad total de "cazar". A pesar de ello, la diferencia que hay entre esa clase de sociedad y la nuestra sí es importante. En la sociedad más compleja, las *capacidades* que se requieren para una actividad deben ser compartidas con otras actividades; de manera que la capacidad de "hacer operaciones aritméticas" no sirve al solo objetivo educacional de, por ejemplo, llevar el gasto familiar, sino también a otros como cambiar dinero y hacer mediciones científicas.

Para planificar la enseñanza se deben buscar los medios de identificar las *capacidades humanas* que lleven a los resultados que denominamos objetivos educacionales. Si estos objetivos no fuesen complicados, como en la sociedad primitiva, definir las capacidades correspondientes sería igualmente sencillo. Pero tal no es el caso en una sociedad sumamente diferenciada y especializada. La enseñanza no puede planificarse adecuada e independientemente para cada objetivo educacional necesario, de la sociedad moderna. Por el contrario, hay que identificar las capacidades humanas que contribuyen a múltiples objetivos diferentes. Una capacidad como "lectura de comprensión", por ejemplo, es obvio que sirve a diferentes propósitos. En este capítulo se trata de introducir al estudiante en el concepto de las capacidades humanas.

Los cursos y sus objetivos

El planeamiento de la enseñanza frecuentemente se realiza para un solo *curso*, y no para unidades mayores del plan de estudios total. Ningún curso tiene extensión fija ni especificación rigurosa de lo que "debe cubrirse". Diversos factores pueden influir en la elección de la duración del curso o en la extensión de su contenido. Frecuentemente, el factor determinante es el tiempo de que se disponga en un semestre o un año de estudios. Por lo general, el curso se define de manera arbitraria, designando ciertos temas que adquieren sentido en el medio particular de la escuela. Un curso puede tener los títulos generales de "Historia de América", "Introducción al francés", "Inglés I", y así sucesivamente.

Es evidente la ambigüedad del significado de los cursos con tales nombres. ¿Es la "Historia de América" de primer grado la misma o diferente de la que con igual nombre se imparte en el tercero? "Inglés I", ¿se trata de composición, literatura o ambas? De ninguna manera puede decirse que éstas sean preguntas ociosas, porque representan fuentes de dificultades para muchos estudiantes en diversos lugares, particularmente cuando se ponen a planificar programas de estudio. No es muy raro, por ejemplo, que un estudiante elija un curso como "Primer año de francés", y más tarde se dé cuenta de que debió haber elegido "Francés para principiantes".

Puede evitarse la ambigüedad del resultado de los cursos designados por su nombre, describiéndolos sencillamente en función de sus *objetivos* (Mager, 1962; Popham y Baker, 1960). En la obra de Bloom, Hastings y Madaus (1971), se describen ejemplos de objetivos para muchas materias. Así pues, si "Inglés I" tiene el objetivo de que "el estudiante pueda redactar en inglés aceptable una composición coherente, acerca de cualquier tema que se le asigne, en el lapso de una hora", todos entenderán perfectamente de qué trata dicho curso. Pero esto de ninguna manera le servirá al estudiante para "identificar las imágenes de la poesía moderna", ni para "analizar los conflictos de las obras de ficción". No obstante, en el mejor de los casos le enseñará las habilidades fundamentales para redactar una composición. De la misma manera, si uno de los objetivos de "Francés para principiantes" es que el estudiante pueda "conjugar verbos irregulares", tal especificación será también bastante clara. No podrá confundirse fácilmente con el objetivo de que el estudiante pueda "escribir oraciones dictadas en francés".

Es común que los cursos se planifiquen no con uno, sino varios objetivos. Un curso sobre estudios sociales puede tener la mira de proporcionarle al estudiante diversas habilidades: "describir el contexto de (ciertos) acontecimientos históricos", "evaluar las fuentes de la historia escrita" y "mostrar un interés positivo por el estudio de la historia". Con un curso sobre ciencia se puede tratar de establecer en el estudiante la capacidad de: "formular y comprobar hipótesis", "dedicarse a resolver problemas científicos" y también "valorar las actividades de los científicos". Todos estos tipos de objetivos, dentro de un solo curso, pueden considerarse igualmente valiosos. Asimismo, podrán ser valorados de maneras diferentes por varios maestros. No obstante, lo que ahora nos importa de ellos es que son diferentes. La diferencia más importante entre ellos es que cada uno requiere un plan diferente para alcanzarlo. La enseñanza puede planificarse de diversas maneras, para garantizar que en el periodo de un curso los estudiantes alcancen cada objetivo.

¿Existe una gran cantidad de objetivos intrínsecos para los que deba planificarse una enseñanza individual?, ¿o puede esta tarea reducirse de alguna manera? La planificación de la enseñanza puede simplificarse enormemente asignando objetivos que correspondan a cinco categorías principales de capacidades humanas. Pueden establecerse tales categorías porque cada una de ellas conduce a una clase de ejecución diferente, y exige un conjunto distinto de condiciones didácticas para que se dé el aprendizaje efectivo. Dentro de cada categoría se aplican las mismas condiciones, independientemente de la materia que se enseñe. Naturalmente, puede haber subcategorías dentro de cada una de las cinco categorías principales. Hay subcategorías útiles para la planificación de la enseñanza, como se verá en capítulos ulteriores de este libro. Por el momento, mientras le damos un vistazo general al planeamiento de la enseñanza desde el punto de vista de los cursos, nos basta con las cinco categorías para tener un panorama general.

CINCO CATEGORÍAS DE RESULTADOS DEL APRENDIZAJE

¿Cuáles son las categorías de objetivos que han de alcanzarse a partir de la enseñanza? En las siguientes secciones se proporciona una somera descripción de cada una de ellas. Posteriormente se da una descripción más completa de la utilidad que tienen, consideradas como habilidades humanas. En los siguientes capítulos se describirán las condiciones necesarias para adquirirlas.

Las habilidades intelectuales. Estas son las capacidades que hacen *competente* al hombre (Gagné, 1970). Lo habilitan para responder a las conceptualizaciones de su medio. Constituyen la estructura fundamental y, al mismo tiempo, más amplia de la educación formal. Abarcan desde las habilidades más elementales del lenguaje, como componer una frase, hasta las avanzadas habilidades técnicas de la ciencia: la ingeniería y otras disciplinas. Ejemplos de capacidades intelectuales de esta última clase serían hallar las tensiones mecánicas de un puente o pronosticar los efectos de una devaluación de la moneda. El aprendizaje de éstas se inicia en los primeros grados con aritmética, lectura y escritura, y se extiende hasta cualquiera que sea el nivel compatible con los intereses del individuo, o hasta donde lo limiten sus propias dotes intelectuales.

Estrategias cognoscitivas. Éstas constituyen un tipo especial y muy importante de habilidad. Se trata de las capacidades que gobiernan el aprendizaje del individuo, su retentiva y conducta de pensar. Por ejemplo, controlan su conducta cuando ésta se concentra en la lectura con el propósito de aprender, así como los recursos internos que emplea para "llegar al núcleo de un problema". La expresión "estrategia cognoscitiva" se le atribuye generalmente a Bruner (Bruner, Goodnow y Austin, 1956); Rothkopf (1968) les ha dado el nombre de "conductas matemagénicas"; Skinner (1968) les llama "conductas de autoadministración". Sería de esperarse que dichas habilidades mejoraran en un tiempo relativamente largo, a medida que el individuo estudia, aprende y piensa más. Desde hace tiempo, una de las metas de la educación es desarrollar en los estudiantes las capacidades para resolver creativamente un problema. Si realmente se trata de un rasgo susceptible de ser aprendido y generalizado, o tal vez de un conjunto de rasgos, merece incluírsele, con muchas otras habilidades de aprendizaje más simple, bajo el rótulo de estrategia cognoscitiva.

Información verbal. Todos hemos obtenido mucha información o conocimiento verbal. En nuestra memoria se encuentra acumulada mucha información que empleamos habitualmente, como los nombres de los meses, de los días de la semana, las letras, los números, ciudades, pueblos, estados, países, etc. También tenemos un gran almacén de información más organizada, como muchos acontecimientos de la historia, las formas de gobierno, los mayores logros de la ciencia y la tecnología, los elementos de la economía, etc. La información verbal que aprendemos en la escuela, la adquirimos, en parte, "solamente para el curso", y parcialmente constituye el tipo de conocimientos que se espera que podamos recordar fácilmente como adultos.

Destrezas motoras. Otro tipo de capacidad que se espera de nosotros es la consistente en las destrezas motoras (Fitts y Posner, 1967). El individuo aprende a patinar, montar en bicicleta, conducir un automóvil, usar un abrelatas, brincar la cuerda, etc. Estas son también destrezas motoras que han de aprenderse como parte de la enseñanza formal de la escuela, como escribir las letras, trazar una línea recta o ajustar las manecillas del reloj. A pesar de que la enseñanza escolar se ocupa tanto de las funciones intelectuales, no concebimos que un adulto bien educado carezca de ciertas destrezas motoras, algunas de las cuales, como la de escribir, tiene que aplicar todos los días.

Actitudes. Pasemos ahora a lo que frecuentemente se llama "dominio afectivo" (Krathwohl y colaboradores, 1964). Podemos identificar una clase de capacidades aprendidas a las que llamamos actitudes. Todos poseemos actitudes de muchos tipos hacia diferentes cosas, personas y situaciones. El efecto de la actitud consiste en amplificar las reacciones positivas o negativas del individuo hacia ciertas personas, cosas o situaciones. La fuerza de la actitud de la persona hacia cierta cosa puede indicarse por la frecuencia con que la elige entre diversas circunstancias. De esta manera, el individuo que tiene una fuerte actitud de ayudar a otras personas ofrecerá su ayuda en muchas situaciones; mientras que una persona con una actitud más débil de ese tipo tenderá a restringir sus ofertas de ayuda a un número menor de circunstancias. Generalmente se espera que en las escuelas se establezcan actitudes socialmente aprobables, como respetar a otras personas, cooperar, ser responsable, al igual que actitudes positivas hacia el conocimiento y el aprendizaje, así como la actitud de autoestimarse.

Las capacidades y el desempeño del hombre

Cada una de las cinco categorías del resultado del aprendizaje es una capacidad que adquiere la persona que ha aprendido, como se ha visto en los ejemplos anteriores. Una vez aprendidas, pueden observarse estas capacidades una y otra vez en gran variedad de actividades humanas. Se les llama *capacidades* porque permiten pronosticar muchos casos particulares de desempeño del educando. Si ha adquirido la capacidad (destreza motora) de patinar artísticamente, inferimos que la lleva consigo a todas partes. Podrá demostrarla en cualquier ocasión en que disponga de una superficie de hielo y tenga los patines puestos. Lo mismo se cumple para otros tipos de capacidades, habilidades intelectuales, estrategias cognoscitivas, información verbal y actitudes. Naturalmente que algunas de éstas pueden olvidarse más fácilmente que otras, pero ese ya es otro problema. Las capacidades aprendidas, hasta que se olvidan, se muestran como actividades humanas específicas. No son iguales a las actividades antes mencionadas; por el contrario, podría decirse que fundamentan las actividades que pueden observarse.

Estas clases de capacidades aprendidas se distinguen entre sí porque dan lugar a diferentes clases de actividad humana. Como veremos en los siguientes capítulos, es preciso que se dispongan diferentes condiciones para que ocurra el aprendizaje de cada una de ellas. Ahora bien, valdría la pena resumir las características que distinguen a cada clase de capacidad humana aprendida, incluida la de la actividad que cada una de éstas hace posible. Esta información se proporciona en la tabla 1.

Tabla 1. *Cinco tipos de capacidades aprendidas*

Tipo de capacidad	Ejemplo	Función	Tipo de ejecución
Capacidad intelectual	Empleo de una metáfora para describir un objeto	Componente de aprendizaje y pensamiento adicionales	Muestra de cómo se realiza una operación intelectual efectuando una aplicación específica
Estrategia cognoscitiva	Inducción del concepto de "campo magnético"	Control de la conducta del estudiante en cuanto a lo que aprende y piensa	Resolución de una gran variedad de problemas prácticos con medios eficientes
Información verbal	"El punto de ebullición del agua es 100° C"	1) Aportación de instrucciones para el aprendizaje; 2) contribución a la transferencia del aprendizaje	Enunciado u otra forma de información comunicativa
Destreza motora	Escritura de letras de molde	Componente de la conducta motora	Realización de la actividad motora en diversos contextos
Actitud	Preferencia de la música como actividad de esparcimiento	Modificación de las elecciones del individuo	Elección de un curso de acción respecto de una clase de objetos, personas o acontecimientos

La primera columna de la tabla mencionada contiene los cinco tipos de capacidad que se adquieren por aprendizaje. En la segunda columna se da un ejemplo de cada capacidad. En la tercera se describen las inferencias que pueden hacerse sobre la función a la que sirve cada tipo de capacidad. Hasta la fecha no se entienden enteramente estas funciones, y es de esperarse que la investigación esclarezca cada vez más este punto. Finalmente, en la tabla hay una columna en que se describe la clase de desempeño humano que permite cada una de las capacidades.

Habilidad intelectual. El estudiante de lengua española aprende en algún momento de sus estudios lo que es una metáfora. Más específicamente, de ser adecuada su instrucción, aprende a *usar* la metáfora. (En el siguiente capítulo identificaremos esta subclase particular de habilidad intelectual como una regla. Puede decirse que el estudiante ha aprendido a usar la regla para mostrar lo que es la metáfora, o que ha aprendido a aplicar aquélla). Más tarde, esta habilidad tiene la función de convertirse en un elemento necesario para seguir aprendiendo. Por decirlo así, la habilidad de usar la metáfora ahora puede contribuir a que posteriormente se aprendan habilidades intelectuales más complejas como escribir oraciones ilustrativas, describir escenas y acontecimientos, y componer ensayos.

Cuando deseamos saber si el estudiante ha aprendido esta habilidad intelectual, debemos observar una clase de "ejecución"; para ello suele pedírsele que "demuestre lo que es una metáfora" con uno o más ejemplos específicos. En otras palabras, se pueden hacer observaciones consistentes en verificar si el estudiante manifestó la ejecución adecuada al pedírsele que usara la metáfora para describir 1) los movimientos de un gato, 2) un día nublado y acaso 3) la superficie de la Luna. Como se indica en la cuarta columna de la tabla, con su ejecución estará demostrando cómo puede aplicar a casos específicos esta habilidad intelectual.

Estrategia cognoscitiva. Las estrategias organizadas internamente y que gobiernan la conducta del educando, se encuentran en diferentes formas. Al presente no es posible identificarlas aislada y confiablemente, y mucho menos nombrarlas. No obstante, los efectos que tienen como determinantes de la conducta son bastante notorios. En la tabla se ejemplifica el proceso de inferencia o inducción. Supongamos que el estudiante ha llegado a familiarizarse con la atracción de una barra magnética: ha notado que cada polo del imán ejerce una fuerza sobre cierto tipo de objetos metálicos. A continuación se le proporcionan limaduras de hierro que espolvorea sobre una hoja de papel colocada sobre el imán. Cuando se golpea la hoja, las limaduras se distribuyen describiendo "líneas de fuerza" en torno de cada polo del imán. El estudiante procede a verificar su observación en otras situaciones, con otros imanes y otros tipos de objetos metálicos. Estas observaciones, aunadas a otros conocimientos, pueden llevarle a inducir la idea del campo magnético como la fuerza que rodea a cada polo del imán. En este ejemplo es importante advertir que al estudiante no se le ha hablado de antemano acerca de los campos magnéticos, ni se le ha enseñado "a inducir". Con todo, lleva a cabo este tipo de operación mental.

Sin embargo, para aprender una estrategia cognoscitiva como la inducción, parece no bastar con una sola ocasión. Antes bien, este tipo de capacidad se desarrolla en periodos bastante prolongados. Es de suponerse que el educando debe poseer algunas experiencias relacionadas con la inducción en situaciones muy diferentes, para que tal estrategia cobre utilidad confiable.

Cuando el educando ya es capaz de inducir, es obvio que recurrirá a esta habilidad como estrategia aplicable a una gran variedad de situaciones. Con tal de que haya aprendido otras habilidades intelectuales y también la información necesaria, podrá usar este método inductivo para explicar por qué asciende el humo, por qué los guijarros de río son redondos y lisos, o la intención que tenía el autor al escribir un artículo. En otras palabras, la estrategia cognoscitiva de la inducción puede emplearse en muchísimas situaciones de razonamiento y aprendizaje, muy diversas en cuanto a sus propiedades descriptibles. De hecho, las conductas que el educando exhibe en estas situaciones acaso no se parezcan en otra cosa que en la aplicación del método inductivo, y es ésta, por cierto, la razón fundamental para creer que existen tales estrategias cognoscitivas: que por un acto de inducción se llegan a presenciar en otras personas los métodos cognoscitivos de inducción.

La ejecución que permite una estrategia cognoscitiva como la inducción, y así se indica en la última columna de la tabla, es resolver eficientemente toda una variedad de problemas prácticos. La variedad de problemas es necesaria, porque no se pueden inferir los alcances de esta estrategia cognoscitiva a partir de una ni dos soluciones de problemas. Éstas pueden ser el resultado del proceso más simple de aplicar una regla, como se observaría en el caso de un estudiante que pudiera "resolver" cinco ecuaciones algebraicas del mismo tipo, una después de la otra. No obstante, si observamos que un estudiante recurre a la inducción para resolver problemas de mecánica, cultivar plantas, los asuntos políticos y la literatura, entonces podemos estar bastante seguros de que ha adquirido la estrategia cognoscitiva y puede ponerla en práctica.

Información verbal. El estudiante de ciencias aprende mucha información verbal, igual que en otros campos de estudio. Aprende, por ejemplo, las propiedades de la materia, los objetos y seres vivientes. Pero un gran número de "hechos científicos" puede no constituir un objetivo primordial y justificable de la enseñanza de la ciencia. El aprendizaje de tales "hechos" es, sin embargo, parte esencial del aprendizaje de la ciencia. Sin información, el aprendizaje de cualquier materia carecería de continuidad, sería "insustancial".

En el ejemplo de la tabla 1 se supone que el estudiante ha aprendido la información de que "el punto de ebullición del agua es de 100°C." Una

función primordial de dicha información es la de proporcionarle al educando las instrucciones necesarias para que aprenda otras cosas. Así, para
aprender lo tocante al cambio que sufre la materia cuando pasa del estado
líquido al gaseoso, el educando puede adquirir una habilidad intelectual
(es decir, una regla) con la cual relaciona la presión atmosférica y la vapo-
rización. Al manejar esta relación, puede pedírsele que aplique la regla a
una situación en que tenga que determinar la temperatura del agua en ebullición a una altitud de tres mil metros. Así, deberá recordar la información
dada en el ejemplo para proceder a aplicar la regla. Puede uno sentirse inclinado a decir que esa información no es particularmente importante,
sino que lo verdaderamente importante es la habilidad intelectual que se
aprende. Sobre esto no hay desacuerdo alguno. No obstante, la información es esencial para estos acontecimientos. Para aprender, el educando
debe disponer de tal información.

La información puede también resultar importante para la transferencia del aprendizaje de una situación a otra. Por ejemplo, al estudiante de
ciencia política puede llegar a ocurrírsele que la persistencia de una buro-
cracia se parece un tanto al crecimiento de un absceso en el cuerpo humano.
Si tiene cierta información acerca de los abscesos, tal analogía puede hacerlo pensar en las relaciones causales pertinentes a las burocracias, que
de otra forma no se le podrían ocurrir. Entonces el estudiante podrá relacionar con este problema diversas estrategias cognoscitivas y habilidades
intelectuales y, por tanto, adquirir más conocimientos. En tal caso, la transferencia inicial se posibilita por una "asociación de ideas" o, en otras palabras, por la posesión y uso de ciertas clases de información.

Establecer si el estudiante ya sabe ciertos hechos particulares o algunos
elementos particulares y organizados de información, es cuestión de observar si puede comunicarlos. Naturalmente que la manera más simple de
hacerlo es pedirle que nos diga la información, ya sea de manera oral o
escrita. Este es el método fundamental que comúnmente usa el maestro
para evaluar la información que se ha aprendido. En los primeros grados, para evaluar las comunicaciones que pueden hacer los niños, quizá se
requiera que se les formulen oralmente preguntas sencillas. También pueden emplearse dibujos y objetos que el niño puede señalar y manipular.

Destreza motora. Esta es una de las clases más obvias de capacidad
humana. El niño aprende una destreza motora por cada letra que dibuja
con lápiz. La función de la destreza, tomada como capacidad, es sencillamente la de posibilitar el desempeño motriz. Naturalmente, estas conductas
motoras pueden por sí mismas entrar en el nuevo aprendizaje. Por ejemplo,
manifiesta la destreza de dibujar letras cuando aprende a formar (y escribir) palabras y oraciones. La adquisición de una destreza motora puede
inferirse razonablemente cuando el estudiante puede desempeñar el acto

en toda una variedad de contextos. Así pues, si el niño ha adquirido la destreza de escribir la letra E podrá desempeñar este acto motor con una pluma, un lápiz, un crayón, sobre cualquier superficie plana, y dibujando dicha letra de muy variados tamaños. Obviamente, no vamos a concluir que la destreza se haya aprendido con un solo caso en que se haya dibujado una E con un lápiz en una cierta hoja de papel; pero varias letras E, en diversos contextos, claramente distintas de las F o las H, proporcionan pruebas convincentes de que se ha aprendido este tipo de habilidad.

Actitud. El estudiante aprende a preferir diversos tipos de actividades y a ciertas personas; se interesa por determinados acontecimientos pero no por otros. Se infiere, observando muchos casos de preferencias, que el estudiante posee actitudes hacia las personas, sucesos y cosas; y dichas actitudes influirán en el curso de acción que prefiera tomar ante éstos. Claro que existen muchas actitudes adquiridas fuera de la escuela, y otras tantas que las escuelas no pueden considerar pertinentes a su función educativa. No obstante, como posibilidad, la instrucción escolar puede tener el objetivo de establecer actitudes positivas hacia los temas que se estudian (véase Mager, 1968). A menudo con el aprendizaje escolar también se logra modificar actitudes hacia actividades que proporcionan disfrute estético. El ejemplo de la tabla 1 es una actitud positiva hacia el acto de escuchar música.

Como capacidad humana, una actitud es un estado persistente que modifica las elecciones de acción. La actitud positiva hacia el acto de escuchar música hace que el estudiante tienda a elegirlo de entre otros actos igualmente posibles. Esto no significa, desde luego, que siempre y en cualquier circunstancia vaya a estar escuchando música. Antes bien, quiere decir que cuando tenga la oportunidad de tomarse un momento libre entre sus ocupaciones más apremiantes, será particularmente elevada la probabilidad de que elija escuchar música. Si se pudiera observar al estudiante por un tiempo razonable, se advertiría que con frecuencia notoria elegiría estas actividades. De tales observaciones podría sacarse en conclusión que el estudiante tiene una actitud positiva hacia el acto de escuchar música.

En la práctica, dedicarse a observaciones de un solo estudiante —y eso para no hablar de grupos— representa una empresa prolongada y, por tanto, demasiado costosa. De esta suerte, las inferencias sobre la posesión de actitudes se hacen ordinariamente con base en la información verbal del sujeto. Ésta puede obtenerse mediante cuestionarios, a los que el estudiante responde especificando el tipo de elecciones que haría (o, en ciertos casos, hizo) en diversas situaciones. Naturalmente que existen problemas técnicos relativos al uso de la información verbal para la evaluación de actitudes. Como las intenciones del cuestionario son bastante obvias, es muy fácil que los estudiantes comuniquen elecciones que no reflejan la realidad. Con todo, tomadas las precauciones necesarias, de tales informaciones es posible que se aprendió tal o cual actitud, o bien que esta misma sufrió modificación.

Así, la ejecución afectada por una actitud es la elección de un curso personal de acción. La tendencia a elegir una cierta clase de objetos, personas o cosas, puede ser más fuerte en un estudiante que en otro. Un cambio de actitudes revelaría como un cambio de la probabilidad de que el estudiante elija un determinado curso de acción. Después de algún tiempo, o como resultado de la enseñanza, puede aumentar la probabilidad de elegir la actividad "escuchar música", para seguir con el ejemplo que aquí damos. De la observación de tal incremento seguiría la inferencia de que la actitud del estudiante hacia el acto de escuchar música había cambiado, es decir, que se había vuelto "más fuerte" en dirección positiva.

Las capacidades humanas como objetivos del curso

Un determinado curso de enseñanza generalmente tiene objetivos que se adaptan a varias clases de capacidades humanas. Las principales clases de contenido de los cursos son las cinco descritas. Por lo que se refiere a los resultados esperados de la enseñanza, la razón principal de distinguir estas cinco clases es que *hacen posibles diferentes tipos de ejecuciones.*

Por ejemplo, un curso de física elemental puede tener como objetivos generales los de: *a*) resolver problemas de velocidad, tiempo y aceleración; *b*) planear un experimento para comprobar científicamente una hipótesis, y *c*) evaluar las actividades de la física. Con el primero se hace referencia a las habilidades intelectuales y, por tanto, se presuponen ciertas conductas que envuelven operaciones intelectuales cuyo dominio puede demostrar el estudiante. El inciso *b* pertenece al uso de *estrategias cognoscitivas,* pues implica que el estudiante necesitará exhibir esta conducta compleja en una situación nueva, en que se le oriente muy poco respecto a la selección y uso de reglas y conceptos que previamente haya aprendido. El último inciso tiene que ver con la *actitud* o posiblemente con un conjunto de actitudes, que exhibirá en las conductas de elegir acciones dirigidas hacia las actividades científicas.

Las capacidades humanas distinguidas en estas cinco clases también difieren mutuamente en otro aspecto notable. Cada una requiere un *conjunto diferente de condiciones de aprendizaje* para ser aprendidas eficientemente. Las condiciones necesarias para aprender eficientemente dichas capacidades, así como las diferencias entre tales condiciones, constituyen el tema de los siguientes dos capítulos. Tratarán de las condiciones del aprendizaje que se aplican a la adquisición de cada una de esas clases de capacidad humana, comenzando con las habilidades intelectuales y las estrategias cognoscitivas, y pasando después a las otras tres clases.

PLANIFICACIÓN DE LA ENSEÑANZA
MEDIANTE EL USO DE LAS CAPACIDADES HUMANAS

En este capítulo se mantiene el punto de vista de que la enseñanza debe planificarse siempre para alcanzar objetivos aceptados. Cuando los objetivos corresponden a las necesidades de la sociedad, existen las condiciones ideales para planificar un programa total de educación. De emprenderse tal tarea, el primer paso sería enumerar actividades humanas, ordenándolas conforme a la importancia que cada una de ellas tiene para satisfacer las necesidades de la sociedad.

Cuando se analizan las actividades humanas derivadas de las necesidades sociales, se obtiene un conjunto de capacidades humanas, las cuales son descripciones de lo que los adultos de una sociedad deben saber, particularmente de lo que deben saber hacer. Tal conjunto de capacidades probablemente no se parecerá a las categorías tradicionales de "materias de estudio" de los programas escolares. Naturalmente, habrá una relación de las capacidades humanas con los "temas" del plan de estudios, pero probablemente no se tratará de una simple correspondencia.

La mayor parte de los planes de enseñanza, como existen en la actualidad, se centran en el planeamiento y elaboración de los cursos. Por tanto, en este volumen aceptaremos ese sistema. No obstante, seguiremos haciendo hincapié en los objetivos de la enseñanza. Los resultados del aprendizaje no siempre pueden identificarse correctamente mediante los nombres de los cursos, con los cuales se hace referencia a sus respectivos temas. Pueden identificarse como las variedades de capacidades humanas aprendidas que hacen posible diferentes tipos de conducta. De esta forma, en el presente capítulo se hace una introducción a las cinco clases principales de capacidades, las cuales seguirán presentándose en otras partes de la obra, como el sistema fundamental de planificación de la enseñanza.

Si quien planifica la enseñanza se dice: "Estas cinco categorías están bien, pero lo que realmente me interesa es producir gente que piense creativamente", se estará engañando a sí mismo. Hecha la salvedad de las destrezas motoras, al planificar un curso probablemente habrá que atender a todas estas categorías. No puede haber un curso sin que haya información, y tampoco puede haberlo sin que se afecte en cierta medida a las actitudes. Y, lo que es más importante, no puede haber ningún curso sin habilidades intelectuales.

Por dos razones, las habilidades intelectuales desempeñan una función primordial en la estructuración de un curso. En primer lugar, están los tipos de capacidades que determinan lo que el estudiante puede hacer y, por tanto, están íntimamente relacionadas con la descripción de un curso en función de su resultado. La otra razón es que las habilidades intelectuales son de naturaleza acumulativa; es decir, se sustentan más a otras de manera predecible. En consecuencia, nos proporcionan el modelo más útil para darle un orden interno al curso. En el siguiente capítulo comenzaremos a ver más detenidamente lo que toca a las habilidades intelectuales; qué tipos existen, cómo pueden aprenderse y cómo sabe uno cuando se han aprendido.

RESUMEN

Se expuso en este capítulo que la definición de los objetivos de la educación constituye un problema muy complejo. En parte, esto se debe a que se espera demasiado de la educación. Hay quienes desearían que ésta pusiera de relieve la importancia de comprender la historia de la humanidad; otros, que perpetuara la cultura o las disciplinas académicas actuales; otros más, que con ella se hiciese hincapié en la necesidad de ayudar a los niños y a los jóvenes para que se ajusten a una sociedad que cambia vertiginosamente; por último, hay quienes desearían que la educación diese lugar a estudiantes que se convirtieran en agentes de cambio, que se mejoraran a sí y a la sociedad en que viven.

Algo que hace todavía más compleja la definición de los objetivos educativos es la necesidad de traducir los objetivos, de muy generales a cada vez más específicos. Se necesitarían muchos "niveles" de objetivos para asegurarse de que cada tema del plan de estudios realmente haga avanzar al estudiante hacia una meta lejana. Probablemente nunca se haya hecho cabalmente este esquema para ningún plan de estudios. Por eso tiende a haber grandes brechas entre los objetivos generales y los específicos de los "cursos" que integran el plan de estudios. Nos queda entonces un problema muy importante: la necesidad de definir los "objetivos del curso", sin contar con un sistema completo de conexiones entre los objetivos más generales y los específicos del curso.

A pesar de la complicada naturaleza de este problema, se dispone de medios para clasificar los objetivos del curso, con los que es posible examinar el alcance de los tipos de capacidades humanas que tratan de establecerse mediante el curso. Uno de los propósitos de tales taxonomías (conjuntos de conducta) es evaluar en su totalidad los mismos objetivos. La taxonomía que se presenta en este capítulo contiene las siguientes clases de capacidades aprendidas.

1. Habilidades intelectuales.
2. Estrategias cognoscitivas.
3. Información verbal.

4. Destrezas motoras.
5. Actitudes.

La utilidad de aprender uno de estos tipos de capacidades ya se ha estudiado, y se tratará con mayor detalle en capítulos posteriores.

Los usos de la taxonomía, con la evaluación de las diversas capacidades que se tratan de producir en el estudiante a través de un curso, incluyen las siguientes:

1. Con la taxonomía se pueden agrupar objetivos específicos de naturaleza similar, reduciéndose el trabajo necesario para elaborar toda una estrategia de enseñanza.
2. Los agrupamientos de objetivos pueden ayudar a determinar el orden de las partes del curso.
3. Por tanto, el agrupamiento de los objetivos en tipos de capacidades puede utilizarse para planificar las condiciones internas y externas del aprendizaje que se juzguen necesarias para que éste resulte fructífero.

Cada uno de los objetivos conductuales de un curso define una conducta en particular que se espera como resultado de la enseñanza. Agrupando los objetivos en las cinco clases de capacidades descritas, es posible determinar si el dominio de cada clase tiene la extensión adecuada, pero haciendo hincapié en que las condiciones del aprendizaje sean las mismas para cada objetivo de la clase. Identificar las condiciones de aprendizaje de cada tipo de capacidad humana será el tema principal de los siguientes dos capítulos.

REFERENCIAS BIBLIOGRÁFICAS

BLOOM, B. S., HASTINGS, J. T. Y MADAUS, G. F. *Handbook on formative and summative evaluation of student learning*. Nueva York: McGraw-Hill, 1971.

BRUNER, J. S. GOODNOW, J. J. Y AUSTIN, G. A. *A study of thinking*. Nueva York: Wiley, 1956.

Commission on the Reorganization of Secondary Education, *Cardinal principles of secondary education*. Washington, D.C.: Department of the Interior, Bureau of Education, 1918. (Boletín núm. 35).

FITTS, P. M. Y POSNER, M. I. *Human performance*. Belmont, California: Brooks/Cole, 1967.

GAGNÉ, R. M. *The conditions of learning*, 29a. edición. Nueva York: Holt, Rinehart & Winston, 1970.

KRATHWOHL, D. R., BLOOM, B. S. Y MASIA, B. B. *Taxonomy of educational objectives. Handbook II: affective domain*. Nueva York: McKay, 1964.

MAGER, R. F. *Preparing objectives for instruction.* Belmont, California: Fearon, 1962.

MAGER, R. F. *Developing attitude toward learning.* Belmont, California: Fearon, 1968.

POPHAM, W. J. Y BAKER, E. L. *Establishing instructional goals.* Englewood Cliffs, Nueva Jersey: Prentice-Hall, 1970.

ROTHKOPF, E. Z. Two scientific approaches to the management of instruction. En R. M. GAGNÉ Y W. R. GEPHART (dirs.), *Learning research and school subjects.* Itasca, Ill.: Peacock, 1968.

SKINNER, B. F. *The technology of teaching.* Nueva York: Appleton-Century-Crofts, 1968.

WOMER, F. B. *What is national assessment?* Denver: Education Commission of the States, 1970.

capítulo 3

Variedades de aprendizaje: habilidades y estrategias intelectuales

Al considerar la aplicación de los principios del aprendizaje a la enseñanza, no hay mejor guía que atacar el problema de *qué* es lo que hay que aprender. Ya vimos que la respuesta a esta pregunta puede clasificarse, en todo caso, en una de las clases generales de: *a*) habilidades intelectuales, *b*) estrategias cognoscitivas, *c*) información, *d*) destrezas motoras o *e*) actitudes. En este capítulo consideraremos las condiciones que afectan al aprendizaje de las *habilidades intelectuales,* que son de importancia fundamental para el aprendizaje escolar, y que además proporcionan el mejor modelo estructural para el planeamiento de la enseñanza. A continuación, parece razonable proceder a considerar las *estrategias cognoscitivas,* tipo especial de habilidad intelectual que merece clasificarse aparte. En el siguiente capítulo se considerarán los requisitos de aprendizaje para las otras tres clases de capacidades humanas.

Las habilidades intelectuales le permiten al individuo responder con símbolos a su ambiente. El lenguaje, los números y otros tipos de símbolos, representan los objetos reales del medio. Las palabras "sustituyen" a los objetos. También representan relaciones entre ellos, como "arriba de", "detrás de", "dentro de". Los números representan la cantidad de cosas que hay en el medio, y son muchos los símbolos que se utilizan para representar relaciones entre estas cantidades (+, =, etc.). Se usan comúnmente otros tipos de símbolos para representar relaciones espaciales, como líneas, flechas y círculos. Usándolos, el individuo comunica a otras personas ciertos aspectos de su experiencia. El empleo de símbolos es uno de los recursos más valiosos de que se vale la persona para recordar y pensar el mundo en que vive. Viene al caso dar aquí una descripción amplia de estas habilidades intelectuales. ¿Qué tipos de éstas se pueden aprender, y cómo se aprenden?

TIPOS DE HABILIDADES INTELECTUALES

Las habilidades intelectuales que aprende el individuo durante sus años escolares son muchas, y seguramente pueden contarse por millares. Se aprecia este hecho considerando tan sólo el campo de las habilidades lingüísticas. Incluso las materias como la lectura en voz alta, lectura expresiva, composición de oraciones, construcción de párrafos, conversación, oratoria, todas ellas contienen multitud de habilidades intelectuales específicas que deben aprenderse. Lo mismo puede decirse de las habilidades numéricas y de cuantificación, dentro de los múltiples campos de la matemática. Muchas habilidades relacionadas con las conformaciones espaciales y temporales integran materias como la geometría y la física. Al ocuparnos de las habilidades intelectuales, debemos estar preparados para observar la estructura de "grano fino" del funcionamiento intelectual.

Cualquiera que sea el dominio al que pertenezcan, las habilidades intelectuales pueden clasificarse como *complejas*. Con esto aludimos a lo intrincado del proceso mental que puede inferirse para explicar la conducta humana. Por ejemplo, supongamos que el educando se encuentra ante dos objetos nuevos y de aspecto diferente, y se le dice que aprenda a identificarlos cuando se le presenten en una ocasión posterior. El tipo de procesamiento mental que se requiere no es muy complejo. Podemos inferir que lo aprendido en esa situación y luego recordado a petición de alguien, es una "discriminación".

Un nivel enteramente diferente de complejidad se indica mediante el siguiente ejemplo: siguiendo instrucciones, el educando puede comprender los adjetivos del alemán, aunque nunca antes los haya estudiado, si los construye añadiéndoles el sufijo "lich" (como con el vocablo Gemütgemütlich). A este tipo suele llamársele conducta *gobernada por reglas,* toda vez que la clase de procesamiento mental que requiere consiste en "aplicar una regla". No es necesario que quien aprende enuncie ésta, ni siquiera que esté en condiciones de hacerlo. No obstante, se comporta de tal forma, que nos indica que debe haber adquirido una capacidad interna que hace que su conducta sea regular o gobernada por una regla. A lo que aprendió se le llama *regla*. Obviamente, tal proceso es más complejo que el de la discriminación, que mencionamos en el párrafo anterior.

El procesamiento mental tiene entonces diferentes niveles de complejidad que permiten clasificar las habilidades intelectuales. Tales clases seccionan, por decirlo así a los tipos de materia de estudio y son independientes de ellos (véase Gagné, 1964). ¿Cuántos grados de complejidad del procesamiento intelectual pueden o necesitan distinguirse? La respuesta a esta pregunta, propuesta por Gagné (1970), se muestra en la figura 2.

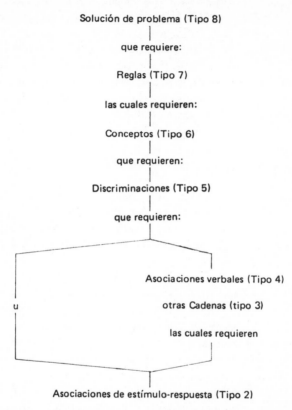

Figura 2. Grados de complejidad de las capacidades intelectuales. (Tomado de la obra de R. M. Gagné, *The conditions of learning,* 2a. ed. Holt, Rinehart & Winston, 1970, pág. 66.)

Al examinar esta figura debe tenerse en mente que Gagné trató de abarcar toda la gama de capacidades aprendidas y posibles para el hombre. Los grados inferiores de complejidad identificados aquí, son de hecho muy simples y generalmente no desempeñan una función esencial para el aprendizaje escolar. Por lo que hace al desarrollo intelectual del individuo, los tipos más complejos de procesamiento intelectual se basan en estas variedades más simples. Para adquirir la capacidad llamada "concepto", por ejemplo, el educando debe haber adquirido previamente ciertas capacidades intelectuales llamadas "discriminaciones" y, para adquirirlas, debe haber aprendido *cadenas* o, en un nivel más simple, *conexiones E-R*. El niño que está aprendiendo a identificar la "E" impresa (un concepto), antes debe haber aprendido a discriminar tres líneas horizontales ($\equiv$) de dos ($=$), y también debe haber aprendido ciertas cadenas de respuesta que le permitan demostrar que puede identificar una "E" (como decir su nombre o señalarlo). No obstante, es obvio que el maestro, a quien le preocupa la enseñanza planificada para que el niño identifique la E, desearía suponer que éste ya puede distinguir entre dos y tres rayas, y que ya sabe decir "e". En el aprendizaje escolar, se supone que las capacidades más simples se han aprendido previamente; de ordinario, esta suposición es correcta. Si no lo es, debe enseñarse de modo que el alumno "se ponga al día" respecto de las capacidades específicas que reflejan estas formas sencillas de procesamiento mental.

Cadenas de respuesta

Las formas de aprendizaje que se muestran en la figura 1 como tipos 3 y 4, son realmente *cadenas* de conexiones E-R aprendidas. Como tales, no abundan en el aprendizaje escolar. Por tanto, veremos brevemente sus características más adelante. Descripciones más complejas pueden encontrarse en la obra de Gagné (1970).

Cadenas motoras. Una cadena motora es una sucesión de conexiones E-R que se adquiere como unidad. No es raro que sea difícil distinguir entre una cadena motora y una sola conexión. Con todo, la distinción comienza a patentizarse cuando se trata con cadenas más largas, en las que las respuestas unitarias son de por sí muy diferentes. Dibujar una figura más o menos cuadrada en un papel es un ejemplo de cadena motora que comúnmente aprenden los niños. Las conexiones más sencillas de la cadena son las de *a*) dibujar una línea horizontal; *b*) trazar una esquina; *c*) dibujar una línea vertical; *d*) trazar una esquina; *e*) dibujar una línea horizontal paralela a la primera de, más o menos, la misma longitud; *f*) trazar una esquina; *g*) dibujar una línea vertical paralela a la anterior, y *h*) unir una esquina. Para lograr el mismo resultado, podría comenzarse igualmente por una línea vertical. Un estudiante de más edad quizá necesitaría aprender cadenas propias del empleo de instrumentos manuales. Las cadenas motoras llegan a ser componentes de capacidades de organización más complejas, llamadas *destrezas motoras,* como veremos en el siguiente capítulo.

Cadenas verbales. Una cadena verbal consta de una sucesión de respuestas verbales adquiridas como unidad. Lo normal es que existan muchas de éstas en el repertorio de una persona. Generalmente se le presta poca atención a la tarea de enseñarlas deliberadamente. Como "asociaciones verbales", las cadenas cortas pueden ser los componentes básicos de la memoria informativa. Ejemplos de tales cadenas serían muchacho-muchacha, mesa-silla, verano-invierno, rojo-verde, luz-foco, etc. A menudo cadenas verbales más largas pasan a ser parte de oraciones de la conversación y la escritura, como cuando se dice "consecuencias inevitables", "loco de atar", "en cueros", "aquí entre nos", "temblar de miedo", etc. Muchas de estas frases provienen de la Biblia o la literatura clásica. Un tipo de cadena verbal de particular importancia es el *nombre* o *sustantivo* que se usa para identificar las cosas, lugares o personas.

Discriminaciones

La discriminación es una capacidad de dar respuestas diferentes a estímulos que difieren entre sí en una o más características físicas. Frecuentemente encontramos ejemplos de discriminación en la enseñanza de jardín de niños y de primer grado. Se le pide a los niños que distingan entre "dos dibujos", uno con líneas verticales y otro con horizontales; o bien, entre uno con un círculo y otro con un cuadrado. La igualación de la muestra es otra forma de tarea discriminativa; puede pedírsele al niño que iguale un bloque rojo con otro del mismo color, entre un grupo de bloques de diversos colores. Al iniciarse la instrucción musical, puede pedírsele al niño que aprenda a discriminar cuál de los tonos es más agudo o cuál de dos pares de tonos tiene alturas "iguales" o "diferentes".

Discriminar es un tipo fundamental de habilidad intelectual. El aprendizaje de discriminaciones se presenta principalmente en los niños y los retrasados mentales. Por otra parte, generalmente se supone que, por lo que toca al aprendizaje escolar, la habilidad de discriminar se adquiere a edad temprana; no obstante, de vez en cuando nos sorprendemos al ver que estas discriminaciones fundamentales quizá no se hayan aprendido, y no tienen por qué presuponerse. ¿El educando escucha realmente la diferencia entre las "r" uvular y frontal del idioma francés? (es decir, ¿las aprende verdaderamente como una discriminación?). El estudiante que comienza a usar el microscopio ¿realmente ve la distinción (es decir, discrimina) entre una frontera brillante y otra oscura, que más tarde aprenderá a identificar como una membrana celular?

Al describir las características de la discriminación, al igual que de otros tipos de habilidades intelectuales que veremos, necesitamos explicar los tres componentes de la situación de aprendizaje. A saber:

1. La *ejecución* que se domina o va a dominarse. ¿Qué es lo que el estudiante podrá hacer después del aprendizaje, y que antes no podía hacer?

2. Las *condiciones internas* que deben estar presentes para que ocurra el aprendizaje. Éstas consisten en capacidades que recuerda el estudiante, y que luego se integran a la capacidad recién adquirida.

3. Las *condiciones externas* o estímulos que percibe el estudiante. Éstas pueden ser objetos, símbolos, dibujos, sonidos o comunicaciones verbales con sentido.

Por lo que hace al aprendizaje de discriminaciones, estas características se describirán en los siguientes párrafos.

Ejecución. Una respuesta simple (o cadena de respuestas) indicativa de que el educando puede distinguir entre estímulos que difieren en una o más características físicas.

Condiciones internas. Para que el individuo pueda indicar la diferencia que ha aprendido, debe recordar ciertas conexiones E-R. En ciertos casos, tales conexiones de respuesta pueden ser tan sencillas como señalar, o bien pueden adoptar la forma de cadenas motoras simples, como hacer un subrayado, una marca, o trazar un círculo alrededor de una representación gráfica.

Condiciones externas. Aquí pueden aplicarse algunos de los principios más generales del aprendizaje (capítulo 1). La contigüidad es necesaria por cuanto la respuesta debe seguir de inmediato al estímulo. El reforzamiento tiene particular importancia en el aprendizaje de discriminaciones, y se hace que ocurra *diferencialmente* para las respuestas correctas e incorrectas. A una respuesta que indique una distinción correcta entre estímulos "iguales" o "diferentes", se hace que la suceda una actividad familiar placentera (por ejemplo, encerrar en un círculo *otras* figuras del mismo tipo) mientras que la respuesta incorrecta no desembocará en dicha actividad. Cuando ocurre de esta manera el reforzamiento, la discriminación se aprende rápidamente. La repetición también desempeña una función particular. Tal vez se tenga que repetir varias veces la situación para que se seleccione la diferencia correcta. En ocasiones basta con un ensayo, pero lo común es que se tenga que reiterar el reforzamiento para que surta efecto. Se necesitarán más repeticiones cuando se trate de aprender discriminaciones *múltiples,* como cuando deben distinguirse al mismo tiempo varias formas de un mismo objeto.

Conceptos concretos

El concepto es una capacidad que le permite al individuo identificar un estímulo, como miembro de una clase que tiene ciertas características en común, aun cuando tales estímulos difieran notablemente en otros aspectos. El significado fundamental del concepto concreto es el de identificar una *propiedad del objeto,* o atributo del mismo (su color, etc.). A tales conceptos se les llama "concretos" porque la ejecución que requieren es la de señalar un objeto concreto.

Ejemplos de propiedades del objeto serían: redondo, cuadrado, azul, tres, liso, curvo, plano, etc. Puede verificarse si se ha aprendido un concepto concreto, pidiéndole al individuo que identifique, "señalándolos", dos o más números que pertenezcan a la misma clase de propiedad del objeto; por ejemplo, indicar un centavo, la rueda de un automóvil y la luna llena, para verificar el concepto de redondez. En la práctica, la operación de señalar puede ejecutarse de muchas maneras; por lo común es cuestión de elegir, marcar, encerrar en un círculo o tocar; frecuentemente dicha operación se efectúa nombrando un objeto. Así pues, la *respuesta* que da el individuo es intrascendente, ya que puede suponerse que sabe cómo hacerlo.

Un tipo importante de concepto concreto es el de *posición del objeto*. Puede concebirse como una propiedad de éste, toda vez que puede identificarse "señalándola". No obstante, es claro que la posición de un objeto debe estar en relación con la de otro. Ejemplos de posiciones de objetos son: arriba de, debajo de, al lado de, en torno de, a la derecha, a la izquierda, en medio, sobre, frente a. Obviamente, se puede establecer que tales características de la posición sean "señaladas" de una u otra manera. De esta suerte, las posiciones del objeto pueden calificarse de conceptos concretos.

La distinción entre discriminación y concepto es fácil de hacer. Un niño puede haber aprendido a distinguir entre un triángulo y un rectángulo dibujados en un papel. Es decir, puede demostrar que los percibe como diferentes, eligiendo, señalando, o respondiendo a sus nombres. Esta conducta permite únicamente llegar a la conclusión de que el niño puede *discriminar* entre estos objetos particulares. Para verificar si posee el concepto de "triángulo", empero, habría que pedirle que identificara entre varios objetos que muestren esta propiedad; objetos cuyas demás cualidades sean muy diferentes, como el tamaño, color, anchura, etc. O sea que hay que determinar si el individuo es capaz de identificar la *clase* de propiedades del objeto, para concluir que ha adquirido un concepto concreto.

La capacidad de identificar conceptos concretos es de importancia fundamental para el aprendizaje más complejo. Muchos investigadores han insistido en la importancia del aprendizaje concreto como requisito para "aprender ideas abstractas". Piaget (1950) hace de esta distinción una idea clave de su teoría del desarrollo intelectual. La adquisición de *conceptos por definición* (que describiremos en seguida) requiere que el aprendiz identifique a qué se refieren las palabras usadas en dichas definiciones. De esta manera, para adquirir el concepto de *circunferencia* mediante la definición de "el reborde de algo redondo", el aprendiz debe tener como requisitos los conceptos concretos de "reborde" y "redondo". Si no puede identificar concretamente estos conceptos, le será imposible "conocer el significado" de *circunferencia* de manera completa o auténtica.

Ejecución. Consiste en identificar una clase de propiedades del objeto, incluidas sus posiciones, "señalando" dos o más miembros de aquélla. El "señalar" puede hacerse de diferentes maneras (marcando, encerrando en un círculo, etc.) equivalentes, sólo en el sentido en que ocurre la identificación.

Condiciones internas. Al adquirir un concepto concreto, deben recordarse ciertas discriminaciones. Así, el individuo que aprende el concepto de *dos,* debe poder discriminar una variación de la cualidad del objeto como la siguiente: ⎪ ⎪ ⎪ de otra como ésta: ⎪ ■ . La diferencia entre o y O debe haberse discriminado antes de o y ⊙, para que pueda aprenderse el concepto de "o".

Condiciones externas. Se presentan objetos de la clase, haciendo variar tanto como sea posible sus características no esenciales, y luego se le pide al individuo que identifique cada uno de ellos, señalándolo o nombrándolo. Por ejemplo, un concepto como el de *dos* puede identificarse por objetos que difieran mucho en otras características, como dos puntos marcados en una página, dos niños, dos edificios, dos pelotas, etc. Los casos negativos a menudo también son valiosos. Bien puede ser que su función sea primordialmente la de estimular el recuerdo de las discriminaciones necesarias, como cuando se distingue // ("dos"), de /// ("no dos").

Conceptos definidos

Se dice que un individuo ha aprendido un concepto definido cuando puede expresar el "significado" de cierta clase de objetos, acontecimientos o relaciones. Por ejemplo, consideremos el concepto de "hermano". El individuo que lo ha aprendido podrá expresar que un hermano es cualquier otro de los hijos varones de sus padres. La demostración puede consistir en dar la definición, y ésta sería una forma adecuada, cuando se supone que sabe el sentido de la palabra "varón", "hijo" y "padres". De no poderse suponer tal conocimiento, sería necesario pedirle que lo demostrara de otra manera, acaso señalando dibujos o personas. Se insiste en la *demostración* para establecer la distinción entre este tipo de procesamiento mental y la que interviene en la información verbal memorizada, a saber: "Mi hermano es cualquier otro hijo varón de mis padres".

Un ejemplo sencillo de concepto definido es el de *acera,* la definición puede expresarse como "un camino para peatones al lado de la calle". En este caso también debe mostrarse el concepto definido para que el observador sepa que ha sido aprendido. La demostración que hiciere el alumno consistiría esencialmente en *a)* identificar una *senda* ancha (lo que en este

caso podría hacerse por la operación de "señalar" en una fotografía);
b) identificar una *calle* (también señalándola), y c) demostrándolos *juntos*
(colocando o dibujando los dos objetos identificados, la senda ancha y la
calle, en la posición espacial correcta).

¿Por qué no limitarse a la pregunta de qué significa *acera?* ¿Para qué
describir este elaborado procedimiento? La razón ya se mencionó antes,
y es la de asegurarse de que el educando es capaz de ejecutar las operaciones de identificar *a qué se refieren* las palabras, lo que confirma que ya se
aprendió el significado del concepto definido. No obstante, en la práctica,
se usa a menudo el procedimiento de pedir respuestas verbales a preguntas
del mismo tipo. Pero este procedimiento siempre está sujeto a la ambigüedad de que el educando pueda repetir una mera cadena verbal, sin que,
después de todo, conozca el sentido del concepto. Por esto usamos la frase
demostrar el concepto y no una más sencilla como *enunciar la definición
o definir*. Lo que queremos decir es que el educando debe "entender realmente" el concepto definido y no tan sólo conocerlo superficialmente como
lo indicaría el hecho de que pronunciase una sucesión de palabras or-
denadas.

Ejecución. Consiste en demostrar el concepto identificando casos de
conceptos que sean componentes de la definición y en mostrar un caso
en que se relacionen entre sí.

Condiciones internas. Para adquirir el concepto por definición, el educando debe recordar todos los conceptos componentes incluidos en ésta, así
como los que representan relaciones entre ellos. (En el ejemplo de la acera,
al lado de es el concepto relacional.)

Condiciones externas. El educando puede aprender un concepto definido viendo una demostración. Con todo, el concepto se "demuestra" mediante una definición verbal. Así, el concepto de "nata" puede comunicarse
mediante el enunciado "una película de grasa que flota sobre un líquido".
Siempre que se cumplan las condiciones internas, tal enunciado será suficiente para que se aprenda el concepto. Deben recordarse los conceptos
"película", "grasa", "líquido" y "flotar sobre", no solamente las palabras.

Reglas

Se ha aprendido una regla cuando puede decirse confiablemente que
las ejecuciones del educando poseen una clase de "regularidad" durante
toda una variedad de situaciones. Dicho de otro modo, el educando demuestra que es capaz de responder con una *clase* de relaciones entre *clases* de
objetos y acontecimientos. Cuando puede poner cartas marcadas con una X
en una caja marcada con una A, y otras marcadas con una Y en una caja
marcada con una E, esto no es prueba suficiente de que sus ejecuciones

estén "gobernadas por reglas". (Quizá sólo esté mostrando que aprendió los conceptos concretos X y Y.) Pero supongamos que aprendió a poner cada carta X en cualquier caja que esté dos lugares más allá de su última elección, y cada carta Y un lugar más allá de su última elección. En este caso sí habrá aprendido una regla. Responde a clases de objetos (X y Y) con clases de relaciones (un lugar más allá, dos lugares más allá). Su conducta no puede describirse como una relación *particular* entre el estímulo (la carta) y su respuesta de colocarla en una caja.

Abundan en la vida cotidiana los ejemplos de ejecuciones gobernadas por reglas. De hecho, la mayor parte de la conducta humana entra en esta categoría. Cuando el niño dice una oración que contiene una palabra, como *muchacho,* de modo que forma la ordenación "el muchacho montaba una bicicleta", está aplicando reglas. Comienza la oración con "el", no con "muchacho", empleando la regla para usar el artículo determinado. Agregando un verbo, construye el predicado de la oración; esto es, dice: "el muchacho montaba", y no "montaba el muchacho". Al verbo sigue el objeto "bicicleta" que, de acuerdo con una regla, es colocado en un orden determinado y, de acuerdo con otra, es precedido (en este caso) por el artículo indeterminado "una". Y si la oración fuese escrita, el niño la cerraría con un punto, lo que presupone una regla para el uso de este signo. Si el niño sabe ya estas reglas, podrá construir *cualquier* oración de la misma estructura usando *cualquier* palabra como sujeto.

Obviamente, tener la capacidad de aplicar una *regla* no equivale a poderla enunciar verbalmente; el niño manifiesta la conducta de construir oraciones mucho antes de haber oído hablar de reglas gramaticales. El observador de la conducta aprendida tendrá que "enunciar la regla" que está siendo aprendida, para explicar de qué está hablando. No obstante, el educando acaso no pueda enunciar aquélla, aun cuando su ejecución indique que la "conoce".

Ahora que hemos indicado lo que es una regla, podemos admitir que un concepto definido, como ya se dijo, en realidad no difiere formalmente de una regla y se aprende de manera muy similar. En otras palabras, el concepto definido es una categoría o regla particulares, cuyo propósito es clasificar objetos y acontecimientos; es decir, pertenece al orden de las *reglas de clasificación.* Las reglas, empero, abarcan muchas otras categorías además de la de clasificar; se refieren a relaciones del tipo de igual a, parecido a, mayor que, menor que, antes, después, y muchas otras.

Ejecución. Consiste en demostrar la regla presentando uno o más casos de la relación que guardan entre sí los conceptos componentes. En inglés, las reglas para pronunciar las vocales en palabras con consonantes seguidas por una "e" final se demostraría con la ejecución consistente en pronunciar correctamente palabras como *made, code, bite, node,* etc.)

Condiciones internas. Al aprender una regla, el estudiante debe recordar cada uno de los conceptos componentes de la misma, incluidos los que le presentan relaciones. Se supone que estos conceptos ya están aprendidos y pueden recordarse (en el ejemplo anterior, el educando tiene que recordar "sonidos de vocales largas", "consonantes" y la relación "seguido por una *e* final").

Condiciones externas. De ordinario, entre las condiciones externas para el aprendizaje de reglas está el uso de la comunicación verbal. La regla puede enunciarse, aunque no es forzoso, de manera formalmente correcta. El objeto de tal comunicación verbal es indicarle al educando la colocación de los conceptos en orden correcto; no tiene la finalidad de enseñarle una proposición formal que represente a la regla. Por tanto, el maestro de inglés puede decir: "Nota que la letra *a* tiene un sonido largo cuando es seguida por una consonante, en una palabra que termina en *e*. Esto se cumple con las palabras que conocemos, como *made, pale, fate,* etc. Cuando la palabra no termina en *e*, la letra *a* tiene un sonido corto, como en: *mad, pat* y *fat*. Ahora dime cómo pronunciar estas palabras que no has visto antes: *dade, pate, kale*".

Las razones fundamentales de que se necesite la comunicación verbal son dos: *a*) recordarle al educando los conceptos componentes que ha de memorizar (como: "sonidos largos de vocal", "consonantes"), y *b*) hacer que disponga los conceptos componentes en el orden adecuado, es decir, "consonante seguida por una *e* final", no "vocal seguida por consonante final", ni "vocal seguida por *e* final", ni "consonante seguida por vocal final", ni otra sucesión incorrecta.

Es evidente que la comunicación verbal usada para el aprendizaje de reglas puede ser más o menos prolija; por ello, la tarea de elaborar la regla propiamente dicha se le deja en mayor o menor grado al educando. Dicho de otro modo, las condiciones externas para la enseñanza de la regla pueden proporcionar diferentes cantidades de guía para aprender. Cuando se proporcionan cantidades mínimas, se dice que la enseñanza alienta en el estudiante su afán de *descubrir* (Bruner, 1961; Shulman y Keislar, 1966). Por el contrario, se desalienta este afán cuando es demasiada la guía que se le da para aprender, como tiende a suceder con las comunicaciones verbales más pormenorizadas. Los estudios sobre "aprendizaje por descubrimiento" nos sugieren que una cantidad reducida de guía tiene ventajas para la retentiva y la transferencia de las reglas que se aprenden (véase Worthen, 1968). No es raro que en las técnicas para producir aprendizaje por descubrimiento se aproveche el recurso de preguntarle directamente al educando. Estas preguntas le llevan a descubrir por sí mismo el orden adecuado de los conceptos componentes.

Reglas de orden superior:
solución de problemas

En ocasiones, las reglas que aprende el hombre son combinaciones complejas de otras más simples. Por otra parte, se da el caso de que estas reglas más complejas, o de "orden superior", se *inventan* con el objeto de resolver un problema o una clase de problemas prácticos. La capacidad de resolver problemas es naturalmente uno de los objetivos primordiales de la educación. La mayor parte de los educadores estarán de acuerdo en que en la escuela debería dársele prioridad a la enseñanza de "cómo pensar con claridad". Cuando el estudiante encuentra la solución de un problema en que intervienen acontecimientos reales, está manifestando una conducta que consiste en pensar. Hay, naturalmente, muchos tipos de problemas, e incluso un número mayor de soluciones que pueden dárseles. Al proporcionar una solución práctica a un problema, el estudiante adquiere también una capacidad nueva. Aprende algo que puede generalizar a otros problemas que tengan características formales similares. Esto presupone que ha adquirido una nueva regla, o acaso un nuevo conjunto de reglas.

Supongamos que se dejó estacionado un automóvil pequeño, junto a una barda de concreto de poca altura, y se descubre que una de sus llantas delanteras está desinflada. No se dispone de gato, pero se tiene una viga resistente, de tres metros de largo, y un buen cable. ¿Puede levantarse la parte delantera del automóvil? Una posible solución sería utilizar como palanca la viga, la pared como fulcro, y el cable para asegurar el extremo de la palanca, una vez levantada la parte anterior del automóvil. Se inventa esa solución para resolver un problema particular. Es evidente que el recurso representa la conjugación de ciertas reglas que acaso no se hayan aplicado antes a situaciones similares, enfrentadas por el individuo que resuelve el problema. Una regla pertenece a la aplicación de fuerza a un extremo del automóvil para lograr levantarlo; otra se refiere al uso de la barda como fulcro para que soporte un cierto peso; y otra más, consiste en emplear la viga como palanca. Al resolver el problema, tienen que recordarse todas ellas, y esto significa que el individuo debió aprenderlas antes. (Adviértase nuevamente que las reglas a que nos referimos no necesariamente tienen que poder ser expresadas verbalmente por quien resuelve el problema; ni necesariamente tendrá que haberlas aprendido en un curso de física.) Han sido previamente adquiridas y el individuo las reúne para solucionar su problema, cuando lo haya resuelto, habrá aprendido una nueva regla, más compleja que las que tuvo que combinar. La regla recién aprendida será almacenada en su memoria y la usará nuevamente para resolver otros problemas.

La invención de una regla compleja puede ilustrarse con un problema de matemática. Supongamos que un estudiante aprendió a sumar monomios como $2X$ y $5X$; $3X^2$ y $4X^2$; $2X^3$ y $6X^3$. Supongamos que ahora se le presenta un conjunto de polimonios, como:

$$2X + 3X^2 + 1$$
$$2 + 3X + 4X^2.$$

Se le pregunta al estudiante: "¿cuál supones que sea la suma de estas dos expresiones?". Aquí se le está pidiendo que resuelva un problema que (suponemos) desconoce por completo. Posiblemente primero haga algunos intentos en falso, que podrán ser corregidos de inmediato. No obstante, es probable que ya sepa las reglas subordinadas que le permitirán pensar en una solución. Por ejemplo, quizá conozca la regla que establece que una expresión a sumada a otra a^2, da la adición $a + a^2$. También dispone de la regla para sumar expresiones de la clase $2a^2 + 3a^2 = 5a^2$. De esta suerte, probablemente no sea difícil para él idear la regla compleja: sumar las expresiones que tienen exponentes iguales, y expresar el resultado como un conjunto de términos asociados por el signo $+$. Nuevamente, en este ejemplo el educando "combina" reglas más simples, que puede recordar, para obtener una regla más compleja que es la solución del problema.

La condición esencial que convierte a esta manera de aprender en un acontecimiento de solución de problemas, es la *ausencia* de cualquier guía, ya sea en forma de comunicación verbal o alguna otra; la solución ha sido "descubierta" o inventada. La guía de aprendizaje se la proporciona así mismo el sujeto que resuelve el problema, no se la da el maestro ni otra fuente externa. Podría suponerse que probablemente el sujeto estuviese echando mano de algunas *estrategias* para resolver problemas que pudo haber aprendido en situaciones bastante diferentes. Pero en todo caso, ha recordado reglas importantes, combinándolas para formar una nueva regla de "orden superior".

Ejecución. Consiste en inventar y usar una regla compleja para lograr la solución de un problema nuevo para el individuo. Adquirida la regla de orden superior, también le será posible al educando demostrar su uso en otras situaciones físicamente diferentes, aunque formalmente parecidas. Es decir, en la nueva regla compleja que acaba de adquirir hay de por medio transferencia del aprendizaje.

Condiciones internas. Al resolver un problema, el educando debe recordar las reglas subordinadas y pertinentes, así como la información que venga al caso; se supone que tales capacidades ya están aprendidas.

Condiciones externas. Quien aprende, se enfrenta a una situación problema, real o representada, que desconoce absolutamente. Las claves pertenecientes al dominio de las comunicaciones verbales son mínimas, o puede no haberlas del todo. El educando "aprende por descubrimiento"; inventa la solución.

ESTRATEGIAS COGNOSCITIVAS

Un tipo muy especial de capacidad intelectual, que además es de particular importancia para la solución de problemas, recibe el nombre de *estrategia cognoscitiva*. Esta clase de capacidad recibe un nombre diferente porque, aun cuando se le puede catalogar como habilidad intelectual, tiene ciertas características muy particulares (véase Gagné, 1970, págs. 229-233). Lo más importante es que la estrategia cognoscitiva es una habilidad *internamente organizada* que gobierna la propia conducta del educando. En varios trabajos de Bruner (1966, 1971) se describe la operación y la importancia de las estrategias cognoscitivas.

El término estrategia cognoscitiva se aplica a muchas habilidades que emplea el educando para *gobernar* los procesos de atender, aprender, recordar y pensar. Sin embargo, en este capítulo nos ocuparemos únicamente de la última clase mencionada; es decir, de los que intervienen cuando el educando define y encuentra la solución de un problema nuevo. También habría que señalar que pueden relacionarse las estrategias cognoscitivas del pensamiento con la teoría de Piaget (1950), relativa al desarrollo intelectual (véase Flavell, 1963). La teoría fundamental de Piaget establece que el intelecto del niño se desarrolla en etapas identificables, cada una de las cuales representa la capacidad de recurrir a operaciones lógicas cada vez más complejas. Para dicho investigador, las capacidades que aquí denominamos estrategias cognoscitivas, limitan los tipos de solución de problemas que pueden realizar con éxito los niños de diversas edades.

En el esquema de Piaget, podemos acomodar fácilmente el aprendizaje de habilidades intelectuales más específicas, como las descritas en partes anteriores. Pero se puede adoptar otra teoría: las estrategias cognoscitivas, lejos de madurar sencillamente conforme el niño va creciendo, se desarrollan *a partir* de estas habilidades intelectuales aprendidas específicamente a través de un proceso de generalización. (Gagné, 1970, págs. 289-301.) El último punto de vista teórico nos lleva a considerar las estrategias cognoscitivas como los máximos logros de gran parte del aprendizaje específico y, por tanto, a tratarlas como una clase especial de habilidad intelectual.

El aprendizaje de las estrategias cognoscitivas

La estrategia cognoscitiva es una habilidad organizada internamente, que elige y orienta los procesos internos que operan al definir y resolver problemas novedosos. En otras palabras, es una habilidad con la que el educando gobierna su propia conducta de pensar. Cabe señalar que es el *objeto* de la habilidad lo que distingue a las estrategias cognoscitivas de otras habilidades intelectuales. Éstas se orientan hacia los objetos y acontecimientos ambientales, como las oraciones, gráficas o ecuaciones matemáticas. Por otra parte, las estrategias cognoscitivas tienen por objeto los *procesos de pensamiento del educando.* Es indudable que la eficacia de aquéllas afecta decisivamente la calidad de pensamiento del individuo. Puede determinar, por ejemplo, la creatividad, facilidad y el sentido crítico de su pensamiento.

Cuando se enuncian los objetivos educacionales, a menudo se les da prioridad a las estrategias cognoscitivas. En muchas de las descripciones de objetivos se le concede lugar preeminente a la tarea de "enseñar a pensar". No obstante lo difícil de encontrar a alguien que discrepe con la importancia que se le concede a tal objetivo, parece recomendable moderar nuestro entusiasmo, considerando algunos hechos pertenecientes a la practicabilidad de alcanzarlo. En primer lugar, debemos tener en cuenta que los factores genéticos, refractarios al influjo de la educación, tienden a desempeñar un papel destacado en la determinación del pensamiento creativo (véase Tyler, 1965; Ausubel, 1968, capítulo 16). En otras palabras, siempre determinarán, en las personas, acentuadas diferencias de capacidad intelectual; y las influencias ambientales, como la educación, nada podrán hacer por superarlas. En segundo lugar, el hecho de que las estrategias cognoscitivas sean de organización interna indica que las condiciones de la enseñanza sólo pueden afectar indirectamente la adquisición y el perfeccionamiento de aquéllas. En cuanto a otros tipos de habilidades intelectuales, se puede planificar una sucesión de acontecimientos de aprendizaje, exteriores al educando, que garanticen la adquisición de dichas habilidades. No obstante, las estrategias cognoscitivas necesitan un control más indirecto. Hay que organizar los acontecimientos externos con el fin de aumentar la probabilidad de que ocurran ciertos acontecimientos internos; y éstos, a su vez, determinarán el aprendizaje de las estrategias cognoscitivas. De ahí que la enseñanza de éstas deba planificarse con arreglo a "condiciones favorables", y que no pueda conseguirse especificando las "condiciones suficientes". Generalmente, las condiciones favorables son las que *dan oportunidades para el desarrollo y uso* de las estrategias cognoscitivas. En otras palabras, para "aprender a pensar", el estudiante necesita que se le den oportunidades de hacerlo.

Ejecución. Consiste en resolver situaciones problema, sin que se le señalen al educando la clase ni la forma específicas de solución.

Condiciones internas. Es preciso que el educando pueda recurrir a toda una variedad de estrategias cognoscitivas para resolver problemas, entre las cuales pueda elegir la más conveniente; y, si queremos que llegue a una solución específica haciendo tal selección, también tendrán que existir las habilidades intelectuales que presuponen dicha solución.

Condiciones externas. Necesitan presentarse problemas nuevos sin especificar la clase de solución que se requiera. Si se pregunta al estudiante: "¿Qué cosas podría hacer el hombre si tuviera dos dedos pulgares en cada mano?", es evidente que deberá buscar en su repertorio de estrategias cognoscitivas aquéllas que le permitan afrontar el problema. ¿Pensará, en primer lugar, las cosas más insólitas que podrían hacerse con dos pulgares?, ¿o clasificará esmeradamente los tipos de cosas que pueden usarse con los pulgares? A fin de cuentas, probablemente adoptaría ambos enfoques. Su estrategia cognoscitiva consiste en la forma particular en que afronta el problema. Externamente, lo que se puede hacer es garantizar que el problema presentado sea novedoso y que, por tanto, represente una "condición favorable" para pensar.

TIPOS DE HABILIDADES INTELECTUALES RELATIVAS A LAS ASIGNATURAS

La gama de capacidades humanas que se manifiestan en las habilidades intelectuales abarca los tipos de discriminaciones, conceptos concretos, conceptos definidos, reglas simples y de orden superior, que suelen adquirirse al resolver problemas. Otra clase de habilidad organizada internamente es la estrategia cognoscitiva, que gobierna la conducta del educando en el aprendizaje y el pensamiento, determinando así la calidad y eficiencia de éstos. Estas clases de aprendizaje pueden distinguirse por: *a*) la clase de *ejecución* que permiten; *b*) las *condiciones* externas e internas necesarias para que ocurran, y *c*) la *complejidad* del proceso interno que establecen en la memoria del individuo.

En cualquier materia escolar pueden intervenir en un momento dado cualesquier de estos tipos de capacidades aprendidas. No obstante, varía mucho la frecuencia con que se dan en las diversas materias escolares. Pueden encontrarse ejemplos de discriminaciones en materias tan elementales como las que consisten en escribir letras y leer música. Por otra parte, en un curso de historia, existen pocos ejemplos de este tipo y muchos de conceptos definidos. Sin embargo, también hay pocos casos de discriminación al comenzar el estudio de una lengua extranjera, que puede iniciarse en noveno grado. En el mismo grado, la escritura de composiciones frecuentemente envuelve contextos definidos y reglas, pero parece no requerir el aprendizaje de discriminaciones ni de conceptos concretos. En este caso, el aprendizaje de estas capacidades ocurre muchos años antes de que se comiencen a aplicar.

Toda materia escolar *puede* analizarse para revelar la importancia de *todas* estas clases de aprendizaje. Pero ésta no es siempre la forma práctica de hacerlo, toda vez que la materia, conforme se imparte en un grado, puede iniciarse presuponiendo que ya se han efectuado los tipos de aprendizaje más simples. Así pues, la discriminación entre · · y · sin duda es importante para el estudio del álgebra. Pero no se comienza a estudiar álgebra aprendiendo discriminaciones, dado que es posible suponer que éstas ya están aprendidas. En física, sin embargo, pudieran haberse adquirido recientemente ciertas discriminaciones como las necesarias para usar un microscopio o un espectrofotómetro; habilidades tan sencillas deben aprenderse antes de que el estudiante pase a adquirir los conceptos, reglas y soluciones de problemas que representen los principales objetivos del curso.

No está de más insistir en que el aprendizaje de diversos tipos de capacidades no se relaciona directamente con la edad del educando. El individuo no aprende todas sus cadenas motoras a la edad de cuatro años, ni todas sus discriminaciones a la de cinco. Ciertas tareas razonables de aprender reglas y solucionar problemas son propias para niños de cuatro y cinco años de edad. Cualesquier tareas de aprendizaje son "razonables" cuando las habilidades indispensables para desempeñarlas ya están adquiridas. Ahora bien, es verdad que en el primer grado puede haber más aprendizaje de discriminaciones que en el sexto grado. En el último de preparatoria se espera que ocurra el aprendizaje de conceptos definidos y reglas con mayor frecuencia que en el cuarto de primaria. El principio general consiste en que lo que deba aprenderse sea pronosticable, no a partir de la edad, sino de la naturaleza de las ejecuciones que se persiguen como objetivo del aprendizaje.

¿Existe, entonces, una *estructura* de habilidades intelectuales que represente la "vía" más rápida para llegar a la eficiencia óptima de aprendizaje, en cualquier materia del plan de estudios? En teoría, puede responderse que sí. ¿Sabemos cuál es esta estructura? Por ahora, habrá que admitir que sólo vagamente. Después de todo, los maestros, especialistas en planes de estudio y autores de libros de texto *tratan* de representar la estructura en sus lecciones y planes de estudio, y lo han intentado durante muchos años. Con todo, sus esfuerzos deben calificarse, en términos generales, de parciales e inadecuados. Con este volumen se trata de describir un método sistemático de afrontar el problema, evitando al máximo los callejones sin salida. Este método también será sujeto a verificación empírica, revisión y afinamiento. La aplicación del método que se describirá puede llevar a descripciones de la "estructura del aprendizaje" de cualquier materia que se enseña en la escuela. Esta estructura se puede representar en una especie de *mapa* que debe recorrerse en forma progresiva, a partir de un punto del desarrollo del hombre, para llegar a cualquier otro punto.

El hecho de trazar un mapa de las estructuras de aprendizaje no nos lleva a la "rutinización" ni "mecanización" de los procesos del aprendizaje. Nos indica puntos de inicio, destinos y otras rutas intermedias; no nos dice cómo hacer nuestro itinerario. Emprender el "viaje" del aprendizaje requiere de cada individuo un conjunto diferente de acontecimientos internos. En cierto sentido fundamental, existen tantos "estilos" de aprendizaje como individuos. Describir las estructuras de aprendizaje correspondientes a una serie de objetivos de cualquier materia escolar no nos lleva a prescribir la manera como debe aprender cada estudiante. Antes bien, las estructuras del aprendizaje no son más que descripciones de objetivos aceptados o *resultados* de aprendizaje, aunados a estaciones secundarias a lo largo del camino.

RESUMEN

Comenzando por la necesidad de identificar los objetivos con los resultados deseables del sistema educativo, en este capítulo se propuso que para elaborar cursos, temas y lecciones específicos, se necesita clasificar en categorías amplias los objetivos de ejecución: habilidades intelectuales, estrategias cognoscitivas, información verbal, destrezas motoras y actitudes. Haciéndolo, según se vio, se facilita *a*) revisar la pertinencia de los objetivos; *b*) determinar el ordenamiento de la enseñanza, y *c*) planificar las condiciones de aprendizaje necesarias para que se dé la enseñanza fructífera.

En este capítulo se empezó a explicar la *naturaleza* de las capacidades de ejecución que implica cada una de las cinco clases de capacidades aprendidas, comenzando por las habilidades intelectuales y las estrategias cognoscitivas. Para cada uno de estos dos campos, *a*) se dieron ejemplos de desempeños aprendidos en relación con diferentes materias escolares; *b*) se identificaron las condiciones internas de aprendizaje, necesarias para lograr una nueva capacidad, y *c*) se identificaron las condiciones internas que afectan el aprendizaje de cada una.

Por lo que hace a las habilidades intelectuales, se identificaron varias subclases: discriminaciones, conceptos concretos y definidos, reglas simples y de orden superior que suelen aprenderse al resolver problemas. Cada una representa una clase diferente de ejecución y se apoya en diferentes conjuntos de condiciones internas y externas de aprendizaje. Las estrategias cognoscitivas no se dividieron en subclases, como fue el caso de las habilidades intelectuales. Tal vez la investigación futura indique que esto puede y debe hacerse.

En el siguiente capítulo se tratarán de manera semejante los restantes tipos de capacidades aprendidas: información, actitudes y destrezas motoras. El objetivo que se persigue en los capítulos 3 y 4 es avanzar un poco más hacia la especificación de una serie ordenada de pasos para planificar una lección, unidad, curso o sistema educativo completo. Específicamente, en estos capítulos se identificarán las condiciones internas y externas para el aprendizaje de cada tipo de capacidad. Se sugerirá cómo proceder respecto de dos aspectos del planeamiento de la enseñanza: *a*) cómo tomar en cuenta el aprendizaje *previo* que se supone necesario para que el educando pueda emprender el aprendizaje nuevo, fijado como siguiente objetivo, y *b*) cómo planificar el aprendizaje *nuevo* en función de las *condiciones externas* que se necesitan para cada tipo de tarea. En capítulos posteriores estas condiciones se traducirán en directrices del planeamiento de la enseñanza.

REFERENCIAS BIBLIOGRÁFICAS

AUSUBEL, D. P. *Educational psychology: a cognitive view.* Nueva York: Holt, Rinehart & Winston, 1968.

BRUNER, J. S. The art of discovery. *Harvard Educational Review,* 1961, *31,* 21-32.

BRUNER, J. S. *Toward a theory of instruction.* Cambridge, Mass.: Harvard University Press, 1966.

BRUNER, J. S. *The relevance of education.* Nueva York: Norton, 1971.

FLAVELL, J. H. *The developmental psychology of Jean Piaget.* Princeton, Nueva Jersey: Van Nostrand, 1963.

GAGNÉ, R. M. Problem solving. En A. W. MELTON (dir.), *Categories of human learning.* Nueva York: Academic Press, 1964.

GAGNÉ, R. M. *The conditions of learning,* 2a. edición. Nueva York: Holt, Rinehart & Winston, 1970.

PIAGET, J. *The psychology of intelligence.* Nueva York: Harcourt Brace Jovanovich, 1950.

SHULMAN, L. S. Y KEISLAR, E. R. *Learning by discovery: a critical appraisal.* Chicago: Rand-McNally, 1966.

TYLER, L. E. *The psychology of human differences,* 3a. edición. Nueva York: Appleton-Century-Crofts, 1965.

WORTHEN, B. R. Discovery and expository task presentation in elementary mathematics. *Journal of Educational Psychology, Monograph Supplement,* 1968, *59,* núm. 1, parte 2.

capítulo 4

Variedades de aprendizaje: Información, actitudes y destrezas motoras

En este capítulo seguiremos analizando las variedades de capacidades susceptibles de aprenderse. Como vimos en el capítulo anterior, los cursos y lecciones que se planifican para la enseñanza, naturalmente, no siempre tienen el objeto de desarrollar habilidades intelectuales o estrategias cognoscitivas. Además, un tema o curso, e incluso una lección, pueden perseguir más de un objetivo. Generalmente, se planifica la enseñanza para abarcar varios objetivos dentro de una cierta unidad de enseñanza, y para lograr un equilibrio entre ellos.

Describiremos aquí las condiciones aplicables al aprendizaje de otras tres clases de resultado del aprendizaje: el de *información*, el establecimiento o cambio de *actitudes*, y la adquisición de *destrezas motoras*. Igual que en el capítulo anterior, será necesario considerar tres aspectos de la situación de aprendizaje en relación con cada una de estas variedades:

1. La *ejecución* que haya de adquirirse como resultado del aprendizaje.
2. Las *condiciones internas* que necesitan estar presentes para que ocurra el aprendizaje.
3. Las *condiciones externas* que son la estimulación esencial en que se apoya el estudiante.

INFORMACIÓN Y CONOCIMIENTO

Como resultado de la enseñanza escolar, se aprende y almacena en la memoria una gran cantidad de información. Gran parte de ésta se adquiere también fuera de la escuela, en la lectura de libros, revistas, periódicos, y a través de los programas de radio y televisión. De aquí se infiere que no es indispensable proporcionar medios especiales de "enseñanza" para que gran parte del aprendizaje ocurra. La información transmitida por los diversos medios de comunicación pueden aprenderla muchas personas, siempre y cuando quienes la lean, vean o escuchen, posean las habilidades intelectuales básicas para interpretarlas.

No obstante, en el caso del aprendizaje escolar abundan las circunstancias en que se desea tener más seguridad de que ocurra aquél, cosa que no es de esperarse de los múltiples medios de comunicación extraescolares. Un individuo culto puede adquirir mucha información de una conferencia de radio acerca de los modernos descubrimientos de la química. La cantidad de información que se aprende por este medio difiere enormemente entre los individuos, según sus intereses y experiencia previa. Por otro lado, un curso formal de química puede tener el propósito de enseñar a todos los estudiantes cierta información que se considera esencial para estudiar más a fondo la materia, como los nombres de los elementos, los estados de los compuestos, etc. Asimismo, en un curso sobre política se puede tratar de enseñar a los estudiantes el contenido de los artículos de la Constitución. Se emprende la enseñanza planificada de las materias escolares por esta necesidad de asegurarse de que los estudiantes aprendan cierta información.

Existen dos razones principales para desear que el aprendizaje de información tenga una elevada probabilidad de ocurrir. La primera ya se mencionó: para adentrarse en un tema dado, el estudiante precisa de cierta información. Claro que parte de la información pormenorizada que necesite podrá consultarla en un libro o alguna otra fuente, pero acaso necesite recordar y usar parte de ella, una y otra vez, al proseguir estudiando un tema dado. Existe, pues, cierta información que es "fundamental" por cuanto el aprendizaje ulterior se realizará con más eficiencia cuando se haya adquirido y retenido esa información.

La otra razón que hay para aprender información estriba en que gran parte de ella quizá le sirva al individuo durante toda su vida. Todo el mundo necesita saber los nombres de las letras, números, objetos familiares y multitud de hechos sobre sí mismo y su medio, para poder recibir y dar información. Gran cantidad de esta información práctica se adquiere informalmente, sin que medie ningún plan; además, todo individuo puede adquirir cantidades considerables de información práctica acerca de una o más áreas que le interesen especialmente, como cuando aprende un cúmulo de hechos acerca de las flores, los automóviles o el beisbol. Al planificar los cursos para una escuela, se presenta el problema de distinguir entre toda la información de un cierto campo, la que sea más o menos esencial. De esta, algunas partes las usará el individuo para comunicarse durante toda su vida. Otra puede interesarle personalmente, aunque no sea esencial. La norma de certidumbre del aprendizaje, aplicada al primer tipo de información, pasa a ser el objeto de preocupación de la educación formal. En cuanto a la información que desea aprender el individuo, por sus propios intereses o el mero deseo de aprender más, parecería no haber razón de ponerle límite.

Cuando se organiza la información en sistemas de hechos y generalizaciones relacionadas coherentemente, por regla general se le da al resultado el nombre de conocimiento. Claro que la información que el individuo posee dentro de su particular campo de trabajo o estudio suele estar organizada como un "cuerpo de conocimiento"; así, por ejemplo, esperamos que un químico haya aprendido y almacenado un cuerpo especializado de conocimientos sobre la química. Del mismo modo, esperamos que un ebanista tenga un cuerpo de conocimientos sobre la madera, el ensamblado y los instrumentos propios de su trabajo. Además de estos volúmenes de conocimiento especializado, hay que enfrentarse al problema de si tiene sentido o no adquirir un conocimiento *general*. Debe advertirse que la mayor parte de las sociedades humanas, si no todas, ha respondido de manera afirmativa a esta pregunta. De una u otra forma, se han hallado medios para que el conocimiento acumulado por una sociedad pase de una a otra generación. La información sobre los orígenes de la sociedad, tribu o nación, sobre su desarrollo, sus objetivos, valores y lugar en el mundo, se considera generalmente un cuerpo de conocimientos deseable de incluir en la educación del individuo.

En nuestra sociedad, hace años se estuvo de acuerdo en tener un cuerpo de conocimiento general que se consideraba adecuado para la "clase educada" (quienes asistían a la universidad). Se componía de información histórica sobre la cultura occidental, desde los inicios de la civilización griega, aunada a la información sobre literatura y artes. Durante algunos años, conforme la educación para las masas fue reemplazando a la educación clasista, se comenzó a reducir la cantidad de conocimiento general que se consideraba deseable para todos los estudiantes. En años recientes se le ha venido dando cada vez más importancia a un tipo informal de enseñanza, en la cual se tiene en cuenta lo que el estudiante prefiere aprender. Este hecho parecería ser la causa de que sea virtualmente imposible identificar un cuerpo congruente de conocimiento que constituya la educación general; cuando mucho, tal conocimiento cultural común parece restringirse cada vez más a unos cuantos cursos de historia y gobierno de Estados Unidos de América, exigidos legalmente en muchos estados. Desde el punto de vista de la estabilidad social, es discutible el valor de esta tendencia en contra del aprendizaje de la información más universal.

¿Para qué sirve el conocimiento general de la cultura en la vida del individuo? Es obvio que dicho conocimiento sirve para la comunicación, particularmente en lo que se refiere a los aspectos de la vida relacionados con lo cívico. Conocer los hechos de su comunidad, su estado y su nación, al igual que sus responsabilidades para con ellos y los servicios que le proporcionan, le permite al individuo ocuparse en aprender la comunicación necesaria para cumplir con sus funciones de ciudadano. El conocimiento histórico general puede contribuir también a que el individuo logre y mantenga su "identidad" o sentido de sí mismo: que esté consciente de sus orígenes en relación con los miembros de la sociedad a que pertenece.

Puede concebirse y especularse sobre una función mucho más crítica del conocimiento general, aunque no se disponga de todas las pruebas al respecto. Se trata del concepto según el cual el conocimiento es el *vehículo* del pensamiento y la manera de resolver los problemas. En el capítulo anterior vimos que el pensamiento, por cuanto se refiere a resolver problemas, requiere ciertas habilidades intelectuales previas, lo mismo que estrategias cognoscitivas. Estos son los instrumentos que posee el individuo y que le permiten pensar clara y precisamente. ¿Cómo puede pensar con amplitud?, ¿cómo puede un científico, por ejemplo, pensar sobre el problema social del aislamiento de las personas en edad senil?, ¿cómo puede un poeta captar con palabras el conflicto esencial de la rebelión y la enajenación de la juventud? No es muy aventurado pensar que la solución al problema, en ambos casos, dependa de que los individuos tengan conocimientos no privativos de sus profesiones, sino también de los que poseen infinidad de personas. El pensamiento que tiene lugar es "transmitido" por las asociaciones, metáforas y analogías del lenguaje que se encuentren en esos cuerpos de conocimiento. La importancia de un "fundamento cognoscitivo" ha sido discutida antes por muchos autores, y últimamente por Polanyi (1958).

En resumen, es evidente que pueden identificarse algunas razones por las que debe aprenderse información, ya sea que se conciba como hechos, generalizaciones o cuerpos organizados de conocimiento pleno de sentido. La información práctica se necesita para aprender las habilidades intelectuales cada vez más complejas de una materia o disciplina. Tal información puede consultarse, en parte, pero frecuentemente conviene más almacenarla en la memoria. Deben aprenderse ciertos tipos y casos de información práctica, necesarios para la comunicación relativa a los asuntos de la vida diaria; a menudo se aprende y recuerda información como cuerpos organizados de conocimiento. El conocimiento especializado de este tipo puede acumularse mientras el estudiante aprende hechos sobre el área de estudio o trabajo a que se dedique. El conocimiento general, particularmente el que refleja la herencia cultural, se considera a menudo deseable y hasta esencial para hacer posible la comunicación necesaria, para que el individuo se desempeñe como buen ciudadano. Sin embargo, parece probable, además, que tales tipos de conocimiento general pasen a ser los transmisores del pensamiento que necesita el hombre para ocuparse del pensamiento reflexivo y la solución de problemas.

APRENDIZAJE DE LA INFORMACIÓN

La información puede presentarse al estudiante en diferentes formas. Se le puede dar a través del oído, en forma de comunicación oral, o por los ojos, en forma de palabras impresas, con o sin ilustraciones complementarias. Hay muchas cuestiones interesantes por investigar, relacionadas con la eficacia de los medios de comunicación (Bretz, 1971), y algunas de las implicaciones de éstas para el planeamiento de la enseñanza se estudiarán en el siguiente capítulo. Por ahora nos ocuparemos de otro conjunto de dimensiones relacionadas con las de los medios de comunicación. La información que se presenta para ser aprendida puede variar en cantidad y modo de organización. En cuanto al planeamiento de la enseñanza escolar, algunas variaciones dentro de dichas dimensiones parecen ser más importantes que otras. Desde este punto de vista, parece conveniente distinguir tres tipos de situaciones de aprendizaje. La primera se refiere al aprendizaje de *etiquetas* o *nombres;* la segunda, al aprendizaje de hechos *individuales* o aislados, que pueden o no ser partes de comunicaciones con sentido y más amplias; y la tercera, al aprendizaje de *información organizada* o conocimiento.

Aprendizaje de etiquetas

Aprender a "etiquetar" (nombrar), se refiere sencillamente a adquirir la capacidad de dar una respuesta verbal consistente, hacia un objeto o clase de objetos, de manera que se les "nombre". La propia respuesta verbal puede ser de cualquier tipo, "X-1", "petunia", "diccionario de bolsillo" o "espectrofotómetro". La información de esta forma es sencillamente una *cadena verbal* corta, cuyas características se describieron brevemente en el capítulo anterior. Referencias a la información más importante sobre el aprendizaje de "pares asociados" verbales pueden encontrarse en muchos textos (por ejemplo, Deese y Hulse, 1967; Jung, 1968).

Aprender el nombre de un objeto, en el sentido de aprender una etiqueta, es muy distinto de aprender el *sentido* de dicho nombre. Esto último supone la adquisición de un *concepto,* lo que también se describió ya. Los maestros están familiarizados con la diferencia entre "conocer el nombre de algo" y "saber lo que significa dicho nombre". El estudiante exhibe la conducta de conocer una etiqueta cuando sabe dar el nombre de cierto objeto. Para conocer el objeto como concepto (es decir, su significado), debe ser capaz de identificar ejemplos y "no ejemplos" que le sirvan para definir y delimitar la clase.

En la práctica, a menudo se aprende el nombre de un concepto al mismo tiempo, o inmediatamente antes, que se aprende el propio concepto. Aunque sea fácil de realizar con uno o dos objetos al mismo tiempo, la tarea de aprender nombres aumenta de dificultad rápidamente cuando deben aprenderse simultáneamente seis nombres diferentes para sendos objetos, y más aun cuando deben aprenderse 10-12. En la escuela se da tal situación cuando se le pide a los niños que aprendan el nombre de un conjunto de árboles u hojas, o de cualquier conjunto de objetos. De los niños que se ocupan de tales tareas, puede decirse con propiedad que "memorizan" los nombres, pero no hay nada de malo en ello, y a menudo hasta lo disfrutan. En todo caso, el aprendizaje de etiquetas es una actividad útil por todos conceptos, que establece el fundamento para la comunicación entre el estudiante y el maestro, o entre el estudiante y un texto.

Aprendizaje de hechos aislados

Un hecho es un enunciado verbal que expresa una relación entre dos o más objetos, o acontecimientos nombrados. Ejemplo de ello sería "el libro tiene portada azul". En la comunicación normal, se supone que la relación expresada por el hecho existe en el mundo natural; así, las palabras que constituyen el hecho tienen *referencia* con el medio del estudiante. Las palabras se refieren a esos objetos y a la relación entre ellos. En el ejemplo dado, los objetos son "libro" y "portada azul", y la relación es "tiene". Es de cierta importancia insistir en que un hecho, como se emplea aquí el concepto, se define como el *enunciado verbal* y no como el referente o referentes a que alude. (En otros conceptos puede hallarse fácilmente diferentes sentidos de la palabra "hecho".)

Los estudiantes aprenden una multitud de hechos relacionados con sus estudios escolares. Hechos aislados son los que no se relacionan con otros o con cuerpos de información. Otros forman parte de un conjunto integrado y se relacionan mutuamente de diferentes maneras. Por ejemplo, los niños pueden aprender el hecho de que "la sirena de la fábrica suena al mediodía", y éste puede ser un hecho bastante aislado que se recuerde con claridad, aunque no se relacione directamente con otra información. Pueden aprenderse y recordarse hechos aislados sin razón aparente. Al estudiar la historia, el estudiante puede aprender y recordar que Charles G. Dawes fungió como vicepresidente de la Unión Americana en el periodo de Calvin Coolidge, y al mismo tiempo aprender los nombres de otros vicepresidentes. No obstante, es más frecuente que un hecho aprendido se relacione con otro de un conjunto total o con un cuerpo de información más amplio. Por ejemplo, el estudiante puede aprender ciertos hechos sobre México, relacionados entre sí en el sentido de que pertenezcan a los aspectos de la geografía de tal país, a su economía o su cultura. Tales hechos pueden relacionarse también con un cuerpo de información más amplio sobre hechos de la cultura, la economía y la geografía de otros países, incluida la patria del estudiante.

Aislados o asociados con un conjunto mayor, los hechos aprendidos son de valor indiscutible para el estudiante, por dos razones principales. La primera es que pueden ser esenciales en su vida cotidiana; por ejemplo, el hecho de que muchas tiendas y bancos se cierran los domingos, el de que la melaza es pegajosa, o que su cumpleaños es el 10 de febrero. La otra razón de que sean importantes los hechos aprendidos, y que es todavía más obvia para el estudiante, es que puede usarlos para aprender más cosas. Para hallar la circunferencia de un círculo, por ejemplo, necesita saber el valor de *pi*. Para resolver una ecuación química, acaso necesite saber la valencia del elemento sodio.

Por lo que respecta a la función de los hechos, en cuanto elementos de aprendizaje de habilidades o de información adicional, es evidente que tales hechos *pueden* consultarse en libros o tablas de cómoda referencia, cuando vaya a tener lugar dicho aprendizaje adicional. Hay muchos casos en que la "consulta" puede ser un procedimiento adecuado y recomendable. Asimismo, el estudiante puede aprender los hechos, almacenarlos en su memoria, de manera que pueda recurrir a ellos siempre que lo necesite. Se elige este otro procedimiento por razones de comodidad y eficiencia. También pueden almacenarse en la memoria los hechos que probablemente tengan que usarse una y otra vez; tal vez al estudiante le resulte engorroso tener que consultar continuamente. Sin embargo, quien planifica la enseñanza tiene la obligación de decidir cuáles hechos de entre un grupo numeroso de un curso dado son *a*) de uso tan infrecuente que sería mejor consultarlos; *b*) necesarios de consultarse con cierta frecuencia, de manera que convendría aprenderlos, o *c*) de importancia tal, que deberían recordarse de por vida.

Ejecución. La ejecución que indica que se ha aprendido un hecho, consiste en enunciar una relación entre dos o más conceptos o acontecimientos nombrados, lo cual puede hacerse de manera oral o escrita.

Condiciones internas. Para la adquisición y almacenamiento, es necesario recordar un contexto de información organizado con el que debe relacionarse el hecho recientemente adquirido. Por ejemplo, para aprender y recordar que el monte Whitney es la montaña más elevada de la parte continental de los Estados Unidos de América, debe recordarse un contexto informativo más amplio (que puede diferir en cada estudiante), como la clasificación de las montañas y sus altitudes dentro de la orografía general de dicho país. La imagen visual de la cordillera a que pertenece el monte Whitney puede ser un componente integral de esta información (véase Rohwer, 1970). El estudiante asocia este nuevo hecho con el contexto de información más amplio.

Condiciones externas. Con el fin de estimular el recuerdo de un cuerpo de información más amplio, se presentan la comunicación verbal, una ilustración o cualquier otra clave; a continuación se expresa el hecho nuevo, de ordinario en forma verbal. La comunicación externa puede indicar también la asociación por adquirirse, como cuando se informa que el monte Whitney es más elevado que la Sierra Nevada. Debe permitirse un tiempo razonable para que el estudiante repase o repita el nuevo hecho.

Aprendizaje de cuerpos de conocimientos

También pueden aprenderse y recordarse cuerpos más amplios de hechos relacionados, como los pertenecientes a los periodos de la historia o a las clasificaciones del arte, la ciencia o la literatura. Fundamentalmente, se aplican las mismas condiciones que para el aprendizaje de hechos aislados. Los sistemas de conocimiento se organizan a partir de unidades más pequeñas, de suerte que forman un todo con sentido. La nueva unidad fáctica se aprende, relacionándola o incorporándola a otro conjunto de información de la misma clase, que entonces se almacena en la memoria, combinada de una manera nueva.

La clave para recordar sistemas de información parece consistir en *organizarla* de manera que puedan recuperarse fácilmente (Ausubel, 1968; Mandler, 1967). Por ejemplo, la tabla periódica de los elementos, además de tener un fundamento teórico, también le ayuda al estudiante de química a recordar los nombres y propiedades de un gran número de aquéllos. De la misma manera, los estudiantes de historia pueden haber adquirido un esquema de "periodos" históricos, en el que pueden incorporar muchos hechos para aprenderlos y recordarlos. Mientras más organizada sea la información previamente adquirida, más fácil será que el estudiante adquiera y retenga cualquier hecho nuevo que pueda relacionar con su estructura organizada.

Durante mucho tiempo se ha sabido que la repetición tiene un señalado efecto sobre la memorización de información, y esto se cumple, ya sea que se trate con hechos aislados o con sistemas más amplios de información. No obstante, el empleo eficaz de la repetición consiste en proporcionar ocasiones *espaciadas* para que el estudiante *recuerde* la información que ha aprendido. Los procesos que intervienen cuando se recuerda la información parecen ser los factores más importantes del recuerdo de ésta.

APRENDIZAJE DE ACTITUDES

Nunca está de más insistir en la importancia que tienen las actitudes para el aprendizaje escolar. En primer lugar, como es evidente para el maestro, las actitudes del estudiante hacia el hecho de asistir a la escuela, cooperar con sus maestros y compañeros, prestar atención a las comunicaciones que se le dan, y hacia el acto mismo del aprendizaje, todas ellas son de gran importancia para determinar la facilidad con que aprende.

Otra clase de actitudes, por cierto muy grande, es la que se pretende establecer o cambiar en la escuela como resultado del aprendizaje que en ella se efectúa. Las actitudes de tolerancia y civismo se mencionan frecuentemente como metas de la educación escolar; las actitudes positivas hacia la búsqueda y el aprendizaje de nuevas habilidades y conocimientos se consideran generalmente finalidades educativas de fundamental importancia para el individuo. Gustos más específicos por los diversos temas del plan de estudios, como la física, literatura o música, frecuentemente se conceptúan como objetivos de gran valor dentro de cada área. Finalmente, están las actitudes más generales, llamadas *valores,* que supuestamente deben favorecer y alentar las escuelas. Estas son actitudes pertenecientes a conductas sociales, aludidas con los conceptos de justicia, honestidad, caridad, y muchos otros.

Independientemente de la gran variedad de contenido de estos tipos de actitudes, debemos esperar que todos se parezcan entre sí por lo que se refiere a sus propiedades normales. Dicho de otra manera, cualquiera que sea el contenido de una actitud, genera una conducta de "aproximación" o "evitación". Así, una actitud influye en un numeroso conjunto de conductas específicas del individuo. Sería razonable suponer entonces, que existen ciertos principios generales del aprendizaje aplicables a la adquisición y cambio de actitudes.

Definición de actitud

Las actitudes son estados complejos del organismo humano que afectan la conducta del individuo hacia las personas, cosas y acontecimientos. Muchos investigadores las han estudiado e insistido en concebirlas como un sistema de creencias (Fishbein, 1965), o como un estado que surge de un conflicto de disparidad de creencias (Festinger, 1957). Estos puntos de vista nos sirven para señalar los aspectos *cognoscitivos* de las actitudes. Otros autores tratan sus componentes *afectivos,* los sentimientos que las originan o acompañan, como en el agrado o el desagrado. Los resultados del aprendizaje, dentro del "dominio afectivo", pueden estudiarse en los trabajos de Krathwohl, Bloom y Masia (1964).

Por diversas razones, entre las cuales están las de índole práctica, parece recomendable insistir ahora en ese aspecto de las actitudes que se relaciona con la *acción.* Reconociendo que una actitud puede surgir de cierto complejo de creencias, y ser acompañada y fortalecida por la emoción, cabe la importante pregunta: ¿a qué acción apoyan? La respuesta general a ésta es la de que una actitud influye en que el individuo haga *la elección de una acción.* Así pues, la actitud se define como el *estado interno que afecta la elección que el individuo hace de cierto objeto, persona o acontecimiento.*

Ciertas partes de esta definición requieren un comentario. La actitud es un *estado interno,* inferido a partir de observaciones (o, como sucede a menudo, de informes verbales) de la conducta del individuo; no es la conducta misma. Si se observa a un individuo que deposita la envoltura de la goma de mascar en un basurero, no se puede inferir de sólo este hecho que el individuo tenga una actitud positiva hacia el acto de deshacerse adecuadamente de la basura, o que reprueba la contaminación, ni ciertamente una actitud hacia las envolturas de goma de mascar. Sin embargo, pueden ocurrir algunos casos de conducta de esta clase general en situaciones diferentes. Tales casos permiten inferir que esta persona tiene un actitud positiva hacia deshacerse adecuadamente de la basura, o una actitud negativa hacia arrojar basura. La inferencia es que cierto estado interno afecta a toda una clase de casos específicos, en cada uno de los cuales el individuo hace una elección.

Esta última y lo que, según se infiere, es afectado por la actitud, es una *acción personal.* Por tanto, puede elegir entre tirar al suelo dicha envoltura o guardarla hasta que tenga a la mano un basurero; entre votar por un candidato a presidente o en su contra; la elección indica su actitud. El estudiante puede elegir hablar de una manera amistosa a un compañero de clase de otra raza, o no hablarle. Nuevamente se trata de un indicador que puede (aunado a otras manifestaciones conductuales) revelar su actitud. Prosiguiendo con esta definición, no nos preguntamos cuál es la actitud de la persona hacia los negros norteamericanos, ya que sería una pregunta demasiado general para responderla con sensatez. Nos preguntamos cuál es la actitud de la persona hacia *trabajar* con los negros, *vivir cerca* de ellos o *sentarse junto* a una persona negra. En cada caso, la elección de un acto personal se ve afectada por una actitud. Tocante al aprendizaje escolar, podemos interesarnos en la actitud del estudiante hacia *leer* libros, *hacer* experimentos científicos, *escribir* cuentos o *crear* un objeto artístico.

Esta definición implica que las actitudes deben medirse en función de las elecciones de acción personal hechas por el individuo. En ciertos casos, la medición puede estar basada en observaciones que duren cierto tiempo; por ejemplo, una maestra puede registrar durante una semana sus observaciones sobre un alumno de primer grado, consignando el número de veces que ayuda en lugar de obstaculizar a sus compañeros (véase Mager, 1968). Una proporción de este tipo, registrada en varios periodos, puede servir también como medida de "la actitud de ayudar a otros". Naturalmente, estos indicadores directos de elección no siempre pueden obtenerse; el maestro tendría graves problemas para obtener, por ejemplo, medidas conductuales de la "actitud hacia escuchar música clásica" o de la "actitud hacia leer novelas", dado que muchas de estas elecciones se hacen fuera del ambiente escolar. Por tanto, las medidas de actitud frecuentemente se basan en "la información verbal" de elecciones, en situaciones que se describen en cuestionarios. Por ejemplo, se puede pedir al estudiante que indique su probabilidad de elección en una escala de diez puntos, cuando se le hacen preguntas como: "¿qué probabilidad hay de que elijas una novela de aventuras en el mar, cuando vas a la biblioteca pública en una tarde de verano?". En el trabajo de Triandis (1964) se describe este método de medición de actitudes, en el que se ponen de relieve las elecciones de acción.

Aprendizaje de actitudes

El aprendizaje de actitudes y las formas de cambiarlas son asuntos más bien complejos, respecto de los cuales todavía queda mucho por descubrir. Los métodos de enseñanza que han de emplearse para establecer las actitudes deseadas, difieren considerablemente de los aplicables al aprendizaje de habilidades intelectuales y de información (véase Gagné, 1972).

¿Cómo adquiere o modifica el individuo un estado interno que influye en sus elecciones dentro de cierto campo de acción? Abundantes testimonios demuestran que la mera comunicación persuasiva es inútil para tal fin (McGuire, 1969). Seguramente los adultos, en su mayoría, reconocerán la ineficacia de insistir con máximas como "sé amable con los demás", "aprende a apreciar la buena música" o "maneja con cuidado". No obstante, incluso comunicaciones más elaboradas a menudo tienen efectos igualmente pobres, como las que apelan a la emoción o las que se forman mediante una cuidadosa cadena de razonamientos. Al parecer, hay que buscar medios mejores que éstos para cambiar las actitudes, y condiciones especificadas más minuciosamente para el aprendizaje de las mismas.

Métodos directos. Existen tales métodos para establecer y cambiar actitudes, los cuales ocurren a veces de manera natural y sin plan previo; a veces pueden mezclarse también deliberadam nte. Cuando menos, vale la pena adentrarse en esta manera de producir cambios de actitud. La respuesta condicionada de tipo clásico (véase Gagné, 1970, págs. 94-100), puede servir para establecer una actitud de aproximación o evitación hacia cierta clase particular de objetos, acontecimientos o personas. Hace muchos años, Watson y Rayner (1920) demostraron que puede condicionarse a un niño para que "le tenga miedo" (es decir, para que se aparte) a un conejo que anteriormente era su mascota. El estímulo incondicionado empleado para producir este notable cambio conductual, fue un ruido intenso y repentino, producido detrás de la cabeza del niño cuando el conejo (el estímulo condicionado) estaba presente. Aunque este hallazgo quizá no tenga utilidad pedagógica específica, es importante advertir que las actitudes pueden establecerse de esta forma, y que algunas de las que trae el estudiante a la escuela pueden depender de una experiencia de condicionamiento anterior. Por ejemplo, las tendencias a evitar los pájaros, arañas o serpientes, pueden ser actitudes originadas por un condicionamiento previo. Teóricamente, casi cualquier actitud puede quedar establecida de esta forma.

Otro método directo para aprender actitudes, y de mayor utilidad para la situación escolar, se basa en la idea de disponer *contingencias de reforzamiento* (Skinner, 1968). Si se hace que a una nueva habilidad o elemento de conocimiento que haya de aprenderse la suceda alguna actividad preferida o recompensante, de manera que ésta sea contingente respecto de la terminación de la primera, dicha situación general, según Skinner, define el prototipo de aprendizaje. Además, el estudiante que comienza con un "agrado" por la segunda actividad (llamada "reforzador"), adquirirá, durante ese acto, un gusto por la primera tarea. Conforme a este principio, uno podría hacer una actividad que prefiera un alumno de primer grado, como observar una colección de dibujos, contingente respecto de que él solicitase ver los dibujos mediante una oración completa ("¿puedo ver los dibujos?"), en lugar de hacerlo con una sola palabra ("dibujos"). Continuando con esta práctica, de manera constante y en toda una diversidad de situaciones, probablemente se logre que el niño emplee oraciones completas al hacer una petición. También llegará a disfrutar la nueva forma aprendida para pedir cosas, por haber tenido éxito al hacerlo. En otras palabras, su actitud hacia "emplear oraciones completas" experimentará un giro positivo.

Generalizando un poco, a partir de este principio del aprendizaje basado en contingencias de reforzamiento, puede decirse que el *éxito* de cierto aprendizaje probablemente produzca una actitud positiva hacia dicha actividad. El niño o joven adquiere una actitud definitivamente positiva hacia el patinaje sobre hielo cuando con esto obtiene cierta satisfacción; desarrolla una actitud positiva hacia escuchar música clásica cuando se da cuenta de que puede reconocer en ella sus formas o temas característicos.

Un importante método indirecto. Un método para establecer o cambiar las actitudes que tiene gran importancia y amplia utilidad para el aprendizaje escolar, es el llamado *modelamiento humano* (Bandura, 1969). Lo calificamos de indirecto, porque la cadena de acontecimientos que constituye el procedimiento de aprendizaje, es más extensa que la que se necesita generalmente en los métodos "directos". Además, como su nombre lo indica, este método funciona por intermedio de alguna otra persona, real o imaginaria.

El estudiante puede observar y aprender actitudes de muy diversos tipos, de personas que funcionen como modelos; particularmente en sus años de juventud, uno o ambos padres sirven de modelo para acciones que podrían clasificarse como demostraciones de justicia, simpatía, amabilidad, honestidad, etc. Esta función pueden desempeñarla otros miembros de la familia, como los hermanos mayores. Cuando asiste a la escuela, sus maestros pueden convertirse también en sus modelos, y esta posibilidad se presenta desde el jardín de niños hasta la escuela profesional. Pero los diversos tipos de modelamiento humano no son privativos de la escuela; las personalidades públicas pueden servir también de modelos, igual que los deportistas famosos o los científicos y artistas destacados. No es indispensable ver o conocer directamente a las personas que funcionan como modelos; pueden ser vistas en la televisión o en el cine, y hasta pueden ejercer su influencia a través de la lectura de libros que traten sobre ellas. Este último hecho sirve para recalcar la enorme influencia que tiene la literatura como determinante de las actitudes y los valores del individuo.

Claro que el modelo debe ser alguien a quien el estudiante *respete* o, como sucede con algunos escritores, con quien pueda *identificarse;* debe ser observado (o "leído") en el momento de ejecutar la conducta deseada; puede mostrarse amable, repudiar las drogas o preferir la limpieza. El maestro "modelo" puede proporcionar elogios de manera constante e imparcial; al percibir la acción de que se trate, el alumno debe ver también que ésta le produce satisfacción o placer a su modelo. A esta parte del proceso, Bandura le llama *reforzamiento sustitutivo o vicario* (1969). El héroe deportivo puede recibir un premio o mostrarse satisfecho al superar una marca; el científico puede hacer patente su satisfacción al hacer un descubrimiento, o al aproximarse a tal fin. La maestra puede demostrar su agrado por haber ayudado a un niño de lento aprendizaje a adquirir una habilidad.

En los siguientes párrafos se resumen las condiciones esenciales para aprender actitudes por modelamiento.

Ejecución. La actitud se manifiesta por la elección de una clase de acciones personales. Éstas pueden clasificarse, suponiendo que muestran tendencias, desde las positivas hasta las negativas, hacia ciertos objetos, acontecimientos o personas.

Condiciones internas. Preferentemente, la actitud de respeto por el modelo o de identificación con él, debe existir ya en el sujeto; de no estarlo, habrá que comenzar por establecerla. Para que la conducta pueda imitarse, deben haberse adquirido previamente las habilidades intelectuales y el conocimiento relacionados con la conducta del modelo. (Por ejemplo, no podríamos esperar que el estudiante adquiriera una actitud hacia resolver ecuaciones diferenciales, a menos que hubiese aprendido lo que son éstas.)

Condiciones externas. Pueden describirse como una sucesión de pasos, de la siguiente manera:

1. Presentación (o presencia constante) del modelo a quien se respeta.
2. Que el modelo demuestre o describa la conducta deseable.
3. Que el modelo demuestre placer o satisfacción ante cierto resultado de su conducta. Este es el paso que habrá de llevar al reforzamiento sustitutivo o vicario del educando.

Cuando no es posible ver directamente al modelo ni puede observarse de la misma manera la conducta deseada, estos pasos pueden sufrir ciertas modificaciones. Las condiciones esenciales deben estar presentes, empero, cuando el educando ve la televisión o lee un libro.

Las actitudes del estudiante son modificadas en todo momento y en todo lugar. Los modelos adultos con quienes se relaciona tienen una enorme responsabilidad en el proceso de determinar en él actitudes socialmente deseables; es claro que el maestro necesita apreciar la importancia de su función como modelo, aunque sólo sea porque gran parte del tiempo está en presencia del estudiante. Es común que los maestros a quienes el estudiante recordará como "buenos maestros" sean aquellos que le sirvan de modelo para actitudes positivas.

DESTREZAS MOTORAS

Las sucesiones relativamente simples de respuestas motoras, descritas como cadenas motoras (capítulo 3), a menudo se combinan en conductas más complejas llamadas *destrezas motoras*. En ocasiones se les denomina "habilidades percepto-motrices" o "destrezas psicomotoras", pero estas expresiones parecen no significar más de lo ya dicho. Suponen, naturalmente, que el aprendizaje y desempeño de las destrezas motoras envuelven los sentidos y el cerebro, así como los músculos; sin embargo, este hecho es sobradamente sabido.

Características de las destrezas motoras

Las destrezas motoras son capacidades aprendidas, inherentes a conductas cuyos resultados se reflejan en la rapidez, precisión, vigor o uniformidad del movimiento corporal. En la escuela se entrelazan estas destrezas a lo largo de todo el plan de estudios, a cualquier edad, y comprenden actividades tan disímiles, como usar el lápiz, la caligrafía, escribir con tiza, hacer dibujos, pintar, emplear diversos instrumentos de medición y, naturalmente, saber diferentes juegos y deportes. Las destrezas motoras básicas, como escribir números en un papel, se aprenden en los primeros años de la escuela y se presupone que a partir de entonces seguirán presentes. Normalmente, no se espera que en un curso de aritmética de quinto grado el estudiante aprenda destrezas motoras, aun cuando el desempeño de los estudiantes de tal curso dependa, en efecto, de haberlas aprendido con anterioridad. Por el contrario, una destreza motora, como la de hacer el nudo llamado haz de guía, no siempre la tendrá el estudiante de quinto grado y, por tanto, sería razonable que constituyera uno de los objetivos de la enseñanza que recibe a esta edad o más tarde.

De ordinario, las destrezas motoras pueden analizarse descomponiéndolas en destrezas parciales que conforman la conducta total, en el sentido de que ocurren simultáneamente o en sucesión. Por ejemplo, nadar con estilo *crawl* comprende las destrezas parciales del pataleo y la brazada que deben desempeñarse al mismo tiempo, así como la de voltear la cabeza para respirar, que ocurre en sucesión después de la brazada. La conducta total de nadar es, pues, una actividad muy organizada y de precisa coordinación. Aprender a nadar requiere la integración de destrezas parciales de varios grados de complejidad, algunas de las cuales pueden ser tan sencillas como las cadenas motoras. La *integración* de estas partes debe aprenderse, igual que las propias *destrezas parciales* que la integran.

Los investigadores de las destrezas motoras han reconocido que aprender a integrar las destrezas parciales ya aprendidas (al menos en cierto grado) representa un aspecto muy importante del aprendizaje total requerido. Fitts y Posner (1967) le llaman a este componente *subrutina ejecutiva,* sirviéndose de una analogía de la técnica de computación electrónica para expresar su función organizadora. Supongamos, por ejemplo, que una persona que está aprendiendo a conducir un automóvil ya domina las destrezas parciales de marchar en reversa, dirigir el automóvil con el volante, y conducir (hacia adelante o en reversa) a una velocidad mínima; ¿qué necesita todavía para aprender a dar vuelta "en u" en una calle de dos sentidos? Evidentemente necesita aprender el procedimiento en que se combinen adecuadamente dichas destrezas parciales, de manera que con dos o tres movimientos hacia adelante y en reversa, aunados al "volanteo" adecuado, pueda dirigirse el automóvil en la dirección opuesta; este procedimiento es la subrutina ejecutiva. Se trata, obviamente, de un tipo intelectual de proceso que le "dice" al conductor lo que debe hacerse en seguida. Así pues, el proceso interior no es, en lo absoluto, de carácter "motor".

La comparación con la habilidad de nadar resulta interesante; también entraña una subrutina ejecutiva perteneciente a la coordinación del pataleo, brazadas y giros de cabeza para respirar. Pero en este caso, la ejecución uniforme de las destrezas parciales generalmente mejora con la práctica, al mismo tiempo que se ejercita la rutina ejecutiva. Se han realizado muchos estudios para establecer si la práctica previa de las destrezas parciales, pertenecientes a diversas destrezas motoras, tiene mayores ventajas que practicar desde el principio la habilidad compleja (incluida la rutina ejecutiva) (Naylor y Briggs, 1963). De estos estudios no ha surgido ninguna respuesta definitiva, y lo mejor que podemos decir es que todo es cuestión de la destreza de que se trate. A veces resulta más ventajosa la práctica de la destreza parcial, pero no siempre. Pero lo que sí está claro es que deben aprenderse, *tanto* la subrutina ejecutiva *como* las destrezas parciales. En muchas ocasiones se ha demostrado que la práctica de cualquiera de las dos, sin la otra, no tiene eficacia para el aprendizaje de la destreza total. Singer (1972) ha reunido una crestomatía de estudios en que se tratan estos problemas.

La destreza motora, relativamente simple, de escribir la letra mayúscula A, es una tarea escolar que ejemplifica adecuadamente estos principios. En cierto momento, la enseñanza puede ocuparse de las destrezas parciales de trazar, a partir de un punto, líneas divergentes hacia abajo, y una línea horizontal que toque a las anteriores sin cruzarlas. El aprendizaje debe también abarcar la subrutina ejecutiva de los movimientos que deben hacerse en primer lugar, en segundo y en tercero. La destreza total que comprende las tres principales destrezas parciales es integrada mediante esta subrutina ejecutiva.

Aprendizaje de las destrezas motoras

Las destrezas motoras se aprenden mejor practicándolas; si se trata de mejorar la precisión, velocidad y uniformidad de las destrezas motoras, no hay forma sencilla de sustituir la práctica. En efecto, es interesante notar que con ésta siguen mejorando las destrezas motoras durante mucho tiempo (Fitts y Posner, 1967, págs. 15-19), hecho ampliamente reconocido entre los deportistas, músicos y gimnastas.

Ejecución. La ejecución de la destreza motora se refleja en una acción de movimiento corporal que envuelve a la actividad muscular. La acción se conforma a ciertas normas de velocidad, precisión, vigor o uniformidad de la ejecución.

Condiciones internas. Se supone que los hechos aprendidos, los cuales deben recordarse para adquirir las destrezas parciales, son sencillamente las respuestas o cadenas motoras particulares que las componen. Para aprender subrutinas ejecutivas, deben recordarse conceptos concretos de movimientos corporales importantes o actividades parciales subordinadas. Por ejemplo, los conceptos de "poner reversa" y "volantear" con el automóvil deben adquirirse previamente y recordarse para iniciar el aprendizaje de la subrutina de "virar el automóvil y dar vuelta «en u»".

Condiciones externas. Para mejorar la precisión, velocidad y calidad de las *destrezas parciales*, el individuo practica repitiendo los movimientos necesarios para producir, en cada caso, el resultado deseable. Un importante complemento de dicha práctica es la retroalimentación informativa que recibe el estudiante, mediante la cual se entera de la calidad de cada uno de sus intentos. Se han empleado con éxito varios tipos de dichas comunicaciones, que le ayudan a aprender la *subrutina ejecutiva.* En ocasiones se emplean las instrucciones verbales ("flexiona la rodilla y descansa el peso del cuerpo sobre el pie izquierdo"). Puede dársele al estudiante una lista ordenada de los movimientos de las destrezas parciales, con el objeto de que las memorice mientras practica; para mostrar la sucesión de movimientos necesarios, pueden usarse dibujos o diagramas. Finalmente, la *destreza total,* en la que todas las partes se ordenan adecuadamente, puede mejorarse también mediante la práctica, aunada a la retroalimentación informativa que se le da al estudiante (Merrill, 1971).

RESUMEN

En el presente capítulo describimos tres tipos de aprendizaje: información, actitudes y destrezas motoras. Aunque tienen en común ciertas características, la más notable de ellas es que en realidad son diferentes; difieren, en primer lugar, en los tipos de conducta que hacen posibles:

1. información: presentación verbal de hechos o generalizaciones;
2. actitud: elección de un curso de acción personal, y
3. destreza motora: ejecución de un movimiento corporal.

Como vimos al analizar las condiciones de aprendizaje de cada uno de los tipos de capacidad, éstos difieren señaladamente por cuanto a las condiciones necesarias para dominarlos. Con la información, la clave es proporcionar un *contexto significativo más amplio.* Con la actitud, dicho contexto no sirve de mucho; antes bien, se debe proporcionar un acontecimiento directamente reforzante, o atenerse al *modelamiento* para producir el reforzamiento sustitutivo o vicario del estudiante. Y con el aprendizaje de las destrezas motoras, además de fomentar tanto las destrezas parciales como la integración de las mismas, la condición importante es la *práctica,* aunada al frecuente suministro de retroalimentación informativa al estudiante.

Los tipos de ejecuciones asociadas con estas capacidades y las condiciones de aprendizaje eficiente, también son diferentes de los descritos en el capítulo anterior, y que pertenecen a las habilidades intelectuales. Estas últimas tienen, distintivamente, sus propias condiciones de aprendizaje y resultados. ¿Los tipos de aprendizaje tratados en este capítulo son, en cierto sentido, menos importantes que las destrezas intelectuales? En términos generales, por supuesto que no son menos importantes; recordar la información ciertamente puede ser un objetivo legítimo y deseable de la enseñanza en muchos casos de aprendizaje escolar. Se reconoce ampliamente que el establecimiento de actitudes es un objetivo de gran importancia para muchos estudios, y algunas personas probablemente estarán de acuerdo en que es el de mayor importancia. Las destrezas motoras, aunque a menudo parecen contrastar con la orientación "intelectual" de las escuelas, individualmente tienen su propia justificación como componentes fundamentales de destrezas básicas, del arte y la música, de la ciencia y los deportes.

Por tanto, las características contrastantes de estos tipos de capacidades aprendidas, en relación con las de las habilidades intelectuales, no residen en la importancia que individualmente tengan para los programas escolares de enseñanza. La diferencia más significativa que aquí recalcamos es la utilidad que tienen las habilidades intelectuales como entidades de la planeación de la enseñanza; presentan relaciones de aprendizaje subordinadas-supraordenadas entre sí, como se indicó en el capítulo anterior (y como se verá más ampliamente en el capítulo 6). Por ello, son fundamentales para determinar *programas de enseñanza* adecuados, función de la que carecen los otros tipos de capacidades. Por consiguiente, el sistema de planificación de la enseñanza que se presenta en este libro hace de las habilidades intelectuales los componentes centrales de la planificación. Las estructuras fundamentales de la enseñanza se planifican en función de lo que el estudiante podrá *hacer* cuando haya ocurrido el aprendizaje, y esta capacidad, a su vez, se relaciona con lo que previamente aprendió a *hacer.* Como veremos más adelante, este método de planificar la enseñanza nos lleva a identificar relaciones secuenciales entre las habilidades intelectuales y los métodos cognoscitivos para los que aquéllas son requisito. A esta estructura fundamental pueden añadirse, en los lugares pertinentes, la información, actitudes y destrezas motoras que deben adquirirse también para alcanzar los objetivos del aprendizaje escolar.

Antes de tratar del planeamiento de la enseñanza con fines conductuales específicos, es menester seguir dos pasos intermedios; a saber, son por un lado, cómo definir los objetivos conductuales o de desempeño y, por el otro, cómo decidir la manera de programar la enseñanza. En los capítulos 5 y 6 se tratarán estas materias.

REFERENCIAS BIBLIOGRÁFICAS

AUSUBEL, D. P. *Educational psychology: a cognitive view.* Nueva York: Holt, Rinehart & Winston, 1968.

BANDURA, A. *Principles of behavior modification.* Nueva York: Holt, Rinehart & Winston, 1969.

BRETZ, R. *A taxonomy of communication media.* Englewood Cliffs, Nueva Jersey: Educational Technology Publications, 1971.

DEESE, J y HULSE, S. H. *The psychology of learning,* 3a. edición. Nueva York: McGraw-Hill, 1967.

FESTINGER, L. *A theory of cognitive dissonance.* Nueva York: Harper & Row, 1957.

FISHBEIN, M. A consideration of beliefs, attitudes, and their relationships. En I. D. STEINER y M. FISHBEIN (dir.), *Current studies in social psychology.* Nueva York: Holt, Rinehart & Winston, 1965.

FITTS, P. M. y POSNER, M. I. *Human performance.* Belmont, California: Brooks/Cole, 1967.

GAGNÉ, R. M. *The conditions of learning,* 2a. edición. Nueva York: Holt, Rinehart & Winston, 1970.

GAGNÉ, R. M. Domains of learning. *Interchange,* 1972, *3,* 1-8.

JUNG, J. *Verbal learning.* Nueva York: Holt, Rinehart & Winston, 1968.

KRATHWOHL, D. R., BLOOM, B. S. y MASIA, B. B. *Taxonomy of educational objectives. Handbook II: affective domain.* Nueva York: McKay, 1964.

MAGER, R. F. *Developing attitude toward learning.* Belmont, California: Fearon, 1968.

MANDLER, G. Organization and memory. En K. W. SPENCE y J. T. SPENCE (dirs.). *The psychology of learning and motivation.* Vol. 1. Nueva York: Academic Press, 1967.

McGUIRE, W. J. The nature of attitudes and attitude change. En G. LINDZEY y E. ARONSON. *Handbook of social psychology,* 2a. edición. Vol. 3. Reading, Mass.: Addison-Wesley, 1969.

MERRILL, M. D. Paradigms for psychomotor instruction. En M. D. MERRILL (dir.). *Instructional design: readings.* Englewood Cliffs, Nueva Jersey: Prentice-Hall, 1971.

NAYLOR, J. C. y BRIGGS, G. E. Effects to task complexity and task organization on the relative efficiency of part and whole training methods. *Journal of Experimental Psychology,* 1963, *65,* 217-224.

POLANYI, M. *Personal knowledge.* Chicago: University of Chicago Press, 1958.

ROHWER, W. D., JR. Images and pictures in children's learning: Research results and educational implications. *Psychological Bulletin*, 1970, *73*, 393-403.

SINGER, R. N. (dir.). *Readings in motor learning*. Filadelfia: Lea & Febiger, 1972.

SKINNER, B. F. *The technology of teaching*. Nueva York: Appleton-Century-Crofts, 1968.

TRIANDIS, H. C. Exploratory factor analyses of the behavioral component of social attitudes. *Journal of Abnormal and Social Psychology*, 1964, *68*, 420-430.

WATSON, J. B. Y RAYNER, R. Conditioned emotional reactions. *Journal of Experimental Psychology*, 1920, *3*, 1-14.

2

la planificación
de la enseñanza

capítulo **5**

Definición de los objetivos de la ejecución

Según vimos en los capítulos anteriores, existen varios tipos de capacidades que se aprenden generalmente en las escuelas. Todas y cada una de ellas se presentan en campos como la física, los estudios sociales, la matemática y el lenguaje. ¿Cómo hacer para seleccionarlas en relación con el planeamiento de algún curso de estudio?; ¿cómo se sabe si un tema llamado "operaciones numéricas mixtas" o "composición de oraciones complejas" abarca discriminaciones, conceptos, reglas simples o de orden superior? Hemos visto que estos *tipos* de procesamiento intelectual son muy importantes para planificar las condiciones del aprendizaje, así como para determinar el orden en que se aprenden. Así pues, ¿cómo puede uno saber qué capacidades se abarcan en un tema o conjunto de temas?

PRIMEROS PASOS PARA DEFINIR LOS OBJETIVOS

Lo primero que hay que hacer para determinar las capacidades que han de aprenderse, es definir los objetivos. Esto no es nada fácil y hay que hacerlo por pasos. La mayoría de los maestros creen saber cuáles son sus objetivos de una lección dada, y en general sí lo saben. No obstante, para que sean útiles al planificar la enseñanza, los objetivos necesitan definirse en términos precisos. La razón más importante es que el lenguaje puede ser extremadamente engañoso: las palabras de uso cotidiano pueden significar cosas muy diferentes para diversos individuos. No obstante, los objetivos cuidadosamente definidos deberán tener solamente un significado, y éste habrá de ser el mismo para toda persona instruida. Así, en cierto sentido debe tener un significado *técnico* que transmita la información precisa acerca de la conducta humana.

Identificación de los propósitos del curso

Parece conveniente comenzar el proceso de precisar los objetivos identificando los *propósitos* del curso. En esta fase, no hace falta preocuparse por lograr un sentido unívoco, sino procurar que satisfaga a la persona que trata de formular los objetivos; pero incluso en esta etapa hay ciertas normas que cumplir y también escollos que evitar. Se trata de los siguientes:

1. En el enunciado del propósito de un curso se debe describir lo que el estudiante podrá hacer *después* de la lección, y no lo que hace *durante* el curso. Por ejemplo, un elaborador de objetivos inexperto enunciaría su propósito de la siguiente manera: "proporcionarle al estudiante experiencia en identificar los pájaros de la región". Ahora bien, éste es un enunciado de lo que va a pasar durante el curso; el estudiante va a adquirir "experiencia" sobre las aves y su identificación. Pero el problema estriba en cuál es el *propósito* de tal experiencia. ¿Qué podrá hacer el estudiante después del curso? Es probable que el propósito pueda expresarse como "capacidad de identificar aves comunes de la región". Nótese que este enunciado se acerca más a lo que *el estudiante podrá hacer después de ser instruido*.

2. La segunda tendencia que hay que evitar es la de establecer metas demasiado lejanas en el tiempo. Deben enunciarse en función de los *resultados inmediatos que se esperan* de la enseñanza, y no de los del futuro lejano. Veamos un ejemplo de este tipo de escollo: "los estudiantes adquirirán, de por vida, el respeto por la importancia de conservar la vida silvestre". Ahora bien, tal vez uno crea realmente que tal respeto vitalicio es valioso y deseable; pero esto no hace de tal meta un propósito legítimo del curso. Es, de hecho, muy aventurado pensar que tal respeto pueda establecerse mediante una sola unidad de enseñanza; si ha de establecerse una actitud de este tipo, seguramente será a resultas de muchas influencias. Así, es necesario decirse: "todo esto está muy bien, pero ¿de qué manera el curso va a contribuir a la meta general?; ¿podrá el estudiante adquirir este respeto de por vida con la misma facilidad, *sin* este curso? De no ser así, ¿a qué contribuye este curso específicamente?". Cuando esto pasa, volvemos naturalmente a la tarea de definir en términos específicos el propósito del curso en cuestión. Posiblemente la definición llegue a ser algo así como: "los estudiantes podrán identificar casos en que la carencia de vida silvestre haya producido consecuencias sociales indeseables"; tal propósito sería muy adecuado para el curso.

En resumen, el primer intento de definir los objetivos probablemente tenga más éxito, y consiste en un enunciado del *propósito* del curso que deberá reflejar lo que se espera del estudiante al final del curso. Resultará burdamente ineficaz si únicamente trata de una meta futura muy distante (aun cuando ésta pueda ser, en sí, perfectamente válida y deseable) sin identificar el resultado próximo que se espera en el curso. El propósito de la enseñanza se refiere a lo que el estudiante será *después* de la enseñanza, no a lo que sucede durante la misma.

En esta etapa de la formulación de una definición precisa, los siguientes tipos de enunciados parecen ser bastante aceptables como propósitos del curso:

Entiende la ley conmutativa de la multiplicación.
Percibe las diferencias tonales del violín, la viola y el violoncelo.
Comprende la idea de nacionalidad.
Disfruta la lectura de cuentos con argumentos sencillos.

PRECISIÓN DE LOS OBJETIVOS

Puede verse que los propósitos del curso arriba citados son, ante todo, razonables. Describen lo que se espera que logre el estudiante después de la enseñanza, no durante ella; y nos dice lo que podrá hacer más o menos inmediatamente y no en un futuro lejano. Por tanto, estos enunciados son eminentemente comunicativos y prácticos; están a salvo de los burdos errores antes mencionados.

Sin embargo, no son modelos de precisión; con ellos no se logra reducir la ambigüedad hasta el nivel necesario para el planeamiento de la lección; "percibir las diferencias tonales" bien puede significar una cosa para un maestro y algo muy diferente para otro. "Comprender" la idea de nacionalidad puede significar "enunciar la definición de nacionalidad" para un maestro, y "distinguir la nacionalidad con base en el lugar de nacimiento", para otro. Por esta ambigüedad, varios autores tratan de establecer formas de superarla al definir los objetivos (véase Mager, 1962; Popham y Baker, 1970).

Superación de la ambigüedad

Como frecuentemente se sugiere, el procedimiento para superar la ambigüedad al enunciar los propósitos del curso y de lograr así mayor precisión, discurre más o menos de la siguiente manera: "bien, aceptaré este enunciado por cuanto refleja uno de los propósitos del curso. Pero, ahora *¿cómo sabré* cuándo se ha logrado aquél"?

¿Cómo sabe uno que el estudiante "comprende el principio de conmutabilidad"?; ¿cómo se podrá saber si el estudiante "aprecia las alegorías de «El sueño de una noche de verano"»"?; ¿de qué manera puede verse si el estudiante "comprende el francés hablado"?; ¿cómo puede uno saber si el estudiante "lee cuentos cortos y disfruta de ellos"?

Al enunciar los propósitos del curso, quizá se consiga comunicar objetivos generales a los otros maestros; pero frecuentemente carecen de precisión porque sigue habiendo ambigüedad al describir el *contenido* y los *resultados* de la enseñanza. Esa ambigüedad reside simplemente en que no le dicen a otra persona cómo podría *observar* lo que se ha logrado, sin que esté presente durante la misma lección. Hacer una observación así puede ser de interés para otro maestro que acepte el propósito general del curso y desee saber la manera de determinar si se ha conseguido; puede ser de interés para el padre de familia que no sepa exactamente lo que es la "conmutatividad", pero desea asegurarse de que su hijo o hija pueda realmente usar este principio al hacer operaciones aritméticas; y también para el estudiante que quiera determinar cuándo su propio desempeño logra el objetivo que el maestro o el autor del texto tenían en mente.

El objetivo está descrito con precisión cuando comunica a otra persona lo que tendría que hacer para *observar* que realmente se ha logrado el propósito de la lección. El enunciado no será preciso si no le permite a otra persona idear la forma en que podría realizar tal observación. Consideremos los siguientes casos.

1. "Se da cuenta de que el crecimiento de la mayoría de las plantas requiere los rayos del sol". Tal enunciado no dice ni da a entender cómo podría observarse este resultado. Podría significar que el maestro habrá de conformarse con la respuesta a una pregunta como "¿son necesarios los rayos del sol para el crecimiento de la mayoría de las plantas?". Obviamente, no es éste el caso; entonces ¿cómo podría observarse tal objetivo?

2. "Que demuestre que los rayos del sol afectan al crecimiento de las plantas". Este enunciado significa que el maestro debe observar casos en que el alumno muestre que conoce la relación entre los rayos del sol y el crecimiento de las plantas. La observación puede hacerse de diversas formas (usando plantas, dibujos o enunciados verbales); lo principal es que exprese en términos generales el tipo que se requiere.

El criterio de "poder observar" el resultado propuesto de una lección, recibe frecuentemente el nombre de *operacional,* y a los enunciados de objetivos que tengan esta característica se les puede llamar *objetivos definidos operacionalmente.* Cuando se definen con precisión, éstos le comunican a las demás personas las "operaciones" que deben llevar a cabo para observar la consecución del objetivo.

¿Qué se observa cuando otra persona trata de convencerse de que se ha logrado el objetivo?; naturalmente, analizará la *conducta* del estudiante en una situación dada. Así, a los enunciados de objetivos que tienen esta característica "operacional" también se les llama "objetivos de ejecución". Cuando se enuncian con precisión los objetivos, puede decirse que los objetivos están definidos en función de la conducta (o ejecución). Por tanto, estos términos: "objetivos definidos operacionalmente", "objetivos definidos conductualmente", "objetivos definidos en función del desempeño", fundamentalmente significan todos ellos lo mismo. Definidos de esa manera los objetivos, informan lo que se tendrá que hacer para observar la consecución del propósito o propósitos del curso.

Componentes de las descripciones operacionales de los objetivos

Los objetivos descritos con precisión permiten hacer observaciones de otra persona; necesariamente abarcan un cierto número de componentes. En primer lugar, describen la acción de que se ocupa el estudiante; asimismo, y naturalmente, el objetivo debe describir la situación en que tiene lugar la acción. De ordinario tiene que decirse algo sobre los límites dentro de los cuales se espera que se desempeñe el estudiante, y, lo más importante de todo, el objetivo debe indicar el tipo de ejecución de que se trate. Esto quiere decir que debe describir el tipo de capacidad humana que ha de inferirse a partir de la ejecución que se esté observando.

Nuestra descripción de los componentes de las definiciones operacionales de los objetivos no es muy diferente de las que dan otros autores (Mager, 1962; Popham y Baker, 1970; Briggs, 1970), y no pretendemos que varíe respecto de ellas en ningún aspecto crítico. No obstante, existen diferencias en cuanto a la importancia que se le da a ciertos aspectos, debido a nuestro intento de hacer ciertas distinciones que otros autores no han puesto de relieve. Particularmente, distinguimos a los verbos de *acción* de los que se emplean para identificar la *capacidad aprendida* que presupone la conducta bajo observación.

Un ejemplo, que más tarde ampliaremos, sería el propósito de "mecanografiar una carta". Esta meta puede hallarse en un curso de mecanografía planificado para establecer habilidades de empleo para la ocupación de un mecanógrafo.

El carácter incompleto de la definición "mecanografiar una carta" puede indicarse por los siguientes comentarios:

1. *Acción*. El enunciado es obviamente de lo más adecuado respecto de este componente; un observador podría juzgar que la ejecución consiste en *mecanografiar*.
2. *Objeto*. El objeto de la ejecución es igualmente claro: se espera que el individuo mecanografíe *una carta*.

3. *Situación.* ¿Cuál es la que encara el estudiante cuando se le pide que mecanografíe una carta?; ¿se le proporcionan los componentes caligrafiados de la carta?; ¿mecanografía la carta conforme a un mensaje auditivo o guiándose por notas? Es obvio que lo que el estudiante haga realmente dependerá en mucho de la situación; un objetivo debería especificar las características de ésta.

4. *Instrumento y otras restricciones.* Lo más importante en este caso es la *manera* como ha de llevarse a cabo el desempeño requerido; aquélla depende de los instrumentos disponibles o los otros límites impuestos a la ejecución. ¿Usa el estudiante una máquina de escribir eléctrica?; ¿tiene que hacer una copia al carbón?; ¿qué tan larga es la carta? Limitaciones muy diferentes pueden ponerse a una lección propia para un principiante y a la que se destine a un estudiante perfectamente entrenado.

5. *Capacidad que ha de aprenderse.* Ésta es la omisión más importante de todas; el enunciado "mecanografiar una carta" no dice realmente nada de la naturaleza de la capacidad aprendida que pueda inferirse del desempeño del estudiante. Puede significar *"copiar* la carta", o el desempeño tan diferente de *"redactar* una carta". Por tanto, debe hacerse algo para representar el *tipo* de desempeño que se espera del estudiante. Significa esto que debe enunciarse el tipo inferido de capacidad que abarque el desempeño en cuestión.

Veamos pues, cómo podría ser una definición total y precisa del objetivo de "mecanografiar una carta". Supongamos que la tarea que se le pone al mecanógrafo consiste en responder una parte de la correspondencia que trata de pedidos y envíos, sin que nadie lo ayude en lo que respecta al contenido de la carta que se requiere. Tendríamos que describir el desempeño total, aproximadamente de esta manera:

Dada una carta recibida, *en la cual se pide información sobre* *el envío de un pedido,*	(situación)
redáctese	(la capacidad aprendida, que presupone un proceso de solución de problemas)
una carta de respuesta,	(objeto)
mecanografíese	(acción)
en una máquina eléctrica, *haciendo una copia al carbón,* *de una página.*	(instrumentos y otras limitaciones)

Es difícil señalar cuáles pueden ser las partes "importantes" de este enunciado objetivo, puesto que cada una de ellas sirve para algo diferente. ¿Se pueden omitir algunas?; no, si lo que se desea es una definición realmente precisa y completa, así como libre de ambigüedad. Con todo, vale la pena advertir que el *verbo que denota la capacidad aprendida* es la parte que produce la diferencia más importante entre el desempeño citado y el de copiar una carta a partir de otra manuscrita. El último tipo de actividad puede describirse de la manera siguiente:

Dada una carta escrita a mano,	(situación)
ejecútese	(la capacidad aprendida, una destreza motora)
una copia	(objeto)
mecanografiada	(acción)
con una máquina eléctrica, haciendo una copia al carbón.	(instrumentos y otras limitaciones)

Obviamente, aunque los instrumentos empleados son los mismos, éste es un tipo muy diferente de actividad humana, en comparación con el ejemplo previo.

Son diferentes las situaciones a que se reacciona y, en particular, la *capacidad aprendida*. El verbo "ejecutar" es aceptable para referirse a este proceso, puesto que presupone una destreza motora aprendida, bastante diferente de lo que indica el verbo "redactar" del ejemplo anterior.

Tomemos otro ejemplo de objetivo con sus componentes, del aprendizaje de la matemática:

Dadas dos ecuaciones de una incógnita, usar los signos $\times$ e = para	(situación)
demostrar	(capacidad aprendida, una regla)
cuál es el factor desconocido en una de las ecuaciones, sustituyendo en ella la incógnita a partir del factor conocido de la otra,	(objeto)
escribiendo el valor desconocido;	(acción)
úsese la propiedad conmutativa de la multiplicación.	(instrumentos y otras limitaciones)

Apréciese de nuevo que, aunque todas las partes del objetivo contribuyen a la descripción, la *capacidad aprendida* es seguramente uno de los componentes más importantes. En este caso nos dice que el individuo va a "demostrar" la aplicación de la regla (conmutativa de la multiplicación).

Podemos dar aún otro ejemplo, que pertenece a una habilidad lingüística, fundamental para iniciarse en la lectura:

Expresadas oralmente varias palabras de una sílaba, las cuales empiecen con consonante,	(situación)
identifíquese	(capacidad aprendida, conceptos concretos)
la consonante inicial de cada una,	(objeto)
escribiéndola	(acción)
en los espacios en blanco adecuados.	(instrumentos y otras limitaciones)

Ésta es, naturalmente, una destreza bastante sencilla y, por tanto, puede describirse de modo muy fácil. En este caso puede verse de nuevo que la contribución primordial al significado preciso está dada por el verbo "identificar", usado para describir la capacidad aprendida. Nótese, por ejemplo, lo inapropiados que serían los verbos "demostrar" o "resolver", en este caso.

Elección de los verbos de acción

La elección de los verbos al definir un objetivo es algo de fundamental importancia. La razón principal es, naturalmente, evitar la ambigüedad. Se trata de que el enunciado del objetivo *comunique confiablemente*, de manera que dos personas instruidas puedan estar de acuerdo en que cualquier caso específico de una ejecución realmente observada sea o no un ejemplo del objetivo descrito. Como lo señalan algunos autores (por ejemplo, Mager, 1962; Popham y Baker, 1970), los verbos como "conocer", "comprender" y "apreciar", no comunican confiablemente; y, si bien sirven para enunciar los propósitos generales de un curso, no permiten por sí solos la comunicación confiable y necesaria para enunciar un objetivo. Generalmente deberán formar parte de un razonamiento como el siguiente: "he dicho que el estudiante *entenderá*. Ahora bien, ¿cómo podré darme cuenta de que *entiende?*; ¿qué tipo de ejecución debo señalar, tal que pueda convencerme, así como mi colega, el señor Jiménez, de que el estudiante «entiende»? Yo me convencería de que «entiende» si pudiera demostrarme que sabe hacerlo. ¿Hacer qué?; bueno, si realmente pudiera proporcionar el valor desconocido de una ecuación, por ejemplo. Veamos si puedo expresar dicha acción para que el señor Jiménez pueda estar de acuerdo conmigo; es decir, para que pueda identificar el mismo desempeño que tengo en mente. Si puedo hacerlo, contaré con un objetivo de ejecución definido".

Un razonamiento así es fundamental para formular los objetivos, y nos lleva a elegir los verbos que cumplen con el objetivo primordial de comunicación confiable. Hay, sin embargo, una distinción más acerca del uso de los verbos, que falta describir. Como se ha visto en los ejemplos anteriores, hay dos tipos de verbos en la definición completa del objetivo. Podemos pensar primeramente en el verbo que denota *acción*. Aunque podamos pensar en él en segundo lugar, el verbo que identifica la *capacidad aprendida* es probablemente de mayor importancia por sus repercusiones en el planeamiento de la enseñanza.

Verbos de acción. No es difícil encontrar los verbos que denotan acción; los más comunes son escribir, dibujar, enunciar, elegir, igualar, nombrar, agrupar, reunir, aplicar, emplear, verificar. Existen, naturalmente, sinónimos de ellos y también hay muchos más. Los verbos de acción son precisos cuando comunican confiablemente conductas observables, a las demás personas. Aparte de este criterio, no pueden hacerse más distinciones ni clasificaciones. Después de todo, existen muchos verbos en nuestro lenguaje, y entre ellos hay una gran variedad que comunican también la acción de una manera muy exacta.

En el enunciado del objetivo, el verbo de *acción* normalmente aparece en su forma de gerundio. (Así pasa en los modelos que estamos describiendo. Naturalmente, ésta no es una regla absoluta, toda vez que los enunciados objetivos pueden organizarse de muy diferentes maneras.) Tenemos aquí algunos ejemplos de objetivos en que se muestra la función de las terminaciones "ando" y "endo" de los verbos.

1. Dada una pregunta adecuada, enuncia, *escribiéndolas,* las disposiciones de la Primera Enmienda.
2. Con un vaso de precipitados, un estante para probetas, un mechero de Bunsen y un termómetro, demuestra, *registrando* diversas temperaturas, que el agua cambia de estado a los 100°C.
3. En un pasaje de poesía dado, clasifica las metáforas que contiene, *subrayando las palabras comparadas.*

Usando esta forma, tratamos de insistir en que el verbo de acción, si bien es fundamental para que la comunicación sea completa, no es por fuerza el más importante para la definición objetiva. Por el contrario, el verbo de mayor significación es aquel que denota la capacidad aprendida. Puede advertirse que un verbo de acción, como "escribir", no identifica por sí solo la habilidad intelectual propia de la ejecución, como se ha visto en los ejemplos anteriores. Por ejemplo, al "escribir una oración", puede ser que el estudiante de primer grado copie una oración de su cuaderno de ejercicios; el estudiante de quinto grado puede elaborar una oración a partir de un tema, un verbo y un objeto que le proporcione el maestro; el de secundaria puede componer una oración para describir una escena. Todas estas ejecuciones consisten en *escribir,* aunque cada individuo manifieste un tipo diferente de capacidad aprendida; cada uno de éstos es un resultado diferente de la enseñanza.

Descripción de las capacidades humanas

El verbo principal del enunciado del objetivo tiene el propósito de comunicar el *tipo de capacidad humana* que uno quiere que se aprenda, como se observará en ciertas ejecuciones que presente el alumno. Nos proponemos, en esta parte, identificar las palabras que pueden usarse para describir dichas capacidades.

Verbos para las capacidades intelectuales. Nuestro estudio de la elección de verbos para describir conductas que presuponen capacidades aprendidas, comienza por los tipos de habilidades intelectuales descritas en el capítulo 3. Necesitamos ocuparnos de las clases de *a*) discriminaciones; *b*) conceptos concretos; *c*) conceptos definidos; *d*) reglas, y *e*) reglas de orden superior.

Si hay cinco clases de habilidades intelectuales que definen los resultados de aprendizaje de este dominio general, se desprende entonces que *éstas pueden ser definidas por cinco verbos;* esto es exactamente lo que proponemos. Hemos elegido los verbos con mucho cuidado, para que cada uno denote una habilidad intelectual tan precisamente como sea posible. Al mismo tiempo, poseen cierto grado de abstracción, un tanto mayor que los verbos que denotan acción. Esto es deliberado también, ya que aquellos que se refieren al funcionamiento intelectual no deberían confundirse con los que simplemente describen acciones observables. Con los primeros hay que hacer *inferencias* sobre la conducta; con los últimos, únicamente se pueden identificar los aspectos observables de la ejecución.

Los cinco verbos que pueden usarse para describir las habilidades intelectuales en las definiciones de objetivos y ejecuciones, se muestran en la primera parte de la tabla 2. La columna final de ésta nos da ejemplos de frases (no enunciados completos) referentes a objetivos, e ilustra la manera de usarlos.

Los enunciados que se originan cuando se emplean estos verbos tienen un carácter formal que a veces los hace parecer innecesariamente engorrosos. Por ejemplo, parecería mejor, hablando en sentido literario, enunciar simplemente que el estudiante "encuentra valores de ciertas variables en ecuaciones algebraicas", en lugar de decir que "demuestra, transformando ecuaciones algebraicas, que puede resolverlas para obtener el valor de una variable específica". Pero el último enunciado deja claro que la conducta esperada *requiere el uso de reglas,* mientras que el primero no lo

Tabla 2. *Verbos para describir capacidades humanas, con ejemplos de frases en que se emplean*

Capacidad	Verbo	Ejemplo
Habilidad intelectual Discriminación	DISCRIMINA	Discrimina, igualando, los sonidos "u" y "ou" del francés
Concepto concreto	IDENTIFICA	Identifica, nombrándolas, la raíz, una hoja y el tallo de plantas representativas
Concepto definido	CLASIFICA	Clasifica, empleando la definición, el concepto de "familia"
Regla	DEMUESTRA	Demuestra, resolviendo ejemplos enunciados verbalmente, la suma de números positivos y negativos
Regla de orden superior (Solución de problemas)	REDACTA	Redacta, sintetizando reglas aplicables, un párrafo que describa las acciones de una persona en una situación de temor
Estrategia cognoscitiva	ELABORA	Elabora una solución para reducir la contaminación del aire, aplicando un modelo de la difusión de los gases
Información	ENUNCIA	Enuncia oralmente los principales puntos de la campaña presidencial de 1932
Destreza motora	EJECUTA	Ejecuta una maniobra de reversa con un automóvil, para meterlo a la cochera
Actitud	ELIGE	Elige el golf como actividad de esparcimiento

aclara necesariamente. Puede uno imaginar una situación en que el estudiante podría "encontrar" el valor de una cierta variable sin usar dichas reglas; por ejemplo, en la ecuación $x = 3$.

Otro ejemplo de la aparente complejidad formal de los enunciados en que se emplean estos verbos puede verse en el verbo *clasificar*. Supongamos que en lugar de la frase completa que se muestra en la tabla 2, se conformara uno con: "enuncia y da un ejemplo de la definición de «familia»". Ninguno de estos verbos entraña un sentido inequívoco de la capacidad intelectual de que se trata; "enuncia" puede muy bien aplicarse a "enunciar información", como sería el caso si el estudiante repitiera la definición "el grupo que consta del jefe del hogar y las personas que en él viven y las relacionadas con ellas". Además, "dar un ejemplo" puede consistir en identificar uno o más grupos familiares por su nombre o en fotografías. Para dar el sentido pleno del objetivo deseado debe incluirse *clasificar* para indicar que el estudiante debe demostrar el sentido del concepto "familiar", y distinguirlo de otro.

Acaso debería señalarse también que proponemos estos cinco verbos, no porque nos sintamos comprometidos con ellos como palabras (algunos seguramente tienen sinónimos aproximados), sino porque consideramos que son *cinco distinciones necesarias que hay que hacer*. Usarlas como verbos para las habilidades intelectuales tiene el efecto conveniente de conservar estas distinciones. Tratar de lograr un estilo más "literario" para los enunciados de los objetivos fácilmente puede llevarnos a mayor confusión; deberíamos evitarla al máximo. Si se siente uno inclinado a preferir otros verbos, deberá enunciarse claramente su equivalencia o falta de equivalencia con esto.

Verbos para las estrategias cognoscitivas. En la tabla 2 se nos muestra el verbo que se sugiere de más importancia para describir estrategias cognoscitivas: *elaborar*. Éste presupone el tipo de proceso intelectual que supuestamente entrañan las tareas que requieren pensar o resolver problemas. Cuando se afronta una tarea realmente novedosa, sin contexto familiar, suponemos que el estudiante debe buscar las reglas aplicables así como la información pertinente. Entonces formula, en efecto, un tipo general de solución y trata de verificar cómo se aplica su solución a uno o más casos específicos. Toda esta sucesión de operaciones mentales está en el verbo "elaborar". A decir verdad, debe haber más de una estrategia cognoscitiva para un proceso de solución de problemas de este tipo; no obstante, como ya se mencionó, por el momento no somos capaces de identificar con más precisión aquéllas. Tal vez un día podamos describir tantos o más subtipos de estrategias cognoscitivas como ahora describimos las habilidades intelectuales.

El ejemplo nos sugiere la descripción de una actividad de solución de problemas en que el estudiante elabora o produce la solución de reducir la contaminación del aire, aplicando a este problema el modelo (es decir, un conjunto de reglas complejas) de la difusión de los gases que aprendió previamente. Éste es, naturalmente, un ejemplo de carácter hipotético.

Se impone aquí un comentario respecto de la diferencia entre adquirir una regla de orden superior mediante la solución de un problema y la aplicación de una estrategia cognoscitiva a la misma tarea. Para el primero, la frase sugerida es: "genera una solución", mientras que para la última sería: "elabora una solución". No podemos describir esta diferencia con absoluta confianza, ya que se necesitan urgentemente más estudios de estos procesos mentales complejos; no obstante, especulamos que la diferencia reside en la necesidad de llegar "fuera de contexto" a una solución que sea genuinamente una cuestión de elaborar. Podemos, por ejemplo, imaginar la solución de un problema en que deba inventarse alguna regla de orden superior (es decir, que deba generarse) para un principio matemático, basándose en la combinación de reglas matemáticas *aprendidas* previamente; tal proceso de "generación" pertenece al contexto de la matemática. Por el contrario, tendríamos un caso en que el investigador llegara a "ver" la aplicabilidad de cierto modelo de la física a la ocurrencia de un fenómeno social como la inflación o el crecimiento de la población. El conjunto de reglas original, usado para tal situación, estaría "fuera de contexto"; tendría que buscarse en la memoria del individuo y el problema necesitaría formularse antes de poderse probar su condición. Así, en mayor medida, uno esperaría que "elaborar una solución" se basara en las capacidades internamente organizadas llamadas estrategias cognoscitivas. (El lector hallará comentarios sobre la producción de ejecuciones en la obra de Bruner, 1971, págs. 52-97).

Verbos para destrezas motoras. El verbo principal que se sugiere para describir las destrezas motoras es *ejecutar*. La ejecución con que se ilustra el uso de este verbo es la de echar en reversa un automóvil en un garaje. Obviamente, el verbo que denota acción en este caso es "echar en reversa"; pero usamos el verbo "ejecutar" para dar a entender la capacidad de una destreza sumamente organizada que se observa mediante una ejecución que tiene las características adecuadas de uniformidad y eficiencia.

Verbos que denotan actitud. Como se vio en el capítulo anterior, una actitud es una capacidad humana que influye en que el individuo elija cierta acción personal. Así pues, el verbo principal para enunciar un objetivo de actitudes no es difícil de encontrar; es el verbo *elegir*. En la tabla 2, en el ejemplo empleado se presupone que el estudiante elegirá jugar golf cuando se le dé la oportunidad de escoger una actividad para su tiempo libre. En circunstancias adecuadas puede suponerse que el observar tal conducta (o dar un informe verbal de ella) puede llevarnos a inferir una actitud positiva hacia la misma. Como sucede con otros tipos de objetivos, el verbo de acción puede ser de varias clases, como "inscribirse en golf" o "elegir el golf en una lista de deportes".

Enunciados de objetivos y criterios de ejecución

Los objetivos de la enseñanza definen la *clase* de ejecuciones que pueden usarse para determinar si se aprendió o no la capacidad de que se trate; pero no enuncian en términos cuantitativos el *criterio* o *criterios* que se emplearán para juzgar si se aprendió o no cierta ejecución. Es decir, los objetivos enunciados no describen por sí mismos cuántas veces el estudiante ha de "demostrar" la suma de números mixtos o cuántos "errores" se le permitirán; no enuncian lo que se necesitará para que el observador pueda estar seguro de que se aprendió la capacidad designada. Hay dos razones muy buenas de que el criterio de ejecución no deba incluirse en el enunciado de los objetivos de la enseñanza. En primer lugar, los criterios necesarios pueden ser diferentes para cada tipo de capacidad, y es del todo deseable evitar el error de pensar que puedan ser los mismos. En segundo, el problema de los criterios de ejecución es cuestión de "cómo medir", y está íntimamente relacionado con las técnicas de evaluación del desempeño. Hasta el momento, en el planeamiento de la enseñanza, cuando se describen los objetivos, resulta confuso ocuparse de los procedimientos de evaluación; éstos se describirán en un capítulo ulterior.

Los enunciados de los objetivos preparados como aquí se describe, *siempre* presuponen "dominio" (véase Bloom, 1971); ¿pero cuál es el criterio de dominio, es decir, cómo ha de medirse? Esto es algo que necesita decidirse independientemente, en relación con métodos de evaluación específicos. En ocasiones es perfectamente claro que el dominio se refiere a que el estudiante muestre la ejecución el cien por ciento de las veces (menos cierto pequeño porcentaje de "error de medición"). Por ejemplo, si se define el objetivo como "dados dos o más números mixtos, demuestra la suma de ellos escribiendo el total", se esperaría que la conducta del estudiante indicara la consecución de este objetivo con cualquier mixto o con todos ellos. Puede llegarse a tal conclusión pidiéndole al estudiante que resuelva un gran número de ejemplos de suma de números mixtos, o sólo unos dos o tres. En todo caso la conclusión que se busca —que el estudiante haya o no dominado la tarea— es la misma.

En otras ocasiones, como cuando se mide la información, puede ser recomendable especificar cierta parte de las ideas que han de enunciarse correctamente, como cinco menos tres, o seis menos cuatro. Pero esto es más propiamente una cuestión de evaluación que una parte del propio enunciado del objetivo. Por ejemplo, el enunciado que presupone dominio podría ser: "enuncia por escrito tres factores económicos importantes que contribuyan a la inflación". Para tal objetivo debe elegirse una técnica de evaluación que especifique una decisión concerniente a la conclusión que puede sacarse en caso de que el estudiante pueda enunciar únicamente dos de los tres factores, o uno de ellos. Independientemente de esta última decisión, el enunciado del objetivo mantiene su forma y presupone un dominio.

Una excepción al principio del dominio se da en el caso de las actitudes; por la naturaleza de este tipo de capacidad que tiene que ver con *modificar* elecciones, no podemos concebir una actitud que ya se haya "dominado".

Antes bien, las actitudes hacen más o menos probables las elecciones. Por tanto, evaluar las actitudes, si bien se deriva del enunciado de objetivo, presupone únicamente una conclusión concerniente a la *fuerza relativa* de una actitud; en otras palabras, no es lógico suponer que pueda sacarse la conclusión de una evaluación basada en un objetivo de actitud como "una actitud positiva dominada", sino únicamente como "una actitud modificada en dirección positiva (o negativa)".

En el caso de las habilidades intelectuales, tiene un importante significado teórico el dominio que presupone el enunciado de un objetivo. Su función se explica en la teoría del *aprendizaje de jerarquías* (Gagné, 1970, págs. 237-276). Según ésta, es importante el aprendizaje de cualquier habilidad intelectual porque apoya al aprendizaje de habilidades más complejas; no obstante, este apoyo que brindan las habilidades intelectuales previamente aprendidas se da únicamente cuando ya están dispuestas en la memoria en el momento en que tiene lugar el nuevo aprendizaje, o cuando está por ocurrir. Desde el punto de vista operacional, "dominio" quiere decir: *fácilmente accesible a la memoria en el momento del aprendizaje* de la habilidad más compleja. Por tanto, en sentido estricto, la medición del dominio debe planificarse para pronosticar el "fácil recuerdo" de la habilidad intelectual que se ha aprendido. Desde este punto de vista teórico no es posible pronosticar con precisión la manera como debería medirse el "dominio"; tampoco es sensato adoptar una norma arbitraria como "cinco de seis respuestas correctas". El criterio de dominio variará según lo que se haya aprendido y necesita determinarse como parte del proceso de evaluación.

PREPARACIÓN DE LOS ENUNCIADOS DE LOS OBJETIVOS DE LA ENSEÑANZA

Habiendo descrito sus componentes, volvemos ahora al procedimiento de preparar los enunciados completos de objetivos.

Un ejemplo tomado de la ciencia

Supongamos que el que planifica la enseñanza tiene en mente, o formula en un enunciado escrito, las metas que han de alcanzarse en un curso; si la asignatura está relacionada con la ciencia, pueden considerarse los siguientes objetivos que se han resumido de una lista de los mismos para la enseñanza de la ciencia en la secundaria, preparada por el Intermediate Science Curriculum Study (1972):

1. Comprender el concepto de circuito eléctrico.
2. Saber que la ventaja principal del sistema métrico decimal, en la ciencia, es que sus unidades se relacionan por factores de diez.
3. Responsabilidad de volver a colocar el equipo en sus lugares de almacenamiento.

Objetivo núm. 1. El concepto de circuito eléctrico. Éste es un objetivo bastante directo de la enseñanza. Lo primero que debe preguntarse quien planifica la enseñanza es: "¿qué tipo de capacidad estoy buscando en este caso?"; "¿con «entender», me refiero a algo como «enunciar» lo que es un circuito eléctrico?". No, esto no es convincente, pues indica solamente que el estudiante ha adquirido cierta información verbal que puede repetir a su propia manera. "¿Me refiero a «distinguir un circuito eléctrico de un no circuito» cuando le presente dos o más ejemplos?". No, no puedo estar seguro de que el estudiante comprende lo que quiero en este caso, ya que tal vez se guíe simplemente por un alambre separado en los casos en que se demuestran, y responda conforme a este indicio. Lo que realmente quiero del estudiante es que *me demuestre que puede usar una regla para hacer un circuito eléctrico* en una o más situaciones dadas; es decir, la regla que tiene que ver con el flujo de la corriente eléctrica que procede de una fuente, circula por un conjunto conectado de conductores, y regresa a la fuente. Puede pedírsele al estudiante que demuestre la ejecución estipulada en una o más situaciones diferentes.

El resultado de este tipo de razonamiento es enunciado del objetivo que reúne los componentes necesarios de la manera siguiente:

[Situación]: Dadas una batería, una lámpara y un tomacorriente, así como pedazos de alambre [verbo principal para la capacidad]: demuestra [objeto]: que puedes formar un circuito eléctrico [acción]: conectando alambres a la pila y al tomacorriente, y probando que enciende la lámpara.

Objetivo núm. 2. Saber algo sobre el sistema métrico. El enunciado de objetivo presupone en este caso que debe aprenderse cierta información. Nuevamente, lo primero que ha de preguntarse el planificador de la enseñanza es: "¿qué quiero decir con «conocer» este hecho sobre el sistema métrico? ¿Qué me convencerá de que el estudiante «conoce»?" En este caso, podrá fácilmente llegar a la conclusión de que "conocer" significa *poder enunciar* el hecho particular sobre el sistema métrico. De esta manera, la identificación de la capacidad requerida como *información* se hace de una manera bastante directa.

Así, el objetivo resultante puede elaborarse de la siguiente manera: [situación]: Dada la pregunta: "¿qué ventaja importante ofrece al quehacer científico las unidades del sistema métrico?"; [Verbo principal de capacidad]: enuncia [objeto]: que sus unidades se relacionan por factores de diez [acción]: con tus propias palabras.

Objetivo núm. 3. Hacerse responsable del equipo. Reflexionando en este propósito de la enseñanza, el planificador se dará cuenta inmediata de que no se trata de que el estudiante pueda o no devolver a su lugar el equipo, sino de que *tienda a hacerlo* en todas las ocasiones apropiadas. La palabra "responsabilidad" indica que las acciones del estudiante pueden ocurrir en cualquier momento, y que no es probable que se produzcan a partir de ninguna instrucción ni pregunta. El planificador debe preguntarse: "¿qué me convencería de que el estudiante «adquiere una responsabilidad» de esta índole?"; la respuesta indica que el objetivo tiene que ver en este caso con los escogimientos de acción personal, en otras palabras, con una *actitud.* Así, el método normal de elaborar el objetivo adoptaría la siguiente forma:

[Situación]: Cuando se completan o terminan las actividades del laboratorio [verbo principal de capacidad]: elige [objeto]: cursos de acción [acción]: dirigidos a devolver el equipo a su lugar de almacenamiento.

Un ejemplo tomado de la literatura

Otro ejemplo del procedimiento de elaborar enunciados de objetivos lo tomamos de un curso hipotético de literatura. Supongamos que un conjunto de lecciones de tal curso tuviera las siguientes metas:

1. Identificar los personajes principales de *Hamlet.*
2. Comprender el monólogo de *Hamlet.*
3. Reconocer una metáfora.

Objetivo núm. 1. Identificar los personajes principales de Hamlet. Este objetivo, según nuestro modelo, envuelve el uso de definiciones que deben *clasificarse.* En este caso se le pide al estudiante que clasifique los personajes de *Hamlet* según las partes que desempeñen en la obra. En la mayoría de los casos, se supondría que lo puede hacer convincentemente por medio de afirmaciones verbales. Es decir, que el estudiante respondería a una pregunta como: "¿quién era Claudio?", diciendo que era el rey de Dinamarca, tío de Hamlet, de quien éste sospecha que ha matado a su padre. El objetivo puede elaborarse así:

[Situación]: Ante preguntas orales sobre los personajes de Hamlet, como: "¿quién era Claudio" [verbo principal de capacidad]: clasifica [objeto]: los personajes [acción]: definiendo sus relaciones dentro de la obra.

Objetivo núm. 2. Comprender el monólogo de Hamlet. Aquí tenemos un objetivo de mucho mayor interés y presumiblemente más importante. El planificador de la enseñanza necesita preguntarse : "¿cómo sabré si el estudiante «entiende» este pasaje?". Es muy probable que la respuesta que encuentre para esta pregunta sea: "pidiéndole que exprese los pensamientos y el pasaje en palabras que simplifiquen y expliquen su sentido". (Un ejemplo sería explicar que "ser, o no ser" quiere decir "seguir viviendo o no".) Para desempeñar tal tarea el estudiante debe resolver una serie de problemas, relacionándolos con numerosas habilidades intelectuales, como las reglas para el uso de sinónimos para definir, y conceptos de figuras de pensamiento. En resumen, lo que se le pedirá es *producir* una paráfrasis del monólogo; se trata así de una tarea de *resolver un problema* o, más precisamente, todo un conjunto de problemas en que pueden aplicarse reglas subordinadas a la producción de otras de orden superior. Naturalmente que la última no puede especificarse con exactitud, puesto que no sabemos exactamente cómo resolverá los problemas el estudiante. A raíz de este análisis puede elaborarse el siguiente objetivo:

[Situación]: Dadas las instrucciones de interpretar el significado del monólogo de Hamlet en términos sencillos [verbo principal de capacidad]: produce [objeto]: otra comunicación del monólogo [acción]: escribiendo oraciones de contenido simple.

Objetivo núm. 3. Reconocimiento de metáforas. Incluso por la manera de expresarse, este objetivo parece representar un propósito un tanto menos complejo que el del núm. 2; asimismo se evidencia que si el estudiante puede componer la paráfrasis del monólogo, deberá ser capaz de percibir el sentido metafórico de frases como: "armarse contra un piélago de calamidades". Así, en este sencillo ejemplo de propósito, la pregunta que se formula el planificador es "¿qué me convencerá de que el estudiante puede «reconocer» una metáfora?". Obviamente, este último es un concepto, y como no es algo que pueda señalarse, debe ser un *concepto definido*. Entonces lo que se espera del estudiante es que *clasifique las metáforas conforme a una definición.* El objetivo resultante puede enunciarse de la siguiente manera:

[Situación]: Dada una lista de frases, algunas de las cuales son metáforas [verbo principal de capacidad]: clasifica [objeto]: las metáforas [acción]: eligiendo las que se conforman a la definición, y separando las que no.

Otro objetivo (acaso mejor) de la enseñanza sería:

[Situación]: Dada una frase que contiene un verbo y un objeto (como: "resistir a la corrupción") [verbo principal de capacidad]: clasifica [objeto]:

una metáfora [acción]: dando un ejemplo que concuerde con la definición (como: "erigir un baluarte contra la corrupción").

Un ejemplo tomado de los estudios sociales

Un curso sobre estudios sociales de secundaria puede tener los siguientes propósitos:

1. Conocer los periodos de las funciones de las cámaras del Congreso de la Unión.
2. Interpretar gráficas de barras en que se muestre el crecimiento de la producción agrícola.
3. Aplicar el conocimiento del proceso de "revisión judicial" de la Suprema Corte.

Objetivo núm. 1. Periodos de funciones del Congreso de la Unión. En este caso el resultado deseado es la información, que resulta, naturalmente, más bien sencilla y, por tanto, algo que debe aprenderse antes de la secundaria. Como objetivo, este propósito puede enunciarse de la siguiente manera:

[Situación]: Dada la pregunta: "¿cuál es la **duración** de los periodos de sesiones de los miembros de ambas Cámaras del Congreso?" [verbo principal de capacidad]: enuncia [objeto]: dichos periodos **para** los diputados y senadores [acción]: de manera oral.

Objetivo núm. 2. Interpretación de gráficas de barras. Un tipo importante de objetivo para los estudios sociales está constituido a menudo por una habilidad intelectual. Interpretar gráficas de barras es una habilidad que consiste en emplear reglas. Puede haber varias de tales habilidades, de complejidad cada vez mayor, que deban aprenderse; por tanto, ha de prestarse particular atención a la descripción de la situación. Gráficas más complejas pueden necesitar de habilidades intelectuales más complejas o de una combinación de ellas. El siguiente ejemplo ilustra este objetivo:

[Situación]: Dada una gráfica de barras en que se muestra la producción anual de toneladas de algodón durante el periodo 1950-1960 [verbo principal de capacidad]: demuestra [objeto]: que puedes hallar los años de producción máxima y mínima [acción]: marcando las barras adecuadas.

Objetivo núm. 3. Aplicar el conocimiento de la "revisión judicial". El enunciado de esta meta es un tanto ambiguo. Puede interpretarse mejor como un caso de solución de problemas pertinente a la función de la revisión judicial de la Suprema Corte, con lo que el estudiante puede mostrar su conocimiento. Este objetivo puede enunciarse de la siguiente manera:

[Situación]: Dado el enunciado de un tema constitucional contenido en una pretendida Acta del Congreso, y una referencia al principio constitucional invocado [verbo principal de capacidad]: genera [objeto]: una opinión judicial propuesta [acción]: de manera escrita.

EMPLEO DE LOS OBJETIVOS
PARA LA PLANIFICACIÓN DE LA ENSEÑANZA

Cuando los objetivos de la enseñanza se definen de la manera aquí descrita, revelan la naturaleza sutil del proceso de la enseñanza; ésta, a su vez, refleja las características más finas de lo que se aprende. Por tanto, la cantidad de los objetivos individuales aplicables a un curso de enseñanza generalmente llega a las centenas. Puede haber infinidad de objetivos para un solo tema del curso, y varios para cada lección particular.

¿Cómo emplea quien planifica la enseñanza estos objetivos para formular temas, cursos o planes de estudio?, ¿y cómo usa el maestro los objetivos? Como planificador de una clase, ¿puede usar listas muy extensas de objetivos?; debe advertirse que se dispone de muchas de éstas para toda una variedad de materias en todos los grados escolares.*

Los objetivos y la enseñanza

El planificador de la enseñanza, o grupo de planificadores, afronta la necesidad de describir objetivos en cada clase; por lo general habrá varios y diferentes para cada una. Entonces pueden usarse respectivamente para responder a la pregunta: "¿qué *tipo* de resultado del aprendizaje representa este objetivo?". Las categorías por determinar son las que corresponden al verbo principal que indica la capacidad. Es decir, el objetivo puede representar información, una habilidad intelectual en alguna de sus diversas formas secundarias, una estrategia cognoscitiva, una actitud o una destreza motora. Determinando las categorías de los objetivos de la clase, el planificador podrá analizar las siguientes materias:

1. Si la intención original de obtener un cierto resultado de la clase se ha pasado por alto o representado de manera inadecuada;
2. Si la clase tiene un "equilibrio" adecuado de resultados esperados, y
3. Si el enfoque a la enseñanza concuerda con el tipo de objetivo en cada caso.

Así, es claro que el planeamiento sistemático de las lecciones que constituyen un tema o curso tendrá por resultado la formación de un conjunto

* Dichas listas pueden solicitarse al Instructional Objectives Exchange, BOX 24095, Los Ángeles, California, 90024.

considerable de enunciados de objetivos, que crecerá a medida que se elaboren las clases y se constituyan en temas. Las decisiones sobre la correspondencia de estos objetivos con los propósitos generales del tema y el curso, y sobre el "equilibrio" de los objetivos, también puede hacerse con referencia a estas unidades de enseñanza más amplias. Como en el caso de la clase particular, estas decisiones se hacen posibles gracias a la clasificación de los objetivos en tipos de capacidades por aprenderse.

El plan de la clase que elabora el maestro incluye también el uso de los enunciados de objetivos y las clases de capacidades que representan. Los materiales didácticos de que dispone el maestro (texto, manual, etc.), pueden identificar los objetivos de la lección de una manera directa. Más frecuentemente, el maestro tendrá que: a) inferir los objetivos y b) planificar la lección para que aquéllos representados en el libro se complementen con otros. Con el fin de planificar una enseñanza eficaz, determinar las clases de resultados del aprendizaje esperado es tan importante para el maestro como para el grupo planificador; aquél necesita tomar decisiones para la lección del día siguiente, acerca de la propiedad con que se logra el propósito de la clase y sobre el equilibrio relativo de los diversos resultados que se esperan de ésta.

Objetivos y evaluación

Afortunadamente, las listas de objetivos individuales que se elaboran con la planificación sistemática tienen un segundo uso. Las descripciones de los objetivos, como hemos señalado, son descripciones de lo que debe observarse para verificar si ha tenido lugar el aprendizaje deseado; por tanto, los enunciados de objetivos tienen repercusiones directas en la *evaluación* del aprendizaje.

El maestro puede usar enunciados de objetivos para planificar situaciones en que pueda observarse la conducta del estudiante; esto se hace para verificar si de hecho han ocurrido los resultados del aprendizaje. Consideremos el objetivo: "dados un mapa orográfico de nuestro país e información acerca de los vientos dominantes, señala la localización de regiones de lluvias intensas, sombreando el mapa" (aplicación de la regla). Esta descripción define más o menos directamente la situación que el maestro puede emplear para verificar si tiene lugar el aprendizaje deseado. Podría proporcionársele a un estudiante, o a un grupo, mapas orográficos, información sobre los vientos dominantes, y pedírsele que ejecutara esta tarea. Los registros resultantes de sus ejecuciones servirían como evaluación del aprendizaje de la regla apropiada.

Los enunciados de objetivos pueden ser igualmente útiles como base para la elaboración de las pruebas que pone el maestro; éstas, a su vez, pueden emplearse como tipos normales de evaluación del desempeño del estudiante cuando así lo considere adecuado aquél. Por otro lado, pueden ser usados como pruebas de uso individual por los alumnos que estudien solos, en forma autodidáctica.

Las clases de objetivos descritos en este capítulo constituyen una *taxonomía* aplicable a la planificación de muchos tipos de instrumentos y pruebas evaluativas. En los trabajos de Bloom (1956) y de Krathwohl, Bloom y Masia (1964) se describe una taxonomía de los objetivos un tanto diferente, aunque no incompatible con la que nos ocupa. La aplicación de aquélla a la elaboración de pruebas y otras técnicas de evaluación la ilustran para muchos campos de estudio Bloom, Hastings y Madaus (1961). En su obra se describen pormenorizadamente métodos de planificar procedimientos evaluativos para la mayor parte de las ramas del plan de estudios escolares. En el capítulo 9 se estudian más ampliamente algunos métodos para elaborar pruebas e ítemes de prueba basados en las clases de resultados del aprendizaje que describimos en este capítulo.

RESUMEN

Identificar y definir los objetivos de ejecución constituyen pasos importantes del planeamiento de la enseñanza. Los objetivos sirven de directrices para éste y para establecer también las medidas de la ejecución que habrán de aplicarse con la finalidad de determinar si se han logrado o no los objetivos del curso.

En principio, las miras de la enseñanza se formulan frecuentemente a manera de un conjunto de *propósitos* del curso; éstos se afinan y convierten en términos operacionales mediante el proceso de definir los objetivos de ejecución. Ellos definen los resultados *planificados* de la enseñanza y constituyen el punto de partida para evaluar el éxito de la misma en función de los resultados esperados. Naturalmente, se reconoce que a menudo se obtienen resultados no planificados e inesperados que, al observarse más tarde, pueden juzgarse como provechosos o contraproducentes.

En este capítulo se ha presentado una guía de cinco componentes para escribir los objetivos de ejecución. Los elementos mencionados fueron:

1. Situación.
2. Capacidad aprendida.
3. Objeto.
4. Acción.
5. Instrumentos y otras limitaciones.

Se proporcionan ejemplos en que se muestra cómo estos componentes pueden usarse para dar origen a enunciados precisos de los objetivos de las diferentes materias escolares. Los ejemplos elegidos también ilustran objetivos de las diversas clases de capacidades aprendidas.

Se hace particular hincapié en la necesidad de ser cuidadoso al elegir los verbos de acción adecuados para describir, tanto la capacidad aprendida que se infiere de la conducta observada, como la naturaleza del propio desempeño. En la tabla 2 se presenta un resumen de tales verbos de acción.

Los tipos de objetivos de desempeño descritos para las diversas clases de capacidades aprendidas, desempeñan una función esencial en el método de planeamiento de la enseñanza que se presentan en esta obra; se relacionan con la evaluación del desempeño del estudiante producido por la enseñanza, como más tarde se verá en el capítulo 9. Los objetivos de desempeño forman también un eslabón directo para unir los temas del siguiente capítulo: La planificación de los programas de enseñanza.

REFERENCIAS BIBLIOGRÁFICAS

Bloom, B. S. (dir.). *Taxonomy of educational objectives. Handbook: cognitive domain.* Nueva York: David McKay, 1956.

Bloom, B. S. Learning for mastery. En B. S. Bloom, J. T. Hastings y G. F. Madaus (dir.). *Handbook on formative and summative evaluation of student learning.* Nueva York: McGraw-Hill, 1971.

Bloom, B. S., Hastings, J. T. y Madaus, G. F. *Handbook on formative and summative evaluation of student learning.* Nueva York: McGraw-Hill, 1971.

Briggs, L. J. *Handbook of procedures for the design of instruction.* Pittsburgh, Filadelfia: American Institutes for Research, 1970.

Bruner, J. S. *The relevance of education.* Nueva York: Norton, 1971.

Gagné, R. M. *The conditions of learning,* 2a. edición. Nueva York: Holt, Rinehart & Winston, 1970.

Krathwohl, D. R., Bloom, B. S. y Masia, B. B. *Taxonomy of educational objectives. Handbook II: affective domain.* Nueva York: David McKay, 1964.

Mager, R. F. *Preparing objectives for instruction.* Belmont, California: Fearon, 1962.

Popham, W. J. y Baker, E. L. *Establishing instructional goals.* Englewood Cliffs, Nueva Jersey: Prentice-Hall, 1970.

6

Planificación de los programas de enseñanza

El aprendizaje que tiende hacia las metas de la educación escolar se extiende en el tiempo. Para llegar a cierto objetivo de la enseñanza hay que pasar antes por muchos otros acontecimientos de aprendizaje; surge así la necesidad de planificar *programas* o *secuencias* para estos acontecimientos. La razón fundamental de elaborar programas de enseñanza obedece simplemente al hecho de que el aprendizaje deseado no puede tener lugar en un solo momento y, por tanto, debe planificarse para que se dé en una serie de "pasos", o, en otras palabras, en una serie de ocasiones distintas.

Planificar programas de enseñanza es tarea pertinente a todo curso o currículo; por ejemplo, el plan de estudios sociales de la secundaria. O bien, el orden particular del programa puede representar un problema que debe resolverse con respecto a un solo tema del curso, como "escribir párrafos descriptivos" o "hacer operaciones aritméticas con números enteros". Otro aspecto de importancia crítica para el problema del ordenamiento es la programación de acontecimientos en una clase dada, como "elaborar frases con cláusulas subordinadas" o "comparar las familias típicas de diversas culturas". Y finalmente tenemos el problema de la programación de acontecimientos que ocurren o se planifican con el fin de producir la adquisición de un objetivo de aprendizaje; por ejemplo, "identificar como letras mayúsculas las letras iniciales de las oraciones". En la tabla 3 se ilustran estos cuatro niveles del problema de la secuencia.

Es importante distinguirlos entre sí, toda vez que cabe hacer diferentes consideraciones para cada uno de ellos. En este capítulo nos ocuparemos

Tabla 3. *Diferentes niveles del problema del orden de la enseñanza*

	Unidad	Ejemplo	Problema de ordenación
Nivel 1	Curso u orden del curso	Composición	¿En qué orden habrá que disponer los temas: "consecución de unidad", "ordenamiento de los párrafos", "escritura del párrafo", "resumir", etc?
Nivel 2	Tema	Escritura del párrafo	¿En qué orden habrá que disponer los subtemas: "oraciones principales", "ordenamiento de ideas conforme a su importancia", "expresión de una sola idea", etc?
Nivel 3	Lección	Composición de una oración del tema	¿Cómo habrá que presentar las capacidades subordinadas a la construcción de una oración del tema, para que sean aprendidas consecutivamente?
Nivel 4	Componente de la lección	Elaboración de una oración compleja	¿En qué orden habrá que colocar las comunicaciones y otros acontecimientos, en el ambiente del educando, para que se aprenda la capacidad deseada?

principalmente de los niveles 1 y 2, y en el siguiente trataremos los problemas que corresponden a los 3 y 4.

Secuencia del curso y plan de estudios

Aparte de la ordenación basada en el "sentido común", es difícil hallar otra manera de programar todos los temas de un curso o conjunto de cursos. Uno quisiera estar seguro de que las habilidades intelectuales y la información verbal necesarias para emprender el aprendizaje de cualquier tema ya las tiene el educando. Por ejemplo, después de que el estudiante aprendió a multiplicar y dividir números enteros se introduce la adición de fracciones, ya que las operaciones requeridas para ésta abarcan aquellas operaciones "más simples". En un curso de ciencia, el maestro se preocupa porque un tema, como "representar relaciones gráficas entre variables físicas" haya sido precedido por el de "medir variables físicas", ya que son precisamente esas mediciones las que han de representarse en la gráfica. De la misma manera, trata uno de asegurarse de que un tema de estudios sociales sobre la comparación de las estructuras familiares entre las culturas haya sido precedido por un tema sobre "la familia" y otros acerca de "qué es la cultura".

Supuestamente, la base fundamental para planificar tales programas de temas destinados a los cursos o conjuntos de cursos radica en juicios acerca de *cuánto* puede lograrse dentro de una sola unidad de estudio. Si se considera que el tema es "pequeño" (como el de "los números romanos"), puede planificarse como un solo tema; si es extenso, precisará de más tiempo y, por tanto, deberá planificarse como una serie de temas o posiblemente como una serie de "lazos" comunes dentro de una serie de temas.

Los programas de curso y el plan de estudios se representan generalmente en *cartas de secuencia y propósito,* en las cuales se designan los temas que han de estudiarse en un curso o conjunto de cursos, y se les representa en matrices en que a menudo se indican los temas señalados para cada nivel. Se han ensayado métodos más elaborados para representar tanto los temas como las lecciones. Un caso notable es el de *Science-A Process Approach* (AAAS Commission on Science Education, 1967). La carta de este plan de estudios para la enseñanza elemental de la ciencia no se limita a un conjunto de temas con su correspondiente programa de clases, sino que contiene también el conjunto de relaciones previas que supuestamente deben existir entre éstas.

Quizá algún día se proponga un fundamento teórico que remplace a la "lógica de sentido común" en que se funda ahora el planeamiento del programa de los temas de curso. Por ejemplo, con la idea del "plan de estudios en espiral" (Bruner, 1960, pág. 52) se propone que a intervalos periódicos se reintroduzcan sistemáticamente los temas de estudio. Un esquema así sirve a dos propósitos: en primer lugar, al conocimiento del tema previamente aprendido se le da un repaso, con lo que tiende a mejorar la memorización del mismo. Y en segundo, al reintroducirse puede elaborarse progresivamente el tema, y con ello se llegará a una comprensión más amplia del mismo y a una transferencia del aprendizaje. Aún no se ha explicado pormenorizadamente el concepto del plan de estudios en espiral, pero parece ser una gran promesa para la futura planificación de la enseñanza.

Programación del tema

Elaborar el programa de enseñanza de un tema es un problema con el que pueden relacionarse algunos métodos. Como primer paso hay que reconocer que un tema puede tener varios componentes, propósitos diferentes.

Por ejemplo, el tema de "la familia" puede abarcar propósitos como: *a*) "comprender la definición de «familia»", *b*) "reconocer las diferencias características de las familias de diferentes culturas" y *c*) "apreciar diferencias culturales entre familias". Debe advertirse que usamos la palabra "propósito" para representar los fines de un tema, la empleamos para indicar una unidad didáctica de tamaño intermedio, el tamaño característico al planificar los temas. Adviértase también que los enunciados de propósito no se hacen generalmente en función de la conducta, como sucede con los objetivos de unidad descritos en el capítulo anterior.

Un tema de matemática, como "comprender la suma de enteros", puede tener también más de un propósito; uno puede consistir en "hallar la suma de números positivos y negativos" mientras que otro puede consistir en "derivar las propiedades de un sistema numérico a partir de los axiomas fundamentales". Además, el planificador de la enseñanza de tal tema incluso puede tener en mente el propósito de "apreciar la precisión del razonamiento matemático".

Es muy probable que cuando puedan identificarse propósitos diferentes (enunciados en términos similares a los empleados en esos ejemplos) como parte de un solo tema, deba uno estar preparado para tratar con clases diferentes de *aprendizaje* (es decir, con diferentes tipos de *capacidades aprendidas*). Por desgracia, no puede establecerse con toda certeza la existencia de diferentes resultados de aprendizaje ni el número de ellos, con solamente enunciar más de un propósito para un cierto tema; esto se dificulta por las ambigüedades del lenguaje. De esta manera, un enunciado como: "apreciar las diferencias familiares" puede suponer uno, dos o hasta tres tipos diferentes de capacidades aprendidas al examinarlo más detenidamente.

El análisis de los enunciados de objetivo para determinar los resultados del aprendizaje. Para superar la dificultad que presenta la ambigüedad del lenguaje al enunciar los propósitos de tema, debe atenderse a la dirección de los *objetivos de ejecución*. A menudo se recomienda que se realice todo el proceso de enunciar los objetivos de ejecución incluidos los de cada lección sobre el tema. Esto quizá produzca un gran número de objetivos de ejecución; por ejemplo: "clasificar las funciones de la madre" (en un tema sobre la familia) y muchos otros igualmente específicos. Esta forma de proceder no es incorrecta en lo fundamental. Los objetivos específicos pueden agruparse y clasificarse así en tipos de capacidades aprendidas, lo que constituye la meta deseada.

No obstante, puede reconocerse que si bien el método de definir todo un conjunto de objetivos de ejecución es correcto, también puede resultar inconveniente a estas alturas. El planificador de la enseñanza de un tema tal vez no desee molestarse con los detalles de los objetivos de ejecución para planificar las lecciones componentes en que enfoca su atención. Él trata de responder a la pregunta: "¿qué lecciones se necesitan?", y no a la de "¿qué objetivos ha de contener cada lección?". Por tanto, es probable que trate de hallar un atajo.

¿Cómo se puede "avanzar hacia los objetivos de ejecución" sin realmente precisarlos todos? Una posible forma de hacerlo sería tratar de analizar cada propósito del tema, en función de ciertos objetivos de ejecución que fuesen *representativos,* en lugar de analizarlos todos. ¿Qué quiere decir "apreciar diferencias familiares" en función de la conducta? Puede significar "clasificar las características que hacen diferentes a las familias de diversas culturas": tal sería un objetivo de ejecución bastante razonable; también puede sugerir "que se dé una definición de familia que explique las diferencias culturales", objetivo de ejecución diferente aunque igualmente correcto. Ahora se le aclarará al planificador que aún queda otra posibilidad en este enunciado de tema: la de "no hacer afirmaciones predispuestas acerca de las familias de diferentes culturas o sobre sus miembros", lo que también sería un objetivo de desempeño razonablemente bueno.

Cuando se hacen análisis de este tipo definiendo los objetivos en relación con la conducta, cuando sólo sea con ejemplos representativos, se pone de manifiesto el proceso de identificar los resultados del aprendizaje. Con un poco de reflexión es fácil identificar el tipo de capacidad aprendida que se requiere, de la siguiente manera:

"clasificar las características que hacen diferir a las familias de una y otra cultura"	tipo de capacidad: una habilidad intelectual; más específicamente, un concepto definido
"proporcionar una definición de familia que dé cuenta de las diferencias culturales"	tipo de capacidad: una habilidad diferente; a saber, resolver problemas
"no hacer afirmaciones predispuestas acerca de las familias de diferentes culturas o sus miembros"	tipo de capacidad: una actitud

En este ejemplo se patentiza que los enunciados de propósitos de tema son sencillamente demasiado ambiguos como para ocuparse de ellos analíticamente. Pueden servir para satisfacer a la persona que los enuncia (quien puede ser, naturalmente, un padre de familia o un miembro del personal docente). El planificador de la enseñanza, empero, no puede trabajar con una ambigüedad así; cuando menos debe hallar ejemplos representativos de los objetivos conductuales que reflejen el significado o múltiples significados del enunciado del tema. En estos términos, fácilmente podrá clasificarlos como tipos de capacidades que se deben aprender.

El ejemplo matemático antes enunciado, "entender la suma de enteros", puede analizarse fácilmente de la siguiente manera para dar lugar a tipos de resultados de aprendizaje:

"sumar números positivos y negativos"

tipo de capacidad: habilidad intelectual (regla)

"derivar las propiedades de un sistema numérico a partir de sus axiomas fundamentales"

tipo de capacidad: a) habilidad intelectual (resolver problemas) y b) estrategia cognoscitiva

"preferencia por el uso de la precisión del razonamiento matemático"

tipo de capacidad: actitud

Identificación de las lecciones requeridas para un tema. Aclarados los resultados de aprendizaje, es posible pasar al planeamiento del tema en función de las lecciones requeridas. Frecuentemente se trata que haya una clase por cada resultado de aprendizaje. Naturalmente que la razón de emplear este procedimiento es que cada tipo de resultado de aprendizaje (destreza motora, información verbal, habilidad intelectual, estrategia cognoscitiva y actitud) requiere un conjunto diferente de condiciones de aprendizaje críticas, como ya se describió en las capítulos 3 y 4. No obstante, quizá no pueda sugerirse una regla sin excepción, toda vez que en muchos casos el planificador podría preferir la inclusión de más de un tipo de resultado de aprendizaje en cada lección, o pasar de uno a otro tipo de resultados. Se pretende que la planificación de las lecciones de un tema deba hacerse en función de las capacidades aprendidas; es probable que éstas, y no las lecciones en sí, constituyan los elementos estables del plan total.

Así pues, los componentes del tema pueden planificarse como conjuntos de lecciones (si se necesita una enseñanza relativamente prolongada), lecciones individuales (si la enseñanza es normal), o partes de lecciones (si es pequeña). En todo caso, estos componentes del tema necesitan concebirse como *tipos diferenciados del resultado de aprendizaje,* cada uno de los cuales requiere un conjunto diferente de condiciones críticas para que ocurra el aprendizaje deseado. Naturalmente, es posible que un tema tenga sólo un tipo de capacidad por aprender, pero no es raro que se presenten varios tipos dentro de un tema dado.

Ordenamiento de las lecciones en temas. Ahora podemos volver al tema principal de esta parte: el ordenamiento de las lecciones en temas. Porque intervienen aquí diferentes resultados de aprendizaje, éste no es un asunto completamente sencillo y el sentido común vuelve aquí a tener su parte.

En la tabla 4 se resumen las consideraciones principales concernientes a la imposición de orden dentro de un tema, con respecto a cada uno de los tipos de capacidad aprendida. La columna central de la tabla indica los principios de ordenamiento aplicables al tipo particular de capacidad que representa el enfoque central del aprendizaje. La columna de la derecha presenta consideraciones del orden pertinentes a este aprendizaje, pero que surgen en otros campos.

Tabla 4. *Características del orden deseable, asociadas con cinco tipos de resultado de aprendizaje*

Tipo de resultado del aprendizaje	Principios básicos del ordenamiento	Factores de orden relacionados
Destrezas motoras	Práctica intensiva de las destrezas parciales de importancia crítica y práctica, respecto de la destreza total	En primer lugar, aprender la "rutina ejecutiva" (regla)
Información verbal	En el caso de los subtemas principales, no es importante el orden de presentación. Los hechos individuales deberán ser precedidos o acompañados de un contexto con sentido	Generalmente se supone el aprendizaje previo de las capacidades intelectuales necesarias para la lectura, la atención auditiva, etc.
Capacidades intelectuales	La presentación de la situación de aprendizaje para cada nueva destreza deberá ser precedida por el dominio de las destrezas subordinadas	La información pertinente al aprendizaje previo de cada destreza deberá aprenderse previamente o presentarse en las instrucciones
Actitudes	Como primer paso, establecer respeto por la fuente. La elección de situaciones deberá ser precedida por el dominio de cualesquier destrezas involucradas en estas elecciones	La información relativa a la conducta de elección deberá aprenderse antes o presentarse en las instrucciones
Estrategias cognoscitivas	Situaciones problema deberán contener la previa adquisición de destrezas intelectuales	La información pertinente a la solución de problemas deberá aprenderse antes o presentarse en las instrucciones

Ordenamiento de las lecciones para las destrezas motoras. En el caso de las destrezas motoras hay testimonios de que el aprendizaje de una "rutina ejecutiva" (Fitts y Posner, 1967, pág. 11) es de importancia crítica para el aprendizaje. Esta rutina representa el "procedimiento" del desempeño motriz y determina el orden de acciones necesarias; es en realidad una regla, el componente de habilidad intelectual de una destreza motora. Por ejemplo, para lanzar la bala, el atleta debe aprender la secuencia de dar algunos pasos de carrera, detenerse en la línea, ponerse en posición con la bala y entonces lanzarla. Al llevar a cabo en orden estas acciones, sigue una regla que debe aprender como parte inicial de su tarea total de aprendizaje, y probablemente antes que nada. Los componentes motores más específicos deben clasificarse más tarde. Generalmente, las pruebas no nos indican que la habilidad total siempre se aprenderá más rápida o fácilmente si sus componentes se clasifican como "partes" antes de integrarlos en la destreza total (Bilodeau, 1966, pág. 398). Las destrezas motoras muy complejas parecen aprenderse mejor cuando se practican como un "todo". Sin embargo, puede haber ciertos casos en que represente una ventaja practicar intensamente cierta habilidad parcial que desempeña una función particularmente importante en la determinación del buen desempeño de la capacidad total. Ejemplo de esto sería la práctica intensiva del "pataleo" de los nadadores que se preparan para competencias de natación en el estilo de "crawl".

Ordenamiento de las lecciones para la información. Cuando se persiguen resultados de aprendizaje de información, el orden no tiene mucha importancia. Por ejemplo, si en un texto de historia se presentan los acontecimientos políticos que condujeron a la elección del presidente Lincoln, para aprenderlos no será de gran importancia que estos acontecimientos se comenten en un orden estrictamente temporal, siempre y cuando se indique este orden (véase Payne, Krathwohl y Gordon, 1967). La presentación de estos hechos dentro de un contexto con sentido, empero, es una consideración importante para el aprendizaje eficaz. Ausubel (1968) considera que debería presentarse antes el contexto significativo en la forma de un "organizador previo", y al respecto ha obtenido ciertas pruebas (Ausubel, 1960; Ausubel y Fitzgerald, 1961).

Como vimos en el capítulo 3 (véase Gagné, 1970, págs. 237-276), el orden, en el sentido del dominio de las habilidades de requisito, cobra importancia cuando el tema o subtema requieren que se aprendan *habilidades intelectuales*. El aprendizaje de cada habilidad que representa un objetivo de la lección se presentará más fácilmente cuando el estudiante pueda aplicar las habilidades ya adquiridas que sean pertinentes a la nueva tarea. El aprendizaje de tales habilidades también requiere información, la cual puede recordarse o presentarse como parte de las instrucciones de la tarea de aprendizaje (Gagné, 1970b). Por ejemplo, si la habilidad intelectual que se está adquiriendo tiene que ver con el balanceo de una ecuación química, el estudiante necesitará recordar o que se le informe, mediante instrucciones, de hechos como la valencia del hidrógeno (H^+), el azufre (S^{--}) y otros elementos.

Ordenamiento de las lecciones para las actitudes. Parece ser que las actitudes se aprenden mejor en circunstancias tales que una "fuente" a la cual se respeta (es decir, una persona), le comunica de manera verbal al estudiante la información acerca de elecciones de acción deseables, o le demuestra directamente tales elecciones. Por ejemplo, el modelo puede indicar con su conducta que prefiere contar hasta diez antes que perder los estribos; sin embargo, para obtener buenos resultados, la persona que actúa como modelo debe ser, por supuesto, admirada, respetada o considerada positivamente en cualquier otro sentido. Naturalmente que el respeto por el modelo ya debe tenerlo el estudiante, por ejemplo, cuando la persona es un maestro, un padre o un amigo. Si no se da tal respeto, como cuando la fuente no es bien conocida por el estudiante, debe establecerse tal conocimiento como primer paso de la sucesión de acontecimientos que llevan al aprendizaje o cambio de una actitud.

La actitud deseada puede consistir en la elección de cierta acción que a su vez requiera habilidades intelectuales. Esto quiere decir nuevamente que tales habilidades deben haberse aprendido antes; de no ser así, deberán adquirirse antes de emprender el aprendizaje de la actitud. Por ejemplo, el aprendizaje deseado puede ser el de la actitud del consumidor que determina su tendencia a comparar precios de alimentos empacados en función de porcentajes o precios por kilo. Pero tal actitud no se establecerá con éxito, a pesar de todo lo bien que se dispongan las demás condiciones del estudiante, si el sujeto no ha adquirido la capacidad de calcular proporciones para obtener los precios relativos. De la misma manera puede determinarse cuál es la información pertinente al curso de acción deseado; ésta puede recordarse por haberla aprendido antes o presentarse como parte de la situación de aprendizaje, generalmente antes de aprenderse la información específica sobre la actitud.

Ordenamiento de las acciones para las estrategias cognoscitivas. Para el aprendizaje de estrategias cognoscitivas se le presentan al sujeto situaciones problema que requieren de sus habilidades de organización, análisis y pensamiento. Al ordenar las situaciones problema correspondientes a un asunto dado, se preocupa uno por diversificarlas a fin de que la estrategia que se aprenda pueda generalizarse en el futuro a muchas situaciones nuevas. Hasta donde sabemos, no es absolutamente necesario que deban ocurrir en ningún orden particular las variaciones de los problemas sucesivamente presentados. Con todo, parece que lo mejor es evitar variaciones exageradas que tendrían como resultado hacer demasiado "difícil" el problema y podrían descorazonar al sujeto. Todavía más importante es que quien planifica la enseñanza evite presentar problemas que en realidad *sean* demasiado difíciles por cuanto demanden habilidades intelectuales o información que el sujeto no posee. Por ejemplo, un problema de geometría puede obligar al educando a razonar de manera que mejore sus estrategias cognoscitivas; pero si no puede resolver el problema porque le falta cierta habilidad o fragmento de información sobre alguna relación geométrica, el aprendizaje no será eficaz y esto quizá desaliente al sujeto. Asimismo el aprendizaje previo, tanto de las habilidades intelectuales como de la información pertinente (cuando no se dan instrucciones), pasa a ser un asunto de importancia para planear programas de aprendizaje de estrategias cognoscitivas.

Las oportunidades de aplicar éstas a diversas situaciones problema son importantes para el aprendizaje de este tipo de capacidad. La "práctica" diversificada parece ser fundamental para la adquisición de métodos muy generalizables. Además, el éxito al resolver problemas tiene el efecto de establecer y mantener actitudes positivas hacia este tipo de actividad. Al resolver problemas nuevos, el sujeto adquirirá confianza en sus propias capacidades, y cada vez estará más dispuesto a confiar en sus recursos cognoscitivos al afrontar problemas desconocidos.

Programación de los acontecimientos dentro de la lección

Los principios que gobiernan el planeamiento de secuencias de enseñanza dentro de las lecciones, son fundamentalmente iguales a los correspondientes a diversos tipos de resultados de aprendizaje, ya que se presentan en temas, como puede apreciarse en la tabla 4. Estos tipos de capacidades aprendidas, por lo general se dan como "fragmentos" más pequeños en las lecciones que en los temas. En ocasiones, naturalmente, un "fragmento" puede requerir más de una ocasión y, por tanto, necesitar dos o más lecciones para cubrirlo completamente.

Como hemos visto, dentro de una lección puede ocurrir más de un tipo de aprendizaje: habilidad intelectual, método cognoscitivo, información, destreza motora o actitud. Cada uno de estos tipos de resultado supone ciertos aprendizajes de requisito y, por tanto, una secuencia de enseñanza. Siguiendo el procedimiento ya señalado, el planificador de la lección debe insistir en lo que el estudiante podrá *hacer* como resultado de la enseñanza. Generalmente esto significa que aquél necesitará analizar pormenorizadamente las *habilidades intelectuales* que intervienen en una lección. El planeamiento de la lección a menudo puede emprenderse mejor si las habilidades intelectuales se adoptan como factor organizador principal. En todo caso, el método de analizar éstas para revelar los requisitos de la secuenciación necesita describirse en mayores detalles.

En la tabla 4 se indica, en relación con las habilidades intelectuales, que a cada nueva destreza debe preceder el dominio de las habilidades subordinadas. La forma en que esto influye en la planificación de los acontecimientos de la lección se describe en el siguiente capítulo. No obstante, antes de pasar a este tema necesitamos tratar con más amplitud la forma de habilidades subordinadas fundamentales para el planeamiento de la enseñanza, como puede verse en las *jerarquías de aprendizaje*.

DERIVACIÓN DE LAS JERARQUÍAS DEL APRENDIZAJE
PARA LAS DESTREZAS INTELECTUALES

La estructura de las habilidades intelectuales permite planificar con bastante precisión las condiciones efectivas, para aprenderlas. Hecho esto, el aprendizaje de las habilidades intelectuales se convierte en un proceso de fácil manejo para el maestro. Además el proceso de aprendizaje se vuelve muy reforzante para el sujeto, ya que a cada momento se da cuenta, con alentadora sorpresa, de que ahora sabe hacer ciertas cosas que antes no sabía. Así, la actividad de aprendizaje se vuelve para él un acontecimiento emocionante que es el polo opuesto del "ejercicio rutinario" y la "recitación mecánica".

La clave para planificar las condiciones que generan este tipo de aprendizaje eficaz está en la *jerarquía de aprendizaje* (Gagné, 1970, págs. 237-276), que es un arreglo de los objetivos de habilidad intelectual dentro de una pauta que muestra las relaciones de requisitos que hay entre ellos. Comenzando por un cierto objetivo (generalmente el de elección), la jerarquía de aprendizaje muestra cuáles habilidades intelectuales son requisitos; habiendo identificado este segundo conjunto de habilidades, se indican a su vez los requisitos previos de cada una de ellas, y continúa este proceso hasta que llegan a presentarse en la "fila" inferior las habilidades intelectuales más elementales de las cuales hay que ocuparse. En la figura 3 se muestra un ejemplo de jerarquía de aprendizaje correspondiente a una habilidad de matemática elemental.

En este caso, el objetivo de la lección (para un niño de sección maternal o de jardín de niños) consiste en dividir un grupo de objetos en mitades, y otro grupo similar en tercios. Para aprender a desempeñar correctamente tal tarea, el niño debe tener ciertas habilidades previas, que se indican en la "segunda línea" de la jerarquía. Específicamente, debe poder *a*) observar el conjunto de objetos que el maestro dividió en mitades, y poder identificarlos (señalándolos) como "mitades", y de la misma manera con el conjunto de objetos divididos en tercios. Asimismo, debe poder *b*) hacer subconjuntos de objetos que sean iguales, mediante un proceso de apareamiento de uno a uno. Estas habilidades de requisito, pues, se consideran esenciales para el aprendizaje de la habilidad presentada por el objetivo con que se inició la jerarquía; cada una de ellas tiene sus propios requisitos que se indican en la siguiente "línea" de la jerarquía.

¿Qué queremos decir con requisito?; obviamente se trata de una habilidad intelectual "más simple", pero tal definición no es por ningún concepto adecuada para identificarla propiamente, ya que podrían ponerse como ejemplo muchas habilidades intelectuales pertenecientes a conjuntos

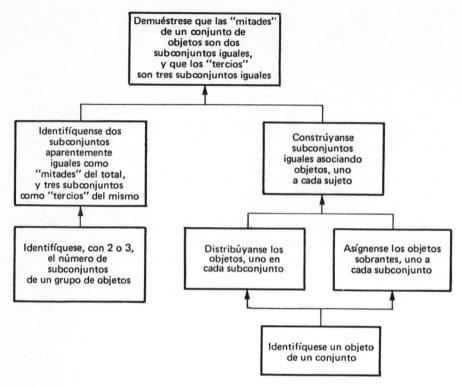

Figura 3. Jerarquía de aprendizaje de una tarea de matemática elemental. (Tomado de Gagné, R. M., 1970; figura 17, adaptada de Resnick y Wang, 1969.)

de objetos que son más simples que el objetivo de la lección descrito en la figura. Una habilidad de requisito se *relaciona íntegramente* con la habilidad subordinada a ella, en el sentido de que ésta no puede realizarse si la primera no está en el repertorio del sujeto. Consideremos lo que el niño está haciendo cuando "demuestra que las «mitades» del conjunto de objetos son dos subconjuntos iguales". Hace una división crítica de los objetivos sobre la mesa; pero debe saber que para formar "mitades" debe tener *dos* subconjuntos. Éste es un requisito *a*); y debe poder igualar estos dos subconjuntos en el sentido de que cada uno contenga exactamente el mismo número de miembros; éste es un requisito también, el *b*). Si *no* puede hacer alguna de estas cosas, no podrá desempeñar la conducta objetivo más importante. Pongamos ahora el caso contrario: si *ya* sabe cómo hacer cada una de estas cosas subordinadas, aprender la lección de objetivo le será fácil y expedito. La probabilidad es que aprenda a hacerlo (una vez que se le pida que lo haga) rápidamente, e incluso con la prontitud indicada por la palabra "descubrimiento".

La forma general de pregunta que debe hacerse con respecto a cualquier habilidad, para poder identificar sus requisitos, es: "¿qué tendrá que conocer el sujeto para aprender esta (nueva) habilidad, suponiendo que simplemente le digo lo que se desea?" (véase Gagné, 1968). En otras palabras, las habilidades intelectuales de requisito son las indispensables que debe recordar el sujeto para que el aprendizaje de la nueva habilidad se logre rápidamente y sin obstáculos. Hay una manera de verificar si nuestro primer intento de responder a la pregunta mencionada ha tenido éxito; consiste en pensar qué requiere del sujeto el desempeño que ha de aprenderse y en identificar "cómo el sujeto podría equivocarse". Aplicando esto al objetivo de elección de la figura 3, podemos ver que el niño que trata de "dividir en mitades un conjunto de objetos" puede no lograrlo si no divide al conjunto en dos partes [éste es un requisito a)]; o puede fallar si no iguala estas dos partes [éste es el requisito b)]. Así, al especificar las habilidades de requisito se deben describir íntegramente las habilidades previamente aprendidas, y necesarias para que el sujeto adquiera fácilmente la nueva habilidad.

Ahora bien, el hecho de que pueda verificarse la existencia de las habilidades de requisito considerando formas en que el sujeto puede fallar, sirve para poner de relieve la importancia directa que las energías del aprendizaje tienen para el *diagnóstico* que hace el maestro. Si se topa uno con cierto sujeto que tiene problemas para adquirir una nueva modalidad intelectual, la primera pregunta de diagnóstico probablemente será: "¿qué habilidades de requisito no ha podido aprender?"; entonces saltará a la vista el contraste entre esta pregunta y otra: "¿qué deficiencia genética tiene el sujeto?". O "¿cuál es su inteligencia general?". Estas preguntas pueden sugerirnos soluciones que simplemente nos servirán para sacar al sujeto del medio de aprendizaje y ponerlo en un grupo o clase especial. Por el contrario, el diagnóstico responsable trata de descubrir lo que el sujeto necesita aprender; lo cual es muy probable que resulte ser una habilidad intelectual de requisito, como se indica en la jerarquía de aprendizaje. De ser así, puede planificarse fácilmente la enseñanza adecuada para que el sujeto se "ponga al corriente" dentro del orden de aprendizaje, que para él sigue siendo positivamente reforzante.

Relación con los tipos de aprendizaje. Tal vez sea interesante considerar con más detenimiento la jerarquía de aprendizaje de la figura 3, a fin de relacionar el objetivo ahí representado con los tipos de capacidades aprendidas descritos en el capítulo 3.

Las diversas capacidades representadas por el objetivo de lección y los objetivos subordinados de la jerarquía, corresponden a "los niveles" de aprendizaje descritos como reglas, conceptos definidos y conceptos concretos. El objetivo: "demostrar que las mitades son dos subconjuntos iguales", puede reconocerse fácilmente como una *regla*. La primera habilidad de requisito, como puede verse en la rama de la izquierda, es "identificar dos subconjuntos aparentemente iguales como «mitades»"; éste es un ejemplo de *concepto definido*. (Nótese que el verbo principal debería ser "clasificar", según el método del capítulo 5.) Cuando le pedimos al niño que nos demuestre que dos subconjuntos representan "mitades" (o que tres representan "tercios"), su conducta consiste en demostrar que hay dos de ellos (o en el caso de los tercios, tres). De esta manera clasifica subconjuntos de acuerdo con la definición que se refiere a "dos" o "tres". Consideremos ahora la habilidad intelectual subordinada a ésta: en este caso el niño necesita dos subconjuntos como dos, y tres subconjuntos como tres; éstos son *conceptos concretos* que el niño puede identificar con alguna acción equivalente a señalar. Uno le dice: "enséñame el conjunto de dos", y el niño lo indica señalando o colocando su mano sobre el conjunto. O bien pueden tenerse varios conjuntos y decirle: "muéstrame todos los que sean dos", con lo que el niño señalará cada conjunto de dos.

Con la rama derecha de la jerarquía puede hacerse una descripción similar en función de los tipos de habilidades intelectuales. Cuando el niño "construye subconjuntos iguales, asociando objetos", obviamente está siguiendo una *regla*. (Naturalmente, ésta será más sencilla que la del objetivo de la lección.) El requisito para lograr esto es la habilidad de "distribuir objetos, uno en cada subconjunto", lo cual constituye otra *regla*. La habilidad de "asignar los objetos restantes, poniendo cada uno de ellos en uno de los subconjuntos", puede considerarse como un *concepto definido*. Lo que el niño hace en este caso es clasificar los conjuntos conforme a su igualdad; en otras palabras, conoce el concepto de igualar en condiciones en que la cardinalidad de los conjuntos se hace variar. Supuesto que estas habilidades de requisito presuponen identificar "uno", llegamos finalmente a la habilidad más simple de la parte inferior de la jerarquía, la cual es un *concepto concreto*.

¿Pueden identificarse requisitos incluso más simples que representen tipos más sencillos de aprendizaje? Fácilmente se ve que así es en efecto. "Identificar el número de subconjuntos como dos o tres" obviamente debe haber sido precedido por una *discriminación*, con la que el niño distingue cosas que son dos y cosas que son tres (no por nombre, sino sencillamente "viéndolas" como diferentes). A título de ejemplo, "distribuir objetos, uno en cada subconjunto", requiere que se aprendan primero ciertas *cadenas motoras*, lo que tiene que ver con los movimientos de levantar los objetos y distribuirlos en montones. Naturalmente que el planificador de esta jerarquía ha hecho la suposición razonable de que los niños a quienes se va a instruir en este caso han adquirido previamente las habilidades intelectuales más simples. Así, puede verse que hay una respuesta bastante sencilla a la pregunta de dónde habrá de detenerse el proceso de formar una jerarquía. Deben analizarse las habilidades de requisito hasta el punto en que pueda hacerse la razonable suposición de que las habilidades subordinadas las ha aprendido ya el grupo de sujetos con que se esté tratando. Esto no significa que no puedan identificarse las habilidades de requisito hasta el nivel de cadenas sencillas; indica simplemente que no tiene que hacerse.

Adviértase que el proceso de derivar la jerarquía no se inicia representando los tipos de capacidades aprendidas descritas en el capítulo 3, sino que simplemente termina representándolos. No se considera que el objeto de la lección sea una regla y, por tanto, deba tener conceptos definidos como requisitos, ya que éstos a su vez deben tener conceptos concretos como requisitos, etc. Lejos de ello, como se indicó previamente, se ha de proceder a considerar lo que deben ser las habilidades críticas para las tareas específicas del aprendizaje. No obstante, la lógica fundamental de la disposición de las habilidades ordenándolas desde la más simple hasta la más compleja sigue teniendo vigencia, y ésta es la razón fundamental por la que uno debe comprender la naturaleza de las habilidades intelectuales. Sería completamente erróneo planificar una jerarquía en que se indicara una regla como requisito para un concepto definido, o un concepto definido como requisito para uno concreto, o cualquier otra inversión de este tipo. Si se hacen tales inversiones al derivar una jerarquía, ello será un índice seguro de la necesidad de replantear toda la estructura.

Algunas precauciones. Derivar una jerarquía de aprendizaje para habilidades intelectuales no es siempre tarea sencilla; puede incurrirse en falsas apreciaciones, a menos que se atienda cuidadosamente a la necesidad de pensar tan clara y escrupulosamente como sea posible en lo que el sujeto hace cuando resuelve un problema, aplica una regla, usa una definición, identifica la cualidad de un objeto, distingue diferencias o ejecuta una cadena de respuestas. Algunas de las vías equivocadas que fácilmente se pueden seguir son las siguientes:

1. Identificar la información de requisito en lugar de las habilidades requeridas. Naturalmente que se necesitará tal información, pero no se apega al esquema de la jerarquía de aprendizaje (véase Gagné, 1968). Supongamos que el objeto de la lección es "convertir grados Fahrenheit en centígrados". Aquí es fácil suponer que el requisito sería "saber que $C = 5/9$ $(F-32)$", pero esto constituye un ítem de información y no una habilidad en sí. La información de requisito no puede analizarse a la manera de las habilidades de requisito, porque simplemente no se comportan de la misma manera en el aprendizaje. Una reflexión más profunda sobre este objetivo, con esta advertencia en mente, nos lleva a identificar las habilidades de requisito como "hallar los valores numéricos de una variable mediante la solución de ecuaciones", "sustituir por valores numéricos las variables

de las ecuaciones", "simplificar las ecuaciones para encontrar un solo valor numérico de la variable" y otras subordinadas a éstas.

2. Identificar como habilidades de requisito aquellas que sean más "sencillas" y no las que constituyan "componentes integrales". Un ejemplo sería el siguiente: supongamos que el objetivo de la lección es "restar números dígitos múltiples mediante la operación de «pedir prestado»", como en el ejemplo de 53 242 − 178. Podría uno fácilmente imaginar que la habilidad subordinada fuera "restar dos números de dos dígitos mediante la operación de pedir prestado", como en el caso de 42 − 17; pero con esta definición de la habilidad subordinada se pasan por alto muchas cosas. No se abarca, por ejemplo, la habilidad del requisito que consiste en "pedir prestado dos veces", como en el caso de restar 149 de 317. Tampoco se tiene en cuenta la habilidad de "restar cuando se requiere que se efectúe la «operación de bajar»", como en el ejemplo de 3 467 − 42. Así pues, para identificar correctamente las habilidades subordinadas se requiere pensar en todas las operaciones mentales que las componen, y no puede uno atenerse simplemente a encontrar las habilidades más "simples".

Otros ejemplos de jerarquía del aprendizaje

Usando los principios arriba descritos se han desarrollado diversas jerarquías de aprendizaje para aplicarlas a diferentes áreas de la enseñanza. Habrá de reconocerse en estos ejemplos que no pueden incluirse en las "cajas" de la jerarquía enunciados completos de los objetivos de capacidad que deban aprenderse, debido a limitaciones de espacio; por lo mismo, se emplean enunciados abreviados. Con todo, el lector tendrá pocas dificultades para clasificar conforme a su tipo las habilidades intelectuales subordinadas, si es que así lo desea.

Una jerarquía para la sustracción. En la figura 4 se ilustra la jerarquía para adquirir la compleja habilidad de restar números enteros. (En este caso se identifican con números romanos las habilidades subordinadas, para facilitar el estudio del planeamiento de la lección que se presentará en el siguiente capítulo.) Es evidente que para aprender esa habilidad se necesita que el sujeto combine algunas reglas más simples.

Jerarquía para enseñar la habilidad de leer. Podemos tomar otro ejemplo del análisis de la estructura del aprendizaje, del campo de la lectura. La jerarquía en que se presentan las habilidades subordinadas de la habilidad de empezar a leer se ilustra en la figura 5. En este caso la habilidad meta requiere que el niño lea oralmente palabras de todos tamaños, familiares o desconocidas, que se conformen a reglas uniformes de pronunciación (por ejemplo, palabras como "sensibilizar", "contaminar", "distendido", etc.).

Jerarquía para un problema de física. En la figura 6 se da un ejemplo de una jerarquía de aprendizaje elaborada por Wiegand (1970), para un estudio de solución de problemas de física con estudiantes de sexto grado.

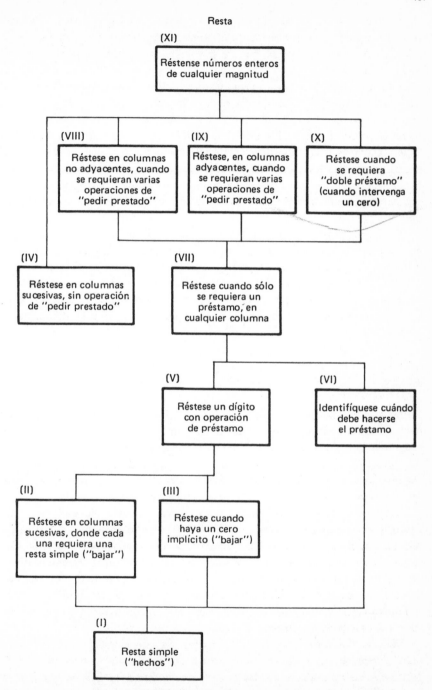

Figura 4. Jerarquía de aprendizaje de la resta de números enteros.

En este caso la habilidad de orden superior que tenía que aprenderse consistía en resolver un problema para derivar una expresión general de la relación de variables físicas que se presentaban en una demostración del plano inclinado.

Jerarquía para una clase sobre estudios sociales. En la figura 7 se muestra una jerarquía de aprendizaje elaborada como base para la enseñanza de una clase de solución de problemas relativos a estudios sociales, con alumnos de sexto grado. En este caso la tarea requería que los estudiantes hicieran una "nueva" clasificación de los productos agrícolas de varios países, al presentárseles vistas abigarradas de tales productos no clasificados. Esta lección fue parte de una serie en que los estudiantes descubrían cómo comparar y contrastar los productos de exportación de diversos países (Coleman y Gagné, 1970).

Estos ejemplos de jerarquía servirán para indicar la importancia de los objetivos de una lección que persigue el aprendizaje de habilidades intelectuales. Otras variedades de jerarquía se encuentran en la obra de Briggs (1972); éstas son: *a*) crítica de arte para futuros maestros de pintura, *b*) para niños de sexto grado, cómo analizar los efectos de la herencia y el medio en las personas y los animales y *c*) cómo escribir una noticia para un periódico.

RESUMEN

En este capítulo se han sugerido formas de elaborar programas de enseñanza a niveles de curso y de tema. La planificación del curso para un programa de temas se lleva a cabo generalmente conforme a una especie de lógica de "sentido común". Un tema precederá a otro por contener acontecimientos anteriores, por ser una parte integrante o por suministrar un contexto importante para lo que se habrá de enseñar después.

Al pasar de los propósitos del curso a los objetivos de ejecución, no siempre será necesario describir todos los niveles intermedios del planeamiento con listas completas de objetivos de desempeño para el tema. El método que aquí se sugiere consiste en elegir muestras representativas de objetivos que pertenezcan a cada uno de los dominios de los resultados del aprendizaje. No obstante, cabe señalar que puede seguirse el procedimiento más completo, lo que a veces será recomendable, como puede verse en una obra de Briggs (1972).

Más detalladamente que los otros tipos de capacidades, se describe la planificación de los programas relativos a las habilidades intelectuales. Las jerarquías de aprendizaje se forman "procediendo a la inversa", a partir de los objetivos de meta, para analizar las habilidades integrantes. Una vez

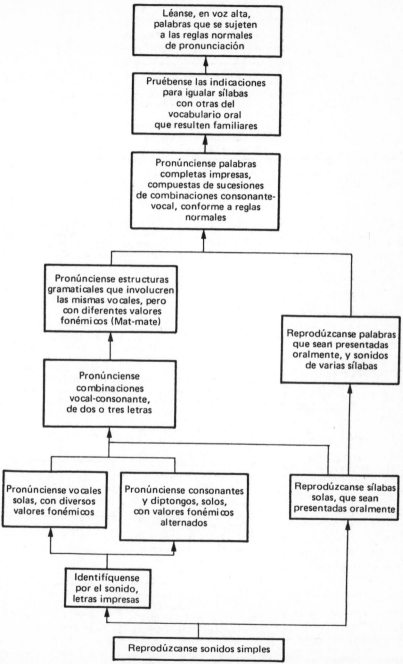

Figura 5. Jerarquía de aprendizaje de una capacidad de lectura básica. (Tomada de Gagné, R. M., 1970; figura 20.)

Variables de un plano inclinado

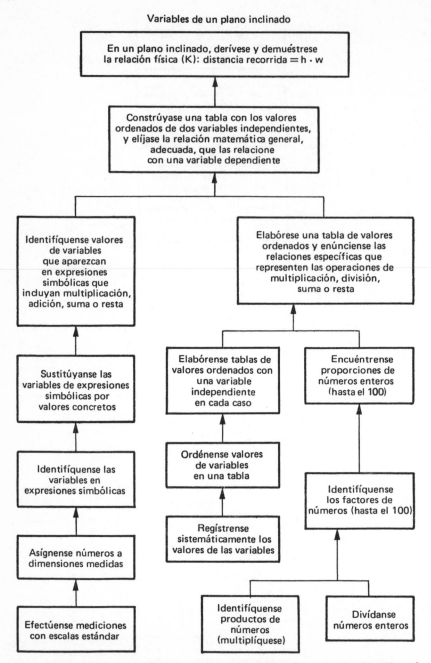

Figura 6. Jerarquía de aprendizaje para un problema relativo a la ciencia. (Tomada de Wiegand, V. K., 1970.)

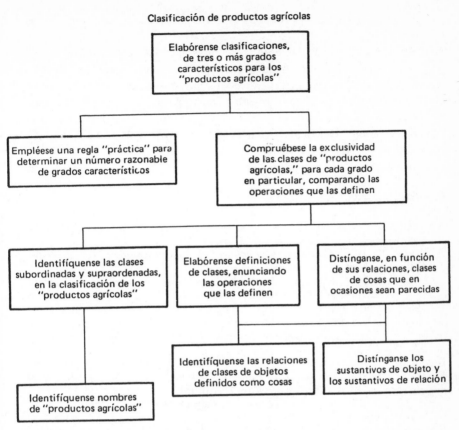

Clasificación de productos agrícolas

Figura 7. Jerarquía de aprendizaje para un problema de estudios sociales. (Adaptada de Coleman y Gagné, 1970.)

completas, las jerarquías de aprendizaje representan sucesiones de habilidades que han de aprenderse en el orden indicado por su disposición. El aprendizaje de una nueva habilidad se llevará a cabo más fácilmente cuando el sujeto pueda recordar las habilidades subordinadas que la componen. Una vez planificado el programa de enseñanza de una habilidad intelectual, se podrá interpolar en los momentos apropiados la enseñanza de otros tipos de capacidades relacionadas, como cuando se requiere el aprendizaje de información o cuando se desea modificar una actitud. En ciertos casos, la enseñanza destinada a otros dominios de capacidades puede darse antes o después de la habilidad intelectual representada en la jerarquía de aprendizaje.

El planeamiento de programas para otros tipos de capacidades aprendidas requiere también analizar los aprendizajes de requisito. Se dan ejemplos de cómo identificar los requisitos e incorporarlos a los programas de la enseñanza.

En los dos capítulos siguientes se verá la manera como los planes del programa de enseñanza se pueden extender al planeamiento de una lección o parte de ésta. En este contexto se introducen los "acontecimientos de la enseñanza". Estos acontecimientos tienen que ver con el apoyo externo que a la enseñanza proporciona el maestro, los materiales didácticos o el propio estudiante. Dependen del aprendizaje previo que se haya logrado conforme al programa planificado.

REFERENCIAS BIBLIOGRÁFICAS

AAAS Commission on science education. *Science—A process approach.* Hierarchy Chart. Nueva York: Xerox, 1967.

AUSUBEL, D. P. *Educational psychology: A cognitive view.* Nueva York: Holt, Rinehart & Winston, 1968.

AUSUBEL, D. P. The use of advance organizers in the learning and retention of meaningful verbal material. *Journal of Educational Psychology,* 1960, *51,* 267-272.

AUSUBEL, D. P. Y FITZGERALD, D. The role of discriminability in meaningful verbal learning and retention. *Journal of Educational Psychology,* 1961, *52,* 266-274.

BILODEAU, E. A. *Acquisition of skill.* Nueva York: Academic Press, 1966.

BRIGGS, L. J. *Student's guide to handbook of procedures for the design of instruction.* Pittsburgh: American Institutes for Research, 1972.

BRUNER, J. S. *The process of education.* Cambridge, Mass.: Harvard University Press, 1960.

COLEMAN, L. T. Y GAGNÉ, R. M. Transfer of learning in a social studies task of comparing-contrasting. En R. M. GAGNÉ (dir.), *Basic studies of learning hierarchies in school subjects.* Berkeley, California: University of California, 1970. (USOE contrato núm. OEC-4-062949-3066, informe final.)

FITTS, P. M. Y POSNER, M. I. *Human performance.* Belmont, California: Brooks/Cole, 1967.

GAGNÉ, R. M. Learning hierarchies. *Educational psychologist,* 1968, *6,* 1-9.

GAGNÉ, R. M. *The conditions of learning,* 2a. edición. Nueva York: Holt, Rinehart & Winston, 1970.

PAYNE, D. A., KRATHWOHL, D. R. Y GORDON, J. The effect of sequence on programmed instruction. *American Educational Research Journal,* 1967, *4,* 125-132.

RESNICK, L. B. Y WANG, M. C. *Approaches to the validation of learning hierarchies.* Pittsburgh, Filadelfia: Learning Research and Development Center, University of Pittsburgh, 1969.

WEIGAND, V. K. A study of subordinate skills in science problem solving. En R. M. GAGNÉ (dir.), *Basic studies of learning hierarchies in school subjects.* Berkeley, California: University of California, 1970. (USOE contrato núm. OEC-4-062949-3066, informe final.)

capítulo 7

Los conocimientos
de la enseñanza

Al planificar un curso se aplican los principios descritos en los capítulos precedentes: se determinan los resultados que se desean de la enseñanza, se definen los objetivos de desempeño y se establece el orden de los temas y lecciones que constituirán el curso. Una vez realizadas estas cosas, la "arquitectura" fundamental del curso estará lista para un planeamiento más pormenorizado en lo que se refiere a las actividades del maestro y el estudiante. Cabe ahora considerar los aspectos prácticos de la clase.

Supongamos, pues, que se ha planificado el curso para que el estudiante pueda pasar con relativa facilidad de una lección a la siguiente. ¿Cómo puede uno confiar en que dé cada paso de aprendizaje y no tropiece en el camino?; ¿cómo se puede estimular al alumno durante la clase misma?; ¿cómo puede uno realmente *instruirlo?*

NATURALEZA DE LA ENSEÑANZA

Al planificar la "arquitectura" del curso, no podemos decir que hayamos hecho absolutamente nada sobre la manera como se llevará a cabo la enseñanza. Conforme transcurre una clase va desarrollándose un conjunto de acontecimientos que influyen en el estudiante y con los cuales él se relaciona íntimamente. A este conjunto se refiere específicamente la *enseñanza.*

Los acontecimientos didácticos de la lección pueden adoptar muy diversas formas. Quizá requieran en menor o mayor grado la participación del

137

maestro y sean determinados de la misma manera por el estudiante. En su sentido más profundo, esos acontecimientos constituyen un conjunto de *comunicaciones al estudiante*. De ordinario adoptan la forma de enunciados verbales, ya orales o escritos. Naturalmente que a los niños que aún no tienen la suficiente capacidad verbal se les puede hacer comunicaciones no verbales, recurriendo a otros medios como los ademanes o los dibujos; pero independientemente del medio que se emplee, la naturaleza fundamental de la enseñanza puede definirse más claramente como un conjunto de comunicaciones.

Las comunicaciones que constituyen la enseñanza tienen el solo propósito de contribuir al proceso de aprendizaje, es decir, de hacer que el estudiante pase de un estado mental a otro; sería incorrecto suponer que su función es simplemente la de "comunicar", en el sentido de "informar". A veces parece que los maestros se inclinan a cometer errores; "les gusta oírse hablar", como se ha dicho en alguna ocasión. Acaso no haya mejor forma de evitar el error de hablar demasiado, que tener siempre muy presente que durante la clase las comunicaciones tienen el propósito de facilitar el aprendizaje, y que todo lo que sobrepase este límite no será sino palabrería. Gran parte de la comunicación que transmite el maestro es primordial para el aprendizaje. En ocasiones se necesita una gran cantidad de información del maestro, pero en otras quizá no se necesite nada de comunicación.

El caso del autodidacto

Los acontecimientos de la enseñanza pueden ser puestos en marcha por el propio estudiante cuando aprende por sí mismo. Los estudiantes aprenden mucho de manera autodidáctica, y no solamente cuando trabajan con materiales "programados", sino también al estudiar sus textos, hacer ejercicios de laboratorio o realizar proyectos diversos. Podemos suponer que la habilidad autodidáctica aumenta con la edad del estudiante, conforme éste gana en experiencia al ir aprendiendo. Los acontecimientos de la lección, planificados para facilitar y mantener el aprendizaje, requieren las actividades del maestro en una proporción mucho mayor en el primer grado de primaria que en la preparatoria. Conforme el estudiante va adquiriendo experiencia y se dedica a actividades de aprendizaje, adquiere cada vez más las características de un "autodidacto"; es decir, puede emplear habilidades y métodos para aprender por sí mismo.

Así pues, los acontecimientos de la enseñanza que describiremos en seguida no deberán considerarse como requisitos para toda clase y todo alumno. En la práctica debe hacerse una valoración concerniente al grado en que el alumno puede aprender por sí mismo. En el capítulo 10 se considera con mayor detenimiento el aspecto autodidáctico en el sistema de enseñanza individualizada.

Los acontecimientos de la enseñanza

Se planifican los acontecimientos de la enseñanza para que el estudiante pueda avanzar partiendo de los conocimientos que tiene al principiar la lección, hasta lograr la capacidad señalada como objetivo de aquélla. En ciertos casos estos acontecimientos ocurren como resultado natural de la interacción del alumno con los materiales de la lección; por ejemplo, cuando el estudiante que está aprendiendo a leer reconoce una palabra impresa desconocida como algo familiar en su vocabulario y recibe *retroalimentación* (un importante tipo de acontecimiento didáctico). No obstante, los acontecimientos didácticos deben disponerse deliberadamente, ya sea por parte del planificador de la clase o por el maestro, como acontecimientos que originalmente se le presentan desde fuera al estudiante.

La forma precisa de comunicación que se le da al estudiante no puede ni debe especificarse en términos generales para todas las clases, sino que han de decidirse en particular para cada una. Las comunicaciones elegidas deben ajustarse a las circunstancias y planificarse para que tengan el efecto deseado sobre el estudiante. Las funciones que desempeñan los diversos acontecimientos didácticos en una lección son las siguientes, enumeradas en el orden aproximado en que se aparecen (véase Gagné, 1968):

1. Atraer la atención del alumno.
2. Informarle cuál es el objetivo.
3. Estimularlo para que recuerde la información previa de requisito.
4. Presentarle el material de estímulo
5. "Orientar el aprendizaje".
6. Producir la conducta.
7. Darle retroalimentación a sus conductas correctas.
8. Evaluar su desempeño.
9. Mejorar la retentiva y la transferencia.

Por principio debe tenerse en cuenta que estos acontecimientos didácticos no ocurren invariablemente en este orden preciso, aunque sí sea el más probable. Lo más importante es que de ninguna manera se proporcionan en todas las clases cada uno de estos acontecimientos. En ciertas ocasiones uno o más de ellos pueden resultarle obvios al alumno, y por tanto no son necesarios. Tampoco es raro que una o más de estas clases de comunicación las proporcione el propio alumno, particularmente cuando se trata de un autodidacto experimentado.

El problema de la atención. Se emplean diversos medios para ganarse la atención del alumno. Los recursos fundamentales para lograrlo entrañan el empleo de los cambios de estímulo, como se hace frecuentemente en los anuncios o en el "corte" rápido de las escenas de la televisión. Aparte de éste, un método fundamental y muy socorrido para llamar la atención, es apelar a los intereses del alumno. El maestro hace esto con el niño cuando le pregunta: "¿te gustaría saber por qué las hojas se caen de los árboles?", al hacer la introducción a una clase en que se trate el tema de las hojas. Puede cautivarse el interés del muchacho preguntándole: "¿cómo calcularías el promedio de bateo de un beisbolista?", en una clase sobre el tanto por ciento. Es imposible, naturalmente, darle un contenido estándar a esas preguntas, pues los intereses de cada alumno son diferentes. La habilidad de captar la atención de los alumnos está en el arte del maestro, y requiere que éste conozca profundamente a los estudiantes que tiene a su cargo.

Para atraer la atención de los alumnos, frecuentemente se emplean comunicaciones en parte o totalmente no verbales. Por ejemplo, el maestro puede hacer una demostración de un acontecimiento físico (una bocanada de humo, un choque inesperado, el cambio de color de un líquido) que resulte novedoso y atractivo para el estudiante; o bien, puede usar una película o escena de televisión para representar un hecho poco familiar.

El preparar adecuadamente una lección le dará al maestro una o más opciones de comunicarse de acuerdo con la forma planeada para ganarse la atención de los alumnos. Cuando se trata de enseñanza individualizada, el maestro puede variar el contenido y la forma de la comunicación siempre que sea necesario, para atraer los intereses individuales de los estudiantes.

La comunicación de los objetivos al alumno. El alumno debe saber de una u otra manera el tipo de conducta que el maestro usará como indicador de que el aprendizaje realmente ha tenido lugar. A veces este objetivo del aprendizaje es obvio y no se requiere ninguna comunicación especial. Por ejemplo, sería hasta cierto punto innecesario hacer un particular esfuerzo para comunicar el objetivo a un jugador de golf novato que comienza a practicar los golpes suaves. No obstante, hay muchos objetivos conductuales que en un principio pueden no ser obvios para los estudiantes. Por ejemplo, si lo que se estudia es el Preámbulo a la Constitución de los Estados Unidos de América, el hecho de poder recitarlo de memoria no es de ninguna manera el mismo objetivo que poder decir cuáles son sus conceptos más importantes. Cuando se estudian los decimales, ¿es obvio para el estudiante, durante cualquiera de las clases, que se espera que aprenda: a) leer decimales, b) escribirlos, o acaso c) sumarlos? Debe evitarse que el estudiante tenga que resolver el enigma de lo que tiene en mente su maestro; es necesario comunicárselo (a menos que, naturalmente, ya lo sepa).

Como regla general, tal vez sea mejor no aventurarse a suponer que el estudiante sabe cuál es el objetivo de la lección. La comunicación al respecto requiere poco tiempo y cuando menos puede servir para evitar que el estudiante "se desvíe por completo de su curso". El dar a conocer el objetivo es también un acto que confirma la franqueza y honestidad del buen maestro; además el hecho de anunciar el objetivo de la clase ayudará al mentor a no perderlo de vista.

Claro que para que puedan ser comunicados eficientemente los objetivos deben presentarse con palabras (o ilustraciones, cuando así sea conveniente) que el estudiante pueda entender fácilmente. Para un niño de seis años, un objetivo como "formular una oración correcta con un sustantivo, un complemento directo y un verbo transitivo" deberá traducirse a una oración más o menos del siguiente tenor: "supongamos que tenemos las palabras «niño», «perro» y «atrapó». Podemos ponerlas en una oración, como «El niño atrapó al perro». A esto se le llama «construir una oración», y es lo que deseo que hagas con las palabras que te señalo". Cuando se usan para describir un curso, los objetivos de ejecución generalmente se enuncian en forma tal que se puedan comunicar sin ambigüedades a los maestros o planificadores de la enseñanza. Sin embargo, el planeamiento de la enseñanza de una clase consiste en presentar el tipo de comunicación del objetivo de la lección de manera que los estudiantes lo entiendan fácilmente.

A veces se piensa que comunicar un objetivo al estudiante puede ocasionar que éste no se esfuerce por alcanzar otros objetivos que podría imponerse él mismo. Nadie ha visto que esto suceda y creemos que sería sumamente improbable. Cuando se le da a conocer al estudiante el objetivo de una lección, éste difícilmente pensará que ello le impide considerar con mayor detenimiento el tema en cuestión. Por ejemplo, al trabajar por el objetivo de "leer decimales", no es raro que el maestro haga la pregunta: "¿cuál crees que sería la suma de estos decimales"?. Así se comunica un objetivo más sobre el cual el estudiante puede pensar libremente, aunque uno se asegure de que haya alcanzado el objetivo principal. Se desea, claro, que el estudiante se desarrolle de manera que llegue a pensar por sí solo en algunos objetivos y aprenda a estudiarlos independientemente. No hay nada en el hecho de dar a conocer los objetivos de la lección que pueda sugerir que tales actividades vayan a perder interés para el estudiante. El propósito fundamental de tal comunicación es simplemente responder a la pregunta que se hace el estudiante acerca de la manera como se va a enterar de si realmente aprendió.

Estimulación del recuerdo de las capacidades de requisito aprendidas. Este tipo de comunicación puede ser crítico para el acontecimiento esencial de aprendizaje. Gran parte del aprendizaje nuevo (algunos dirían que todo) es, a fin de cuentas, una combinación de ideas. Aprender una regla acerca de la *masa* (ley de Newton) presupone combinar las ideas de *aceleración* y *fuerza*, igual que la de *multiplicar*. En términos de la matemática moderna, el aprendizaje de la idea de *ocho* presupone la idea del *conjunto siete,* el *conjunto uno* y la de *unión.* Las ideas componentes (conceptos, reglas) deben adquirirse antes para que el aprendizaje sea llevado a buen término. En el momento del aprendizaje estas capacidades ya adquiridas deben ser completamente accesibles, para que participen en el propio acontecimiento de aprendizaje. Se garantiza que sean accesibles requiriéndolas inmediatamente antes de que tenga lugar el nuevo aprendizaje.

El recuerdo de las capacidades previamente aprendidas puede ser estimulado por una comunicación en la que se pida al estudiante que reconozca o, todavía mejor, recuerde. Por ejemplo, cuando se le enseña a los niños la relación de las lluvias con las montañas, puede preguntárseles: "¿recuerdan cómo es el aire de una nube cuando ésta ha viajado sobre la Tierra en el verano?" (El aire es caliente.) Entonces puede hacerse otra pregunta: "¿cómo es la temperatura de la Tierra en lo alto de una montaña?" (Baja.) Estas preguntas hacen que se recuerden reglas previamente aprendidas y, naturalmente, se produzca una cadena de aprendizaje que culminará en la adquisición de una nueva regla concerniente a los efectos que tiene el enfriamiento de las nubes.

La presentación del material de estudio. La naturaleza de este acontecimiento es relativamente obvia. Los estímulos que se le presentan (o comunican) al estudiante son aquellos que estarán presentes en la conducta que reflejará el aprendizaje. Si el alumno ha de aprender una sucesión de hechos, como al estudiar historia, entonces serán éstos los que deberán comunicarse, ya sea de manera oral o escrita; si el estudiante se ocupa de la tarea de pronunciar en voz alta palabras impresas, como al iniciar el aprendizaje de la lectura, entonces deberán presentársele dichas palabras; si debe aprender a responder a preguntas hechas oralmente en francés, entonces son éstas las que deben presentársele, puesto que son dos estímulos de la tarea por aprender.

Aunque aparentemente sea obvio, es de cierta importancia que se presenten los estímulos adecuados como parte de los acontecimientos didácticos. Por ejemplo, si el alumno está adquiriendo la capacidad de responder preguntas que se le hacen oralmente en francés, entonces las preguntas formuladas en inglés y las escritas en francés no serán los estímulos adecuados. (Esto, sin embargo, no niega la posibilidad de que tales tareas representen habilidades subordinadas, usadas previamente como tareas de aprendizaje.) Si el alumno va a adquirir la capacidad de usar números positivos y negativos para resolver problemas enunciados verbalmente, entonces los estímulos adecuados serán problemas enunciados verbalmente, y nada más que eso. Si no se tiene el cuidado de emplear los estímulos adecuados para el aprendizaje, es probable que el estudiante termine por adquirir la habilidad "incorrecta".

Algunas características de la presentación del estímulo son de particular importancia para el aprendizaje de tipos más simples de habilidades intelectuales, como las cadenas y discriminaciones verbales y motoras. Como se indicó en el capítulo 3, asociados a estos tipos de capacidades están el *tiempo* y el *ordenamiento* de los acontecimientos de estímulo, que desempeñan una función de especial importancia en el aprendizaje. Por ejemplo, supongamos que el estudiante está aprendiendo la cadena motora corta de pronunciar un sonido del alemán (como el de la ü) que no existe en el español hablado. El maestro emite primero el sonido y después le pide al alumno que lo repita. En ensayos sucesivos los intentos de pronunciación del alumno deben hacerse inmediatamente después de que el maestro pronuncie el sonido, y éste deberá decir si su pronunciación va mejorando o no, hasta que el alumno pueda juzgar por sí mismo. Para dominar la ejecución quizá hagan falta muchas repeticiones; esta situación consiste entonces en *asociaciones repetidas y cercanas* (en cuanto a tiempo) al sonido demostrado por el maestro, la respuesta del estudiante y la retroalimentación que le da aquél. Las características de este tipo de presentación de estímulos son la *contigüidad* del estímulo respecto de la respuesta del estudiante, el *reforzamiento* de las respuestas correctas del estudiante y la *repetición*.

En el aprendizaje de cadenas largas, ejemplo de lo cual sería la memorización de un poema, es claro que se necesita leer u oír los versos en el *orden* correcto antes de tratar de repetirlos. En este caso el estudiante memoriza una serie de palabras en una sucesión invariable. Esta memorización se ve fortalecida por el sentido del poema, en contraposición con el caso en que se debe aprender un conjunto de palabras sin relación semántica. La respuesta del estudiante es tratar de recitar, y se ve seguida por la retroalimentación provista por el hecho de ver el poema impreso o por el propio maestro. Cuando el estudiante se "atora" al recitar, el maestro puede proporcionarle la siguiente palabra o verso, dándole lo que se llama una "instigación directa". Pueden aprenderse otras sucesiones invariantes que no estén relacionadas en cuanto a sentido; por ejemplo, los nombres de los presidentes de los Estados Unidos de América en su orden cronológico. En tales casos se recomienda a veces aprender el orden *al revés,* comenzando por el último miembro de la cadena para después agregar nuevos eslabones (nombres de presidentes) en los ensayos sucesivos, hasta llegar al principio de la sucesión (Gilbert, 1971); naturalmente que la recitación del estudiante siempre será hacia adelante. Hacen falta más investigaciones para determinar claramente si este método de presentación al revés tiene una ventaja considerable sobre el método más usual, de presentación en el orden normal.

Al establecer discriminaciones, frecuentemente los *rasgos distintivos* son una característica útil de la presentación del estímulo. Señalando las diferencias entre un triángulo y un cuadrado o entre una *"b"* y una *"d"*, puede ayudarse a establecer la discriminación. Por lo general, tales discriminaciones se aprenden inmediatamente antes de aprender los conceptos concretos. Muchos programas de iniciación a la lectura se elaboran de suerte que la discriminación de las letras se domine antes de introducir los nombres de las mismas.

La presentación del estímulo para el aprendizaje de conceptos y reglas requiere el uso de toda una *variedad de ejemplos*. Cuando el objetivo es el aprendizaje de un concepto como el de "círculo", es recomendable presentar no únicamente círculos grandes y pequeños en el pizarrón o en el libro, sino también verdes, rojos y otros de cuerda o de hilo. Incluso puede hacerse que los niños separen y unan las manos para formar un círculo. En el caso de los niños nunca está de más insistir en la importancia de estos ejemplos. Si no se proporciona tal variedad de ejemplos puede pasar lo que en el ejemplo clásico que nos relata William James, de un niño que podía reconocer la posición *vertical* cuando se usaba un lápiz como objeto de prueba, pero no cuando se mantenía en dicha posición un cuchillo de cocina.

La misma utilidad puede observarse respecto del uso de diversos ejemplos como acontecimientos para el aprendizaje de una regla. Para aplicar la fórmula del área del rectángulo, $A = x \cdot y$, el estudiante no sólo deberá poder recordar el enunciado que representa la regla, sino también deberá saber que A significa área, deberá entender lo que quiere decirse con área; que x y y son las dimensiones de dos lados no paralelos del rectángulo, y que el punto entre la x y la y minúscula indica multiplicación. Pero incluso cuando se saben todos estos conceptos subordinados y reglas, el alumno debe tener diversos ejemplos para garantizar que entiende y puede usar la regla. La atención y la transferencia pueden también aumentar con el tiempo si se presentan problemas enunciados verbalmente, con diagramas o con una combinación de ambos.

Aprendidas dichas reglas, es preciso recordarlas, combinarlas y usar grupos de ellas para resolver problemas. El empleo de diversos ejemplos para la solución de problemas puede consistir en enseñarle al estudiante a descomponer figuras de apariencia extraña en formas conocidas, como círculos, triángulos y rectángulos, y después aplicar reglas para encontrar el área de estas figuras para obtener así el área total de la figura.

Con el aprendizaje de conceptos y reglas se puede proceder inductiva o deductivamente. Para el aprendizaje de conceptos concretos, como los del círculo o el rectángulo, lo mejor es introducir diversos ejemplos antes de la definición del concepto. (¡Imaginémonos a un maestro que trata de enseñarle a un niño de cuarto año la definición formal de un círculo antes de enseñarle muchos de éstos!) Pero a los estudiantes de mayor edad que aprenden conceptos definidos, puede proporcionárseles antes una definición sencilla como: "la raíz es la parte de la planta que queda bajo la superficie del suelo". Si el alumno entiende los conceptos componentes del enunciado, éste será un buen principio al que podrá seguir una ilustración.

La orientación del aprendizaje. Supongamos que queremos que el alumno adquiera una regla (a la que podría llamársele concepto definido) acerca de las características de los números primos. Puede empezarse por mostrarle una lista de números sucesivos, por ejemplo, del 1 al 25. Después puede pedírsele que recuerde que los números pueden expresarse como productos de varios factores; $8 = 2 \times 4 = 2 \times 2 \times 2 = 8 \times 1$, etc. Entonces puede pedírsele que escriba todos los factores del conjunto de números enteros hasta el 30. Ahora bien, lo que se desea como resultado del aprendizaje es que el alumno descubra la regla de que existe una cierta clase de números cuyo único factor (o divisor), además del propio número, es el 1.

El alumno puede ser capaz de "ver" inmediatamente esta regla. De no ser así, puede conducírsele a que la descubra mediante una serie de comunicaciones en forma de "insinuaciones" o preguntas. Por ejemplo, dicha serie podría ser más o menos de la siguiente manera: "¿puedes ver algunas regularidades en este conjunto de números?"; "¿difieren los números originales respecto del número de factores diferentes que contienen?"; "¿de qué manera los números 3, 5 y 7 difieren del 4, 8 y 10?"; "¿de qué manera se parece el número 7 al 23?"; "¿puedes señalar *todos* los números parecidos al 7 y al 23?".

Puede decirse que estas comunicaciones y otras del mismo tipo tienen la función de *guiar* el aprendizaje. Adviértase que no le "dicen la respuesta al alumno", sino que más bien le sugieren la manera de pensar que presumiblemente le llevará a la "combinación" deseada de conceptos y reglas subordinadas, hasta formar la regla nueva que se desea que aprenda. Aquí también es obvio que la forma y el contenido específicos de tales preguntas e "insinuaciones" no pueden expresarse con precisión. Lo importante no es exactamente lo que dicen el maestro o el libro, sino más bien que tales comunicaciones desempeñan una cierta función. Estimulan una manera de pensar y así ayudan al alumno a mantenerse sobre "la pista". Al desempeñar esta función, contribuyen a la eficiencia del aprendizaje.

La cantidad de orientación para el aprendizaje, es decir, el número de preguntas y el grado en que éstas proporcionan "instigaciones directas o indirectas", dependerá naturalmente del tipo de capacidad que se aprenda (Wittrock, 1966). Si lo que se ha de aprender, por ejemplo, es un tema arbitrario como el nombre de un objeto nuevo para el estudiante (por ejemplo, una granada), naturalmente que no tendrá sentido perder el tiempo dando insinuaciones o haciendo preguntas con la esperanza de que de una u otra manera el estudiante "descubra" el nombre. En este caso la forma correcta para orientar el aprendizaje sería "simplemente darle la respuesta". Con todo, al reverso de la medalla existen casos en que sería adecuado proporcionar una instigación menos directa, ya que ésta sería la forma lógica de descubrir la respuesta y tal descubrimiento sería más permanente que si se le diera la respuesta.

La cantidad de preguntas o insinuaciones necesarias variará también en razón del propio estudiante. Algunos requieren menos orientación en la mayoría de las situaciones; es un hecho que comprenden más rápidamente. El aprendizaje previo nunca puede reducir las diferencias individuales hasta nulificarlas; por esto la orientación del aprendizaje necesita adaptarse al estudiante en particular. Demasiada guía puede parecerle indigna al sujeto que aprende rápidamente, en tanto que proporcionar muy poca simplemente haría que se frustrara el que necesita más tiempo para aprender. La mejor solución práctica parecería ser aplicar la orientación al aprendizaje poco a poco y dejar que el estudiante usara tanta como le fuera necesaria. Una sola "pista" puede ser suficiente para el que aprende rápido, mientras que tres o cuatro funcionarán mejor con un estudiante de aprendizaje más lento. Al memorizar un poema se proporcionaría la palabra que el estudiante no pudiese recordar; pero al aprender un principio habría que hacer simplemente una insinuación.

Cómo instigar la conducta. Supuestamente, el estudiante que ha tenido suficiente orientación para su aprendizaje llegará al punto en que se produzca la "combinación" interna del acontecimiento de aprendizaje. El alumno puede dejar de fruncir el entrecejo o mostrar por su expresión cierto indicio de satisfacción; ahora ya ha "visto" cómo hacerlo. Debemos pedirle entonces que nos *demuestre* que sabe hacerlo. No solamente queremos que nos convenza, sino que se convenza también a sí mismo.

De esta manera, el siguiente acontecimiento será una comunicación que en efecto signifique "enséñame" o "hazlo". Generalmente este primer desempeño después del aprendizaje tendrá que ver con el mismo ejemplo (es decir, el mismo material de estímulo) con que el estudiante ha venido interactuando todo el tiempo. Por ejemplo, si ha estado aprendiendo a construir plurales de palabras que terminan en iz y se le ha presentado la palabra *matriz,* su primer desempeño probablemente sea construir el plural *matrices.* En la mayor parte de los casos el maestro hará seguir esto con otro ejemplo, como *maíz,* para asegurarse de que la regla pueda aplicarse en un nuevo caso.

La administración de retroalimentación. Aunque en muchas situaciones puede suponerse que el acontecimiento de aprendizaje fundamental termina cuando el estudiante demuestra la ejecución correcta, esto no sucede siempre. Debe uno estar muy consciente de los efectos del acontecimiento de aprendizaje y de su importante influencia en lo que toca a determinar exactamente lo que se aprende. En otras palabras, como mínimo, debe haber retroalimentación para la corrección, o cierto grado de ésta, de la ejecución del estudiante. En muchos casos la retroalimentación se proporciona automáticamente; por ejemplo, cuando el individuo aprende a arrojar dardos puede ver casi inmediatamente la distancia a que ha quedado del blanco. Lo mismo ocurre con el niño que puede igualar una palabra escrita con otra de su vocabulario oral y que al mismo tiempo tiene el significado esperado, pues se obtiene una retroalimentación inmediata con un grado razonable de certidumbre. Pero, naturalmente, existen muchas tareas de aprendizaje escolar que no proporcionan este tipo de retroalimentación "automática". Por ejemplo, al practicar el uso de las palabras *mi* y *mí* en diversas situaciones, ¿puede el estudiante darse cuenta de cuándo son aplicadas correctamente y cuándo no? En tales casos un acontecimiento fundamental puede ser la retroalimentación proporcionada desde una fuente externa, generalmente por el maestro.

No existen formas estándares de expresar o proporcionar la retroalimentación en forma de comunicación. En un programa de enseñanza, la confirmación de la propiedad de la respuesta se imprime a menudo al lado de la página o en la siguiente. Incluso en los libros de texto normales de materias como la matemática y la física, generalmente aparecen las respuestas impresas en las últimas páginas del libro. Cuando el maestro observa la conducta del estudiante, la comunicación retroalimentadora puede administrarse de muchas formas: una inclinación de cabeza, una sonrisa o una palabra. También en este caso la característica importante de la comunicación no es su contenido, sino su función; es decir, darle al estudiante información acerca de la propiedad de su conducta.

Evaluación de las ejecuciones. La señal inmediata de que se ha dado el aprendizaje deseado se obtiene al producir la conducta adecuada. En esto consiste, realmente, evaluar el resultado del aprendizaje. No obstante, aceptarla como tal plantea problemas de *confiabilidad* y *validez* que se relacionan con todos los intentos sistemáticos de evaluar los resultados o la eficacia de la enseñanza. Éstos se discuten en un capítulo posterior y simplemente mencionaremos aquí su importancia para el acontecimiento de aprendizaje.

Cuando se observa que el estudiante exhibe una conducta adecuada al objetivo de la lección, ¿cómo se puede saber que ha hecho una observación *confiable?;* ¿cómo sabe si el estudiante no presentó la ejecución requerida por pura casualidad o adivinando? Naturalmente que muchas de las dudas que origina este problema pueden disiparse pidiéndole al alumno que "lo haga nuevamente", usando un ejemplo diferente. El alumno de primer año que puede demostrar que distingue entre los sonidos *mat* y *mate,* ¿ha sido simplemente afortunado, o puede demostrar que su ejecución está gobernada por una regla, usando el ejemplo de *pal* y *pale?* Generalmente se espera que con la segunda muestra de ejecución la confiabilidad de la inferencia sobrepase el nivel del azar (concerniente a la capacidad del estudiante). Usando un ejemplo más todavía, el observador llegaría prácticamente a la certidumbre.

¿Cómo se convence el maestro de que el desempeño que exhibe el alumno es válido? Para esto deben determinarse dos cosas diferentes. La primera es si la conducta realmente refleja con precisión el objetivo deseado. Por ejemplo, si el objetivo es: "plantea con tus propias palabras la idea central del pasaje literario", se deberá determinar si el estudiante realmente expresa la idea *central* y no únicamente cualquier idea. La segunda, no tan fácil, se refiere a si el desempeño se ha dado en condiciones en que la observación esté *libre de deformaciones.* Por ejemplo, las condiciones pueden ser tales que el estudiante no haya podido "memorizar la respuesta" o recordarla de una ocasión previa. Dicho de otro modo, el maestro debe convencerse de que la observación de la conducta revela auténticamente la capacidad aprendida.

Naturalmente que las observaciones —ya sea una sola, doble, o triple— de la conducta que se hacen inmediatamente después del aprendizaje pueden llevarse a cabo de manera bastante informal. Con todo, son del mismo tipo que las evaluaciones planificadas formalmente que se describen en uno de los siguientes capítulos. No necesita haber contraposición ni discrepancia entre ellas.

Mejoramiento de la retentiva y la transferencia. Cuando se tiene que recordar alguna información o conocimiento, la mejor manera de asegurarse de que esto ocurra es proporcionar el contexto en que se aprendió el material. El sistema de relaciones en que se ha encajado el nuevo material aprendido proporciona un gran número de estímulos que pueden funcionar como claves que evoquen el recuerdo (o recuperación, en lenguaje cibernético) del material aprendido.

Las providencias que se toman para garantizar el recuerdo de las habilidades intelectuales consisten a veces en maneras de "practicar" su recuperación. Si lo que debe retenerse son conceptos definidos, reglas simples y de orden superior, el planeamiento del curso debe incluir entonces medidas para que se hagan *repasos* sistemáticos, semanales y mensuales. La eficacia de estas repeticiones espaciadas, cada una de las cuales exige que la habilidad sea recuperada y empleada, se contrapone a la relativa ineficiencia de los ejemplos repetidos que se dan directamente después del aprendizaje (Reynolds y Glaser, 1964).

Por lo que hace a garantizar la transferencia del aprendizaje, aparentemente lo mejor que se puede hacer para lograrlo es ponerle al alumno *diversas* tareas nuevas que exijan la aplicación de lo que aprendió a situaciones muy diferentes de la original. Supongamos, por ejemplo, que aprendió el conjunto de reglas relativas a "hacer que el verbo concuerde con el pronombre"; otras tareas en que se varíe el pronombre y el verbo pueden usarse para evaluar la ejecución. No obstante, el hecho de disponer las condiciones para la transferencia presupone variar toda situación de manera aún más amplia. Esto puede llevarse a cabo pidiéndole al niño que componga varias oraciones, proporcionando él mismo el pronombre y el verbo (en lugar de que se los dé el maestro). De otra manera, puede pedírsele que componga oraciones usando pronombres y verbos para describir algunas acciones que se le muestran en dibujos. El maestro deberá demostrar su ingenio para plantear diversas situaciones de "aplicación", con el fin de garantizar la transferencia del aprendizaje.

La variedad y novedad de problemas a resolver son de particular importancia para el desarrollo continuo de las estrategias cognoscitivas. Como ya se dijo, las estrategias seguidas para solucionar problemas necesitan desarrollarse mediante la introducción sistemática de ocasiones en que deben resolverse problemas, intercaladas con otro tipo de enseñanza. Otra cosa que ha de notarse particularmente respecto de la presentación de problemas nuevos al estudiante, es la necesidad de aclarar la naturaleza general de la solución que se espera. Esto se debe a que las soluciones "prácticas" pueden ser muy diferentes de las "originales", y la conducta del estudiante puede ser afectada fácilmente por tales diferencias de comunicación del objeto (véase Johnson, 1972).

LOS ACONTECIMIENTOS DE LA ENSEÑANZA EN CLASE

Al valerse de los acontecimientos de la enseñanza para planificar la clase, habrá que organizarlos de modo que tengan cierta "elasticidad", y atendiendo en primer lugar a los objetivos de la clase. Estos acontecimientos no se integran, por supuesto, en un conjunto estandarizado y rutinario de actos e informaciones. Las características constantes de la clase son las funciones que necesitan llevarse a cabo en la enseñanza. Incluso éstas se adaptan a la situación específica, la tarea que debe realizarse, el tipo de aprendizaje que representa la tarea y el aprendizaje previo de los estudiantes. Pero al planificar la clase tiene que considerarse específicamente cada una de estas funciones, sin pasar por alto ninguna.

Ahora podemos considerar cómo se ejemplifican estos acontecimientos en una clase dada. Hemos elegido como modelo una clase de primer año, de física elemental, con el tema *Medición lineal,* tomándola de *La física y sus procedimientos* (AAAS Commission on Science Education, 1967). El objetivo de este ejercicio es demostrar un procedimiento para hallar la longitud de un objeto, expresada en unidades de una escala acordada. En las siguientes columnas se muestran, a la izquierda, la actividad sugerida para la lección y, a la derecha, una descripción del acontecimiento didáctico para el que sirvió cada una de estas actividades.

Actividades de la clase conforme a
La física y sus procedimientos,
Parte B. *Medición*
2: *Medición lineal*   *Acontecimiento didáctico*

Se coloca una caja grande, de cartón, en un lado del cuarto y una mesa al otro lado. Se le pregunta a los niños cómo podrían determinar, sin mover la caja ni la mesa, si aquélla cabe debajo de ésta. Se piden sugerencias, se comentan y verifican.

Se llama la atención introduciendo una circunstancia novedosa en que se aprovecha la motivación que tienen los niños hacia el dominio de su medio.

Se da a los niños, por grupos, "varas de medir" cuyas longitudes van desde 5 a 100 centímetros. Se les pide que piensen en la manera como podrían usarlas para medir la altura de la caja.

Enunciado del objetivo.

Se ve que son diferentes las medidas obtenidas por diferentes grupos de niños. Se sugiere que se les den nombres diferentes a las distintas "unidades"; se elabora una tabla de medidas obtenidas, informándose el número de unidades que se obtuvieron al medir una cierta longitud.

Durante esta actividad existe el *recuerdo* de una capacidad aprendida, gracias a la cual se ordenan las longitudes de las varas de unidad, desde la más corta hasta la más larga. Además, se pide a los niños que *recuerden* cómo contar números, al informar el número de unidades contenidas en la longitud que miden. Aprenden a elegir unidades más cortas o más largas y a colocarlas unidas en fila, ambas actividades subordinadas, las cuales *recordarán* fácilmente en la siguiente actividad.

Se pide a los niños que midan cintas puestas sobre el suelo (de longitudes ligeramente mayores de 1.5 metros), y también que midan el largo de algunos lápices nuevos. Grupos diferentes de niños disponen de unidades de

Se presentan los *materiales de estímulo* para el aprendizaje: las varas y longitudes que se van a medir.

Los "intentos" que hacen los niños con mayor o menor éxito, según las medida de diferente tamaño (desde 5 a 100 cm); comentan la corrección de las diferentes longitudes que miden.

Finalmente se les pide que comparen lo adecuado de las varas de 15 cm y 100 cm para medir las cintas colocadas en el suelo. Las de 15 cm y las de 100 cm se colocan juntas, pegadas por sus extremos a cada lado de las cintas, y se les pide a los niños que digan cuáles son las unidades más convenientes.

Después del aprendizaje se hace otra evaluación poniendo diferentes marcas de gis sobre el suelo, y pidiendo a los niños que elijan las varas de unidad adecuadas para informar de sus mediciones, expresadas en número de longitudes de varas.

Se sugiere una "experiencia de generalización", que consiste en medidas del espacio que abarcan los brazos extendidos del niño, así como de su estatura. Los niños deben elegir las "unidades de vara" y hacer sus mediciones.

unidades con que trabajen, darán lugar a comentarios mediante los cuales se proporciona cierta *orientación al aprendizaje.*

La ejecución buscada se genera mediante la pregunta: "¿Qué es más adecuado para medir estas cintas?". El objetivo, en este caso, es que se elijan las unidades apropiadas.

Se proporciona *retroalimentación* a la elección de unidades que producen intentos de medición más o menos correctos.

En esta lección se ha *evaluado* el aprendizaje de manera inmediata, pidiendo a los estudiantes que hagan mediciones de: *a)* lápices y *b)* cintas colocadas sobre el piso. Para aumentar la confiabilidad, se continúa la evaluación mediante la parte del ejercicio correspondiente a la "apreciación".

La *transferencia del aprendizaje* es el objetivo funcional de ésta y otras medidas que pudieran usarse. Adviértase que se trata de emplear situaciones diversas para estas otras actividades.

Con estos materiales se tiene en cuenta la *retentiva,* programando un repaso para la lección subsecuente. Por ejemplo, la Medición 4 puede intitularse "Medición lineal mediante el uso de unidades métricas".

Así pues, es evidente que esta clase de física elemental se ha planificado cuidadosamente en el sentido de que refleja cada uno de los acontecimientos didácticos en el capítulo. Naturalmente debe entenderse que aquí únicamente se resumió la clase. El lector interesado en ahondar más en los procedimientos que se sugieren, deberá consultar la fuente original. Se trata, desde luego, de un ejercicio en el que el maestro puede lucir su pericia dentro de la índole de acontecimientos que producen confianza en la obtención del aprendizaje deseado.

RESUMEN

Este capítulo trata los acontecimientos que conforman la enseñanza de cualquier objetivo de ejecución tal como se dan en una clase. Estos son los acontecimientos generalmente exteriores al estudiante, proporcionados por el maestro, el texto u otros materiales con los que aquél tiene contacto. El propio alumno puede hacer que ocurran dichos acontecimientos cuando la enseñanza es de tipo autodidáctico. El fin de ellos es estimular y apoyar los procesos internos de aprendizaje.

Los acontecimientos didácticos enumerados y estudiados son los siguientes:

1. Atraer la atención del alumno.
2. Informarle cuál es el objetivo.
3. Estimularlo para que recuerde la información previa de requisito.
4. Presentarle el material de estímulo.
5. Darle "orientación a su aprendizaje".
6. Producir la conducta.
7. Darle retroalimentación a sus conductas correctas.
8. Evaluar su desempeño.
9. Mejorar la retentiva y la transferencia.

Estos acontecimientos se aplican al aprendizaje de todos los tipos de resultados de aprendizaje de que ya tratamos. Se proporcionan ejemplos de la manera como se planifican y llevan a efecto.

El orden de estos acontecimientos en una clase, o parte de ésta, es aproximado y puede variar según el objetivo; no se usan todos invariablemente. Algunos los plantea el maestro, otros el alumno, y otros más resultan de los propios materiales didácticos. Un alumno de mayor edad o más experimentado puede proporcionarse la mayor parte de estos acontecimientos al estudiar por sí mismo. En el caso de los niños, el maestro dispondrá la presentación de la mayor parte de ellos.

Algunos de los ejemplos de acontecimiento didáctico que aquí se dan, se anticipan a la materia que tratará el capítulo 8. Conforme nuestro estudio pasó de un tipo de aprendizaje a otro, advertimos ciertas variaciones en cuanto a la naturaleza de los acontecimientos de aprendizaje. Así, la presentación del estímulo (acontecimiento 4) para el aprendizaje de discriminaciones, requiere las condiciones de aprendizaje de repetición y reforzamiento, mientras que el aprendizaje de conceptos presupone la condición de toda una variedad de ejemplos. De la misma manera, las condiciones de orientación del aprendizaje (acontecimiento 5) necesarias para aprender reglas, difirieron de las requeridas para aprender información. En el siguiente capítulo se tratarán más ampliamente las maneras como se mezclan las condiciones de aprendizaje con los acontecimientos de la enseñanza.

REFERENCIAS BIBLIOGRÁFICAS

AAAS Commission on Science Education. *Science—A process approach,* parte B. Nueva York: Xerox, 1967.

GAGNÉ, R. M. Learning and communication. En R. V. WIMAN Y W. C. MEIERHENRY (dirs.), *Educational media: theory into practice.* Columbus, Ohio: Merrill, 1968, págs. 93-114.

GILBERT, T. F. Mathetics: the technology of education. En M. D. MERRILL (dir.), *Instructional design: readings.* Englewood Cliffs, Nueva Jersey: Prentice-Hall, 1971.

JOHNSON, D. M. *A systematic introduction to the psychology of thinking.* Nueva York: Harper & Row, 1972, págs. 272-338.

REYNOLDS, J. H. Y GLASER, R. Effects of repetition and spaced review upon retention of a complex learning task. *Journal of Educational Psychology,* 1964, *55,* 297-308.

WITTROCK, M. C. The learning by discovery hypothesis. En L. S. SHULMAN Y E. R. KEISLAR (dir.), *Learning by discovery: a critical appraisal.* Chicago: Rand McNally, 1966.

capítulo 8

Planificación de la clase

Los objetivos de los programas de enseñanza y los derivados de éstos, necesitan definirse conforme a diferentes niveles. En los capítulos previos se describieron técnicas para planificar objetivos, temas o unidades de cursos, y para tipos particulares de objetivos de aprendizaje dentro de una unidad o tema. La enseñanza también debe planificarse a niveles diferentes. En los capítulos precedentes se le dieron al lector los principios y métodos fundamentales para planificar cursos y temas. Sin apartarnos de nuestro sistema de planteamiento, cada vez más específico, en el capítulo 7 introdujimos los acontecimientos de la enseñanza que deben tomarse en cuenta para planificar el proceso cotidiano de ésta, o sea, en el planeamiento de *una clase* en particular.

En el presente capítulo se planifica la enseñanza con referencia a los objetivos de ejecución y a las capacidades que éstos presuponen. Suele suceder que la clase tiene un solo objetivo que puede representar en sí una sola capacidad subordinada a otro objetivo más amplio. De esta manera, la *clase* es el nivel al que se planifica detalladamente la enseñanza. Al planificar la enseñanza individualizada, como veremos en el capítulo 10, el *módulo* es el nivel de planeamiento equivalente a la lección. La planificación de la enseñanza a este nivel tiene que ver con los acontecimientos de enseñanza conforme se van desarrollando momento a momento.

La mayoría de las características de las capacidades estudiadas con anterioridad se usan como base para el planeamiento de la lección. Asimismo se emplean los acontecimientos de la enseñanza descritos en el capítulo 7. Éstos se aplican al planeamiento de todo tipo de lecciones, independientemente del dominio del resultado que se rata de obtener. En este capítulo insistimos en la variación entre lecciones, que se introducen para que correspondan a los *diferentes* dominios del resultado del aprendizaje. Primeramente se consideran estas variaciones en función de sus repercusiones en el planeamiento de *programas* de enseñanza y, más tarde, para establecer *condiciones efectivas del aprendizaje* para los diferentes dominios.

En el planteamiento de una lección necesitamos asegurarnos primeramente de que estén dados de manera general los acontecimientos de la enseñanza. Además es necesario clasificar la lección según el tipo particular de objetivo de aprendizaje. Dado este paso, se podrá: *a*) colocar la lección en su lugar adecuado dentro de una sucesión que la relacione con sus requisitos previos y *b*) incorporar a los acontecimientos didácticos de la lección las condiciones para el aprendizaje efectivo, adecuadas al dominio dentro del cual se esté trabajando. Pueden disponerse estos acontecimientos mediante cualesquier medios que se elijan como los más adecuados al propósito.

PLANEAMIENTO DE LA LECCIÓN

Antes de emprender la tarea de describir los múltiples detalles que debe tener en cuenta quien planea una lección, daremos un encauzamiento general que puede ser de utilidad para asignar a aquélla el ambiente adecuado. Ya sea que se planifique una lección, un tema o todo un curso, es necesario lograr la consistencia interna entre tres importantes componentes de la enseñanza:

1) objetivos o metas;
2) métodos, materiales, medios y experiencias o ejercicios de aprendizaje, y
3) evaluaciones del desempeño de los estudiantes.

A estos tres componentes los consideramos aquí como "puntos clave" del planeamiento de la enseñanza. La experiencia nos ha indicado que siempre que se tienen en cuenta éstos al planificar la enseñanza es más fácil mantener "en la mira" todo el plan de ésta. Es decir, así resulta más fácil que el planificador no se pierda en divagaciones. Además contribuye a verificar la correspondencia entre lo que ha de enseñarse y el objetivo de la lección, así como el tipo de pruebas u otro instrumento de evaluación que se emplee para determinar si ha tenido éxito la enseñanza.

Mager (1968) expresa estos tres componentes de la enseñanza de manera fácil de recordar. La siguiente guía para el planeamiento de la lección nos presenta tres puntos clave expresados en forma de preguntas, acompañada cada una de ellas por una sugerencia de respuesta.

Pregunta	*Cómo responder*
1. "¿Cuál es mi objetivo?" (en esta lección).	1. Enunciar el objetivo de ejecución de la lección, indicando lo que los estudiantes podrán hacer al dominar la lección.
2. "¿Cómo lo conseguiré?" (cómo lograr el objetivo).	2. Elegir métodos, materiales y ejercicios para poner en práctica los acontecimientos de la enseñanza y las condiciones de aprendizaje apropiados para cada capacidad subordinada.
3. "¿Cómo sabré que lo he logrado?" (objetivo alcanzado).	3. Administrar una prueba adecuada o hacer alguna otra evaluación de desempeño, para determinar cuándo los estudiantes han alcanzado el objetivo.

Pueden usarse con provecho estas tres preguntas y sus respuestas cuando se planifica la lección, se verifica el plan, y se vuelve a planificar la lección para el futuro. También parece recomendable que los maestros las tengan en mente al enseñar. Estos puntos clave no son meros artilugios ni recursos nemoténicos. Pueden citarse pruebas para demostrar que se les emplea en la planificación sistemática, y que la enseñanza a que dan lugar de ordinario ha tenido éxito (Briggs, 1970, 1972).

Pasos para un planeamiento de la lección

La aplicación sistemática de estos tres puntos clave para el planeamiento de la lección produce el siguiente conjunto de acción ampliado:

Paso 1. Organizar el curso completo en unidades y temas principales, para que puedan justificarse los objetivos de las lecciones individuales conforme se necesiten para lograr un objetivo (tema o unidad) amplio.

Paso 2. Definir los objetivos para que puedan identificarse claramente las capacidades que representen, ya sean habilidades intelectuales, estrategias cognoscitivas, información, destrezas motoras o actitudes. Estas clases, a su vez, presuponen ciertos requisitos o capacidades subordinadas.

Paso 3. Planificar un programa de enseñanza en que se tengan en cuenta las capacidades subordinadas necesarias para facilitarle al alumno la consecución del objetivo. En la siguiente parte se describirá la manera de hacer esto.

Paso 4. Identificar cada tipo de capacidad aprendida subordinada y representada en el programa (discriminaciones, conceptos, reglas, información, etc.).

Paso 5. Elegir una sola capacidad "blanco" como objetivo de la lección, ajustando el tiempo estimado de aprendizaje a la duración de los periodos disponibles para la enseñanza.

Paso 6. Con cada objetivo, organizar un plan de enseñanza considerando los acontecimientos didácticos y condiciones efectivas de aprendizaje necesarias para cada resultado del mismo.

Paso 7. Una vez determinada la lista de acontecimientos didácticos, incluidos los que harán eficaz el aprendizaje, para el objetivo que se va a aprender, se elige el medio de enseñanza para cada uno de aquéllos. Después de esto, pueden elegirse los materiales o bien elaborarlos especialmente para cada acontecimiento.

Paso 8. Después de la primera lección, se evalúa el desempeño del estudiante para ver si se ha cumplido con el objetivo de ella. En el caso de las lecciones cortas tal vez se quiera probar el desempeño del estudiante únicamente respecto de grupos de lecciones, o quizá respecto de los objetivos de todo un tema. Este último plan es eficiente cuando han tenido éxito las lecciones, pero si algunos estudiantes no aprueban el examen sobre todo el tema, entonces se requerirán pruebas de diagnóstico para determinar cuáles fueron las capacidades o lecciones que no se dominaron. Como compromiso, los maestros frecuentemente llevan a cabo evaluaciones informales de las clases, pero administran pruebas cuidadosamente preparadas sobre todo el tema. Un procedimiento seguro, pero que lleva más tiempo, consiste en proporcionar una prueba formal después de cada lección. En todo caso, los resultados de la prueba pueden usarse como guía para revisar las lecciones que tuvieron menos éxito. A este procedimiento se le puede llamar "evaluación formativa".

En las llamadas formas "adaptativas" de la enseñanza, pueden administrarse pruebas previas para ver qué capacidades ha llegado a dominar el alumno. Más tarde se exime a los estudiantes de la enseñanza que no necesitan.

En la siguiente parte pondremos especial atención en la forma como la naturaleza del objetivo de aprendizaje puede afectar los detalles del planeamiento de la lección. Por lo que se refiere a los ocho pasos descritos, se supone que en los capítulos anteriores se dio la información necesaria para llevar a cabo los primeros dos pasos de dicho planeamiento. En seguida trataremos el paso 3, y describiremos el procedimiento para elaborar un programa de enseñanza que nos lleve al objetivo de la lección. Cuando tal programa comprende varios resultados de enseñanza diferentes como *requisitos* previos, frecuentemente es necesario planificar otras lecciones que precedan a la que nos ocupa en el momento.

ESTABLECIMIENTO DE LA SECUENCIA
DE OBJETIVOS

Es raro que un objetivo de lección sea tan sencillo que no admita el análisis que revele una secuencia de enseñanza deseable (pasos 3 y 4). Los objetivos de la lección frecuentemente especifican el aprendizaje de habilidades bastante complejas que requieren el aprendizaje previo de habilidades más simples para que la enseñanza sea efectiva. Éste es particularmente el caso de cuando uno inicia el planeamiento de la lección con un objetivo que representa una habilidad intelectual como el concepto definido, la regla, o la tarea de resolver problemas. Las habilidades por aprenderse en dichas tareas generalmente indican una sucesión precedente de objetivos para habilidades más simples e información relacionada. Como se indicó en el capítulo 4, los programas de los objetivos de lección que representan información, destrezas motoras y actitudes, nos ofrecen un panorama bastante diferente. Con todo, cada una de estas capacidades aprendidas tiene sus propios requisitos previos y, consecuentemente, sus propias repercusiones en el programa de enseñanza.

Planificación del programa para los objetivos
de habilidades intelectuales

Iniciamos nuestro estudio de la planificación de los programas de clase con los objetivos que representan *habilidades intelectuales*. Las habilidades subordinadas que se requieren para lograr un objetivo de este tipo pueden derivarse igual que una jerarquía de aprendizaje. Supongamos que realmente queremos establecer la habilidad de restar números dígitos múltiples, y que se ha elaborado un esquema de habilidades subordinadas, como en la figura 4 (pág. 131). La jerarquía indica que si ha de lograrse el objetivo mediante un aprendizaje planificado eficientemente, tendrán que haberse aprendido de antemano todos los objetivos subordinados (I a X). También se presupone un programa de enseñanza previo, al indicarse que las habilidades IV, VIII, IX y X son las que el estudiante debe poder recordar fácilmente cuando emprende la tarea de aprender la habilidad final, mientras que las otras habilidades se subordinan a éstas y deben aprenderse aun antes.

Determinación del punto de partida. Para planificar el programa de lecciones debe decidirse primero cuál será el punto de inicio, entre las habilidades que se van a enseñar (I a X). Esto es cuestión de determinar lo que el estudiante (o grupo de estudiantes) ya sabe hacer. Por ejemplo, no sería raro que aquéllos para quienes se planifica la enseñanza ya hubieran dominado restas sencillas (I). Incluso podría darse el caso de que ya hubieran progresado hasta las habilidades IV o V. Naturalmente que uno necesita empezar por planificar el programa de lecciones a partir del punto en que puede suponerse la existencia del dominio de las habilidades necesarias. Claro que como paso inicial de cualquier lección puede darse un breve repaso a estas habilidades subordinadas.

Especificación de la secuencia de lecciones. La jerarquía de aprendizaje representa la secuencia de lecciones más eficaz. Nótese, empero, que ya se dispone de varias opciones para ciertos programas. Aunque la jerarquía indica que las habilidades II y III necesitan aprenderse antes que la IV, no dice nada sobre el orden de la II y la III. La habilidad II puede aprenderse antes o después de la III, toda vez que no se observa ninguna dependencia. Del mismo modo, tanto la habilidad V como la VI necesitan aprenderse antes que la VII, según la jerarquía, pero deben aprenderse antes la V o la VI.

La jerarquía nos indica entonces varios programas de lección óptimos. Las relaciones de habilidad que indican requisitos previos necesitan mantenerse al planificar tales programas; de otra manera, no se indicaría ningún orden particular y podrían aplicarse otras consideraciones prácticas.

Logro de las habilidades en secuencia. El planeamiento de las lecciones para lograr la habilidad final (XI) presupone que cada estudiante demuestre que *domina* las habilidades de requisito antes de que se le pida que aprenda la habilidad inmediata superior. Por ejemplo, antes de comenzar con la habilidad VII (ilustrada por un ejemplo como $47\,185 - 2\,634$), se hace la suposición de que el estudiante ha dominado la habilidad V (ilustrada por el ejemplo $46 - 9$). También deberá haber dominado la habilidad VI, con la que muestra, en un ejemplo como $327 - 194$, que debe pedirse prestado del 3 para restar en la columna que contiene al 2 y al 9.

La idea de dominio necesita considerarse con toda seriedad al tratarse de habilidades intelectuales. Deben planificarse las lecciones de manera que las habilidades como la V y la VI puedan desempeñarse con la completa confianza del estudiante, antes de intentar aprender la habilidad VII. No basta con que simplemente "se le hable" de las habilidades V y VI, ni que pueda demostrarlas a veces. La diferencia entre el dominio confiable y la mera familiaridad o la ejecución indiferente de estas habilidades subordinadas, se revelará con lo que suceda cuando el estudiante trate de aprender la habilidad VII. Si realmente ha dominado las habilidades de requisito, aprenderá ésta con el mínimo de inseguridad y dificultad. De no ser así, cuando esté aprendiendo la habilidad VII se le verá confuso, retrasado y haciendo ensayos inútiles.

Medidas de diagnóstico y reaprendizaje. El planeamiento de la lección mediante el uso de la jerarquía de habilidades intelectuales debe tener en cuenta también el diagnóstico de las dificultades de aprendizaje. Si se ve que el estudiante tiene dificultades para aprender cualquier habilidad, la indicación de diagnóstico más probable es que no puede recordar cómo se desempeña una o más de las habilidades previas indispensables. Cualquier lección puede tener en cuenta el diagnóstico si se exige que se recuerden las habilidades indispensables. De no poderse recordar una o más de ellas, entonces deberá emprenderse el reaprendizaje. La evaluación del dominio de cualquier habilidad, como parte de una lección acerca de la misma, debe ser seguida, pues, por el diagnóstico de las habilidades previas de requisito, en caso de que *no* se logre el dominio. Después de esto deberán tomarse las medidas necesarias para establecer un "circuito de reaprendizaje" en el programa de lecciones, con el cual se dará al alumno la oportunidad de que vuelva a aprender y demuestre su dominio de los requisitos necesarios, antes de proceder a enseñarle lo más avanzado.

El programa en relación con las estrategias cognoscitivas

La manera como el estudiante aplica estrategias cognoscitivas nos la indica el hecho de que resuelva uno o más problemas nuevos dando respuestas de mayor o menor calidad. No obstante, con tales problemas existen muchas respuestas "correctas" y no una sola. De esta forma, no se puede especificar un programa particular de aprendizaje previo que nos lleve a presentar una situación problema. No obstante, debe reconocerse que en el problema nuevo la solución dependerá de la información y habilidades intelectuales previamente aprendidas. En la medida en que las capacidades pertinentes no estén al alcance del alumno, éste se verá restringido por cuanto a la variedad y soluciones adecuadas que le sea dado inventar.

La planificación del programa de enseñanza destinado a mejorar la calidad de la solución de problemas (así como la eficacia de los métodos de razonamiento del alumno), generalmente adopta la forma de *oportunidades repetidas* de resolver problemas. Estas ocasiones pueden intercalarse en la enseñanza que tenga otros objetivos, y generalmente se dispone que se repitan a lo largo de periodos relativamente largos. De esa manera, se supone que será posible el mejoramiento gradual de las estrategias cognoscitivas. No obstante, parece improbable que puedan ocurrir mejorías considerables de este tipo de capacidad en el lapso de una o dos lecciones.

Planificación de la secuencia para el aprendizaje de información

Como se indicó en el capítulo 5, el requisito más importante para el aprendizaje de información es que exista un contexto con sentido, en el que se pueda incluir la información recién aprendida, o con el cual pueda "asociarse" de alguna manera significativa. Los principios aplicables a la secuenciación difieren un tanto, según el objetivo consista en aprender un conjunto de nombres (etiquetas), un hecho aislado o el sentido de un pasaje organizado lógicamente.

Nombres o etiquetas. El aprendizaje de un conjunto de nombres (como los de los árboles) se facilita al emplear estructuras organizadas previamente aprendidas y que el estudiante ya tiene en su memoria. Pueden emplearse diversas estructuras para que el estudiante "codifique" la información recién aprendida. La codificación puede adoptar la forma de una simple asociación, como cuando la palabra francesa "la dame" se asocia con la inglesa "dame", con lo que se convierte en una relación un tanto humorística con la palabra "lady". A veces la codificación puede envolver el uso de una frase como aquella en que se asocia "starboard" con "right", en: "the star boarder is always right".* Tampoco es raro que el método de codificación tenga que ver con el uso de imágenes visuales; tal sería el caso del estudiante que asociara la imagen de un ave con el apellido Cuervo de una persona. Las imágenes que se usan para la codificación pueden ser absolutamente arbitrarias, como cuando la persona que aprende usa las tiendas de una conocida avenida para asociarlas con nombres nuevos de cosas que no tengan nada que ver con las tiendas en sí (véase Crovitz, 1970).

Así pues, es claro que el aprendizaje de etiquetas o nombres nuevos se relaciona con recuerdos almacenados en la memoria del sujeto. No obstante, en este tipo de aprendizaje de información no parece recomendable establecer un tipo *específico* de aprendizaje previo que presuponga un programa de enseñanza. A pesar de que se puede facilitar el aprendizaje de nombres nuevos prescribiéndole al sujeto que aprenda algunos "códigos", se observa que tal procedimiento generalmente tiene menos éxito que cuando se le permite que use un sistema personal de codificación. Lo que el alumno necesita fundamentalmente haber adquirido con anterioridad, aparte de las diversas estructuras con sentido que pueda guardar en la memoria, es la habilidad de codificar; éste sería un tipo particular de *estrategia cognoscitiva*. No se han estudiado aún las posibilidades de la enseñanza a largo plazo, planificada, para mejorar tal estrategia. Por tanto, el planificador de la lección generalmente supone que ya están aprendidas la estrategia y las estructuras de codificación, y no las considera expresamente al elaborar el orden de la clase.

---

* Juego de palabras intraducible en que se aprovechan los dobles significados de *starboard* (estribor: banda derecha de un navío) y *right* (derecha y, en este caso, estar haciendo lo acertado), para afirmar que *el que está a estribor está siempre en lo correcto*, pero se puede entender también que *está siempre a la derecha*. [*N. del T.*]

Hechos individuales. El aprendizaje de "hechos" aislados tal y como aparecen, por ejemplo, en algún capítulo de un libro determinado de historia, supone también un proceso de codificación que en este caso específico consiste, generalmente, en relacionar los hechos con estructuras significativas y más amplias: "cuerpos de conocimiento" organizados que fueron aprendidos con anterioridad.

Al tratar la información de hechos se dispone de dos tipos de procedimientos para programar la enseñanza. Tal vez deberían emplearse los dos, dejando que los factores restantes de la situación determinaran el más importante. El primero es el aprendizaje previo (en orden) de lo que Ausubel (1968) llama "organizadores". Si, por ejemplo, el sujeto tiene que adquirir el conocimiento de hechos acerca de automóviles, puede presentársele un "pasaje organizador" en el que se le informe sobre las características que intervienen en la descripción de automóviles: estilo de la carrocería, motor, chasís, transmisión, etc. A continuación pueden presentarse los hechos específicos que tenga que aprender acerca de ciertos automóviles.

El segundo procedimiento, no del todo desligado del primero, supone el empleo de preguntas y otros enunciados para identificar las principales clases de hechos que se desea que el sujeto aprenda (véase Frase, 1970; Rothkopf, 1970). Así pues, si la información más importante que se va a aprender consiste en los nombres de personas descritas en un pasaje histórico, la experiencia previa con preguntas acerca de tales nombres, incluidos en un pasaje de "muestra", facilitará el aprendizaje y la retención de éstos. Si la lección tuviese el objetivo de aprender fechas, entonces éstas podrían preguntarse en un pasaje previo.

Información organizada. Lo normal es que un objetivo de la categoría de información enuncie una expectativa de que el sujeto pueda expresar un conjunto de hechos y principios, de manera organizada y con sentido. Por ejemplo, un objetivo de los estudios sociales podría ser la descripción de los trámites de proyecto de ley en el Congreso de los Estados Unidos de América. El aprendizaje de información organizada está sujeto también a un procedimiento de codificación relacionado con estructuras aprendidas y guardadas en la memoria del estudiante. No obstante, la existencia de tal información previa, igual que las habilidades lingüísticas pertinentes, es algo que generalmente da como un hecho el planificador de la lección en lugar de prescribirlas en el programa de enseñanza. En ocasiones el aprendizaje de información nueva puede facilitarse si previamente se aprendió un tipo de información relacionada. Una muestra de esto la encontramos en la obra de Ausubel (1968). Este autor trata el proceso de "inclusión correlativa", el cual ocurre, por ejemplo, cuando se adquiere información sobre budismo después de haber aprendido datos acerca de una religión diferente, como el budismo Zen.

Planeamiento de una secuencia para una destreza motora

Las capacidades que constituyen requisitos previos para el aprendizaje de una destreza motora son aquellas destrezas parciales que pueden integrar la habilidad que se va aprender, y la subrutina ejecutiva (la regla compleja) que sirve para controlar la ejecución de dichas capacidades en el orden adecuado. Naturalmente que la importancia relativa de estos dos tipos de requisitos previos depende grandemente de la complejidad de la propia destreza. Tratar de identificar las destrezas parciales de la conducta de lanzar dardos, por ejemplo, probablemente no nos llevaría a un plan de secuencias útil; pero tratándose de una destreza compleja, como la natación, se considera que es una técnica valiosa el practicar las destrezas componentes.

Por lo general, el aprendizaje de la subrutina se sitúa en una etapa temprana del programa de enseñanza de la destreza motora, antes de que se dominen completamente las diversas destrezas parciales. De esta forma, al aprender a lanzar la bala, el sujeto debe adquirir antes la subrutina ejecutiva de aproximarse a la línea, balancear su peso, flexionar un brazo y el cuerpo, y lanzar la bala, aunque su ejecución de los movimientos críticos sea más bien pobre en esta etapa inicial de aprendizaje.

El aprendizaje de destrezas parciales puede requerir condiciones importantes. Por ejemplo, en la habilidad de dispararle a un blanco con un rifle, el concepto concreto de apuntar correctamente se considera una habilidad subordinada, valiosa para la ejecución del acto total. De esta forma, en el plan de enseñanza de una destreza motora no sólo se debe tener en cuenta la práctica previa de destrezas parciales, cuando así sea necesario, sino también, en ocasiones, el ordenamiento adecuado de las propias destrezas parciales.

Planeamiento de un programa de aprendizaje de actitudes

Como sucede con otros tipos de capacidades aprendidas, el aprendizaje o modificación de una actitud requiere hechos previamente adquiridos y almacenados en la memoria del sujeto. Por ejemplo, difícilmente podría establecerse una actitud positiva hacia la lectura de la poesía sin que el sujeto proseyera cierto conocimiento de algunos poemas, o si careciera de algunas de las habilidades lingüísticas necesarias para interpretar el sentido de aquélla. Así pues, en muchas de las actitudes de que se ocupa el aprendizaje escolar, el planeamiento del programa de enseñanza debe tener en cuenta estos tipos de aprendizaje previo.

El fundamento de un programa de enseñanza destinado a establecer una actitud, ha de encontrarse en la información y habilidades intelectuales particulares que pasan a formar parte de la acción personal que se espera que elija el sujeto después de la enseñanza. Por ejemplo, si se trata de que éste adquiera una actitud positiva hacia el hecho de relacionarse con personas de raza diferente a la suya, esta actitud deberá basarse en información concerniente a la índole de estas diversas "relaciones" (participar en juegos, trabajar o comer junto a ellas, etc.). O bien, si se trata de que el sujeto adquiera una actitud positiva hacia la metodología científica, el plan deberá basarse en ciertas capacidades (destrezas) respecto del empleo de estos métodos.

Por tanto, el programa de enseñanza para aprender una actitud suele empezar con el aprendizaje de habilidades intelectuales e información relativa a dicha actitud, y pasa después a la introducción de un procedimiento con el que se trata de establecer la tendencia "positiva" o "negativa" que constituya la actitud misma, como se vio en el capítulo 5.

Cuando se usa el método de modelamiento para modificar las actitudes, y según las circunstancias, acaso sea necesario un paso adicional en el programa. Toda vez que el "mensaje" que representa la actitud necesita originarse en una fuente respetada (generalmente una persona), en ocasiones puede ser necesario establecer o imbuir el respeto que despierta algún otro científico, como Lavoisier, y es más probable que este último sea respetado por el sujeto si se le informa de sus descubrimientos y aportaciones. Por el contrario, una "persona famosa" aún viva, por ejemplo, un héroe de los deportes, tal vez no necesite que se establezca el respeto por su personalidad.

PLANIFICACIÓN DE LA CLASE CON RESPECTO A LOS RESULTADOS DEL APRENDIZAJE

Como base para planificar una *serie* de clases se usa la secuencia de capacidades, ejemplificada por la jerarquía de aprendizaje (para las habilidades intelectuales) o por un conjunto de requisitos definidos (para otros tipos de resultados). La única repercusión que tiene esto en el planeamiento de una *sola* lección, es que el sujeto debe contar con una o más capacidades. Pero no se crea que el planeamiento de cada lección es tan sencillo. ¿Qué hace el estudiante después de haber obtenido cierto conocimiento o habilidad subordinada, y antes de haber adquirido la nueva capacidad? Este intervalo, durante el que ocurre el aprendizaje propiamente dicho, se llena con los tipos de acontecimientos didácticos descritos en el capítulo anterior. Éstos consisten en las acciones de los estudiantes y el maestro, que están encaminadas a producir el aprendizaje deseado. Por cuanto a los pasos de la planificación ya descritos, nuestro estudio se centrará en el paso 6.

Condiciones efectivas de aprendizaje
para los acontecimientos didácticos

El propósito más general que enunciamos para lo que hemos denominado acontecimientos de la enseñanza, es disponer las condiciones externas del aprendizaje de manera que garanticemos que éste ocurra. Como se describió en el capítulo 7, los acontecimientos de la enseñanza se incorporan por lo general a las lecciones. Estos acontecimientos se aplican, en sentido general, a todos los tipos de clase, independientemente de los resultados que con ellos se pretenda obtener. De la misma manera como hemos considerado necesario describir las condiciones de secuencia particulares, pertenecientes a los diferentes resultados de la lección, reconocemos la necesidad de dar cuenta de los acontecimientos particulares que afectan la eficacia didáctica de las lecciones y producen diferentes tipos de resultados. Ello permite traer a cuento las *condiciones de aprendizaje* para varios tipos de resultados del mismo, como se describió en los capítulos anteriores, así como aplicar estos principios a la disposición de las condiciones eficientes para el aprendizaje de una lección.

Las tablas siguientes tienen el fin de reafirmar varias ideas relativas al planeamiento de las clases. En primer lugar, presuponen el sistema general de acontecimientos didácticos descrito en el capítulo anterior, sin darle mayor desarrollo a estas ideas. En segundo, con ellas se describe el procedimiento para llevar a la práctica las condiciones óptimas de aprendizaje específicamente pertinentes a cada clase de objetivo del aprendizaje; en los capítulos 3 y 4 se les llama *condiciones externas* del aprendizaje. Y en tercero, sirven para atender al problema del ordenamiento de la clase, representando como *condición interna* el uso de las capacidades de requisito adecuadas para cada tipo de aprendizaje.

El resultado de este ejercicio de integración es algo así como una lista de verificación de las condiciones favorables al aprendizaje efectivo, que necesitan incorporarse en el sistema general de acontecimientos didácticos para obtener los objetivos de aprendizaje.

Lecciones para los objetivos de habilidades intelectuales. Las condiciones de aprendizaje efectivas para las distintas clases de habilidades intelectuales, reflejadas en el planeamiento de los acontecimientos de una lección, se presentan en la tabla 5. Cada lista de condiciones de la segunda columna comienza con una frase que define la capacidad previamente aprendida que deberá recordarse, tomada frecuentemente de una lección anterior en el programa. La lista prosigue con las condiciones que habrán de reflejarse en otros acontecimientos didácticos (como presentar el estímulo, orientar el aprendizaje, producir la ejecución del estudiante, etc.). Al interpretar la in-

Tabla 5. *Condiciones eficientes de aprendizaje que se incorporan a las lecciones que comprenden objetivos de capacidad intelectual*

Tipo de objetivo de la lección	Condiciones de aprendizaje
Discriminación	Recuerdo de las asociaciones E-R ("respuestas") Repetición de situaciones en que se presentan los "mismos" y "diferentes" estímulos con retroalimentación Insistencia en las características distintivas
Concepto concreto	Recuerdo de la discriminación de las cualidades pertinentes del objeto Presentación de varios casos del concepto, que varíen en cuanto a las cualidades accesorias del objeto Identificación de casos del concepto por parte del estudiante
Concepto definido	Recuerdo de los conceptos componentes Demostración de los componentes del concepto *o* enunciación verbal de la definición Demostración del concepto por parte del estudiante
Regla	Recuerdo de los conceptos componentes o las reglas subordinadas Demostración o enunciación verbal de la regla Demostración de la aplicación de la regla por parte del estudiante
Regla de orden superior	Recuerdo de las reglas subordinadas pertinentes Presentación de un problema nuevo Demostración de una nueva regla para resolver problemas

formación de esta columna puede serle de utilidad al lector repasar lcs enunciados de las condiciones de aprendizaje externas e internas para estos tipos de objetivos, como se describieron en el capítulo 3.

Lecciones para los objetivos de estrategias cognoscitivas. Al principio de la tabla 6 se enumeran las condiciones planificadas para alentar el aprendizaje efectivo de las estrategias cognoscitivas. La lista se refiere particularmente al aprendizaje de estrategias para pensar productivamente y solucionar problemas. Las condiciones externas e internas para aprender estrategias cognoscitivas se estudiaron en el capítulo 3.

Lecciones para objetivos de información, actitudes y destrezas motoras. En la planificación de acontecimientos didácticos para las lecciones que tengan objetivos de las clases de resultado designadas como información, actitudes y destrezas motoras, se necesita tener en cuenta las condiciones particulares de aprendizaje efectivo que se muestran en las secciones corres-

Tabla 6. *Condiciones eficientes de aprendizaje que se incorporan a las lecciones que comprenden objetivos de estrategias cognoscitivas, información, actitudes y destrezas motoras*

Tipo de objetivo de la lección	Condiciones de aprendizaje
Estrategia cognoscitiva	Recuerdo de las reglas y conceptos pertinentes Presentación sucesiva (de ordinario durante un tiempo largo) de las situaciones problema novedosas, con clases de soluciones inespecíficas Demostración de la solución por parte del estudiante
Información Nombres o rótulos	Recuerdo de cadenas verbales Codificación (realizada por el estudiante) por medio de la cual se relaciona el nombre con la imagen o la oración significativa
Hechos	Recuerdo del contexto de la información significativa Desempeño consistente en volver a colocar el hecho en el contexto de información más amplio
Conocimiento	Recuerdo del contexto de la información relacionada Desempeño consistente en volver a colocar el nuevo conocimiento en el contexto de la información relacionada
Actitud	Recuerdo de la información y las capacidades intelectuales pertinentes a las acciones personales fijadas como meta Establecimiento o restablecimiento del respeto por la "fuente" (de ordinario una persona) Recompensa de la acción personal, ya sea mediante la experiencia directa o sustituyéndola con la observación de la persona respetada
Destreza motora	Recuerdo de las cadenas motoras componentes Establecimiento o recuerdo de la subrutina ejecutiva (reglas) Práctica de la destreza total

pondientes de la tabla 6. Se derivan estas listas del estudio más completo de las condiciones externas e internas del aprendizaje que se presenta en el capítulo 4.

SELECCIÓN DE MEDIOS Y ACTIVIDADES

En el método de ocho pasos para un planeamiento de las lecciones, descrito anteriormente en este capítulo (pág. 158), el paso 6 corresponde al planeamiento de los acontecimientos de la enseñanza. Pasemos ahora al paso 7: elección de los medios, materiales y ejercicios.

No es nada raro que el maestro seleccione los materiales y ejercicios para la lección, en lugar de escribir o elaborar todos los materiales que empleará para habilitar cada acontecimiento didáctico. En la clase de física elemental que se usó antes como ejemplo, los alumnos, por su edad, no podían leer materiales impresos. El maestro dirigió los diversos acontecimientos hablando con los niños y proporcionándoles los materiales que necesitaban para resolver el problema que se les planteaba. Sin embargo, para tener en cuenta toda la diversidad de edades y experiencia de los alumnos se necesita considerar todo tipo de medios y materiales de que se dispone o que pudieran producirse para la lección.

Al preguntarse: "¿cómo pueden lograrse mejor las condiciones de aprendizaje efectivas para cada acontecimiento didáctico?", el planificador dispone de muchas bases para elegir medios, materiales y ejercicios. Entre estos criterios están el costo, la disponibilidad, la facilidad de uso, la eficacia estimada para el propósito, el carácter práctico de uso y almacenamiento, la familiaridad con los tipos de medios disponibles, los problemas de mantenimiento previstos y la probabilidad de que sean aceptados por los alumnos.

Elección de los medios

Una forma de elegir los medios consiste en preguntarse: "¿qué tipos de estímulo serían necesarios para este acontecimiento didáctico?". Si se puede decidir al respecto, entonces se nos presentan algunos medios opcionales que podemos tomar en consideración; al mismo tiempo pueden excluirse de una vez otros medios. Conforme a este enfoque, se hace una tentativa, se aparta el medio elegido para cada acontecimiento didáctico, y después se repasa la lista provisional de medios antes de hacer las elecciones finales. Con este método la elección de los medios se basa en los acontecimientos didácticos que ocurren *dentro* de las lecciones, y no al nivel de la clase, el tema ni el curso. Briggs (1972) nos da ejemplos de dicho método de elegir los medios.

Tipo de estímulo	*Medios opcionales*
1. Palabras impresas	libros, enseñanza programada, volantes, cartas, proyectores de diapositivas, carteles, pizarrón, listas de verificación;
2. Palabras habladas	maestro, grabaciones;

3. Fotografías y palabras habladas   cintas de deslizamiento, conferencia
                                             y carteles;

4. Movimiento, palabras habladas y   películas, televisión, demostraciones
   otros sonidos   en vivo;

5. Representación pictórica de con-   películas animadas, títeres y deco-
   ceptos teóricos   rados.

Para elegir los medios conviene también considerar el "Cono de la experiencia" de Dale (1969). Se enumeran, más o menos a la edad, doce clases de medios y ejercicios; de esta forma, en el nivel 1, "experiencia intencional directa", el niño se pone en contacto físico con los objetos, animales y personas, empleando todos sus sentidos para "aprender haciéndolo". Conforme se avanza en la escala, pueden emplearse otros sustitutos simbólicos para simular ciertas experiencias. En la parte superior del cono tenemos el uso de "símbolos verbales", que nos indica el aprendizaje mediante la lectura, método eficiente para los estudiantes experimentados. Una buena regla para usar el Cono de Dale es: "lléguese tan abajo en la escala como se necesite para garantizar el aprendizaje; pero lléguese tan alto como se pueda para obtener el aprendizaje más eficiente".

Considerando los factores opuestos de "lento, pero seguro" (experiencia directa y tardada) y "rápido, pero arriesgado" (lo que sucede generalmente cuando los estudiantes no son lectores diestros), puede uno decidir el punto preciso de la escala para tomar la decisión acerca de los medios.

Las categorías de Dale son las siguientes:

12. Símbolos verbales.
11. Símbolos visuales: signos, figuras de palo.
10. Radio y grabaciones.
 9. Fotografías.
 8. Películas de cine.
 7. Televisión educativa.
 6. Exhibiciones.
 5. Viajes de estudio.
 4. Demostraciones.
 3. Experiencias teatrales: obras de teatro, marionetas, actuación de papeles.
 2. Experiencias artificiales: modelos, maquetas, simulación.
 1. Experiencia intencional directa.

Por desgracia, la investigación no ha arrojado datos que nos permitan librarnos de hacer generalizaciones acerca de los medios, como cuando decimos "la mejor forma de aprender biología es —————————", o "lo mejor para que aprendan los sujetos lentos es —————————". Las diferencias individuales entre los estudiantes y los temas de enseñanza son demasiado numerosas y diversas como para permitirnos reglas tan simples para la toma de decisiones. Por tanto, debe emplearse el buen juicio al idear la manera de introducir cada acontecimiento de la enseñanza en el plan de la lección. Al hacerlo puede ser recomendable elegir medios independientes para cada acontecimiento; por otra parte, puede ser factible usar un solo medio de manera que se introduzcan todos los acontecimientos para la lección.

El supuesto ambiente de aprendizaje. Otro conjunto de factores de la elección de medios se basa en consideraciones administrativas y no en los aspectos técnicos. La viabilidad de emplear los medios varía según las características del ambiente de aprendizaje: *a*) presupuesto de la escuela; *b*) tamaño del grupo; *c*) capacidad de elaborar materiales nuevos; *d*) disponibilidad de radio, televisión y otros materiales didácticos; *e*) capacidades del maestro y existencia de un proyecto de planificación educativa; *f*) disponibilidad de los materiales modulares para la enseñanza individualizada basada en la ejecución; *g*) actitudes del director y los maestros hacia las innovaciones, y *h*) diseño arquitectónico de la escuela.

Al desempeñarse como planificadores de la enseñanza, algunos maestros se aventuran a ser innovadores dentro de una escuela tradicional; otros evitan "mover peligrosamente el barco". Sería sensato investigar cuáles son las actitudes de los administradores y descubrir con mucho tiento si pueden cambiarse las mismas. Un maestro en tal posición quizá hasta tenga que tomar la decisión deliberada de arriesgar o no la seguridad de su trabajo en aras de una enseñanza innovadora; muchos maestros despedidos han sido los más innovadores de su escuela. Éste es un hecho desafortunado y difícil de remediar. No obstante, observando lo que sucede es posible descubrir si las innovaciones que se intentan pueden ser bienvenidas.

Elección o elaboración de los materiales y ejercicios de aprendizaje

Identificados los tipos de medios, materiales y ejercicios de aprendizaje deseados, necesita uno preguntarse si dispone de ellos o debe elaborarlos. Tal vez en ocasiones se disponga de ellos, pero no en la forma deseada; esto nos lleva a decidir si ha de emplearse la lección tal como está, modificarla o elaborar un nuevo ítem. A veces algunos de los ítemes "del archivero" pueden integrarse en un "módulo" que puede usarse para enseñar la capacidad que se desea. Esto requiere frecuentemente planificar y preparar algunos componentes suplementarios como los objetivos, ejercicios prácticos y pruebas. Hacer parte de un módulo representa menos trabajo que hacerlo completo, y tal vez no siempre se disponga de tiempo para elaborar materiales completamente nuevos. No es raro que tenga uno que hacer concesiones. Ya sea que se compren, elaboren o modifiquen, el propósito de todo el conjunto de recursos es poner en práctica los acontecimientos didácticos identificados, para garantizar que los estudiantes alcancen los objetivos.

El ensayo y la evaluación formativa

El paso final es usar los materiales y planes integrados para exponer la lección. Tales ensayos nos dan la información necesaria para revisar el material o cambiar la organización de los acontecimientos didácticos. Estos procedimientos se estudiarán en los capítulos 9 y 12.

UN EJEMPLO DE PLANEAMIENTO DE LECCIÓN

El ejemplo de planeamiento de lección que describiremos es una versión condensada y modificada de un plan de Carol Robb, que puede encontrarse en su versión íntegra en otra publicación (Briggs, 1972; págs. 140-177).

Esta lección forma parte de un programa de periodismo en una escuela de segunda enseñanza, definido como "la labor de reunir noticias, escribir reportajes, hacer el formato y publicar un periódico". El curso de "Introducción al periodismo" es un requisito para los estudiantes que desean trabajar en el periódico de la escuela. La capacidad que se requiere para entrar al curso consiste en poder escribir a máquina lo suficientemente bien para que el estudiante presente sus propios reportajes a un editor o impresor. Aunque la velocidad no es indispensable, sí lo son la precisión y la limpieza del trabajo.

El *objetivo del curso* es que "el estudiante pueda reunir noticias, escribirlas en forma aceptable y componer el manuscrito que habrá de publicarse. Empleará los métodos estándar de los formatos de periódicos y colocación de los artículos según su interés periodístico. Será capaz de diferenciar las noticias y los artículos. Podrá escribir encabezados, evitar el libelismo, y formular su concepto de la función filosófica de un periódico en nuestra sociedad. Será capaz de identificar los deberes que se tienen en cada puesto de una organización periodística común y corriente".

Como puede suponerse por esta descripción del curso, uno de los primeros temas trata las siguientes capacidades: "el estudiante podrá presenciar un acontecimiento, decidir si es publicable, anotar los hechos importantes, escribir una noticia basada en el criterio de «¿quién, qué, cuándo, dónde, por qué?» y elaborar su manuscrito y mecanografiarlo para mandarlo publicar". Los componentes de este tema se expresan en términos de ejecución como propósitos del tema, incluyendo:

1. Observar y tomar notas sobre el acontecimiento real o imaginario (película o videotape).

2. Decidir si la noticia es publicable y si reúne los criterios, registrando los hechos necesarios y comprobando su veracidad.

3. Usar sus notas para escribir la noticia.

4. Darle forma para que sea publicado.

Para el objetivo 3 del tema se elaboró una jerarquía de aprendizaje que contenía, entre otros, los siguientes objetivos conductuales:

a) Dadas las notas sobre un acontecimiento publicable, demuestra que puedes escribir una noticia de interés.

b) Con las notas y la noticia de interés, demuestra que puedes organizar el artículo en forma "piramidal".

c) Dados a y b, escribe la noticia usando las normas de brevedad e interés.

Es evidente que escribir una noticia interesante requiere la capacidad de clasificar una "entradilla" * y distinguirla del resto de la narración. En este caso, el planificador indicó la forma de una sola lección para el objetivo subordinado: *"dada una noticia, clasificar la «entradilla» subrayándola"*. En otras palabras, se planificó esta clase en particular para enseñar el concepto definido de "entradilla". Teniendo en cuenta los acontecimientos didácticos y las condiciones de aprendizaje apropiadas para tal objetivo (tabla 5, pág. 167), se dispusieron los siguientes acontecimientos de la lección:

1) Enunciar el objetivo de la lección.

1) El maestro le explica a la clase que aprenderá lo que es una "entradilla". La meta es *escribir* entradillas, aunque por ahora los estudiantes únicamente necesitan *reconocerlas*.

2) Comunicar al estudiante el objetivo, dándole un modelo de ejecución.

2) El maestro proyecta una diapositiva con una noticia breve. Las frases subrayadas constituyen la noticia principal. Se informa a los estudiantes que al final de la clase se les pedirá que subrayen las noticias sobresalientes en otros reportajes.

3) Orientación al aprendizaje.

3) El maestro le pide a la clase que trate de explicar por qué la parte subrayada de la diapositiva es la

---

* Parte medular de una noticia periodística, generalmente contenida en el primer párrafo de la información. [*N. del T.*]

"entradilla". Se especula sobre lo que significa en este contexto dicho término; se hacen algunos intentos de definirlo.

4) Orientación al aprendizaje: dar una definición verbal.

4) El maestro define ahora la entradilla como la *primera parte* de la noticia, donde se da un *bosquejo* de la *noticia completa* en el *menor número de palabras posibles.*

5) Orientación al aprendizaje: dar toda una variedad de ejemplos.

5) En seguida el maestro proyecta varias diapositivas y distribuye algunas noticias de una página.

6) Presentación del estímulo y provocación de la conducta.

6) El maestro pide a los estudiantes que verifiquen las entradillas para "practicar" artículos. Ellos responden señalando en la pantalla o subrayando en el papel.

7) Retroalimentación.

7) El maestro confirma y corrige conforme sea necesario.

8) Evaluación del logro del objetivo.

8) Se da un grupo de tres noticias cortas; los estudiantes subrayan las entradillas a manera de prueba de ejecución durante la lección.

Comentario del ejemplo

Está claro que esta lección podría haberse presentado de manera un tanto diferente, sin comenzar por definir su objetivo como el aprendizaje de un concepto definido. Algunos maestros pueden llevarse mucho tiempo con el paso 3, esperando que sus estudiantes lleguen a "descubrir" la definición de entradilla. Este plan permite tal enfoque; no obstante, permite que, en caso de que los comentarios de los estudiantes no sean adecuados, el maestro pueda darles la definición verbal para ahorrar tiempo.

El empleo de ejemplos diversos generalmente es importante para una lección así, cuando se pretende asegurar que la capacidad aprendida se generalice a situaciones nuevas. Naturalmente, es concebible que la sola definición verbal baste para permitir a algunos estudiantes aplicar consistentemente la regla.

Otra modalidad de la lección es un tanto más prescriptiva, y depende de aplicar *criterios formales* para identificar una entradilla aceptable. En este otro plan se introduciría, después del paso 2, el acontecimiento de "estimular el recuerdo del aprendizaje previo". En tal caso el maestro estimularía seis recuerdos: quién, qué, cuándo, dónde, por qué y cómo; podrá indicar que una buena entradilla debe contenerlos todos o casi todos. Para esta forma de lección se enumeran los criterios formales de una entradilla, en el plan elaborado (Briggs, 1972, pág. 173).

Puede advertirse que, puesto que el objetivo de esta lección es "clasificar la entradilla de un artículo conforme a la definición", para evaluar se requiere un desempeño apropiado, y no enunciar la definición de entradilla. Este enunciado podría aprenderse como un ítem de información y no satisfaría el objetivo de la lección. En ningún momento de la clase se le pide a los estudiantes que enuncien la definición, sino que identifiquen varias entradillas "reales" antes de que sean evaluadas sus ejecuciones.

RESUMEN

En este capítulo describimos el procedimiento que debe seguir el planificador de una lección. Los pasos del planeamiento de ésta se delinean de la siguiente manera:

Paso 1. Organizar el curso en unidades y sistemas principales, y definir objetivos de la clase correspondientes a cada uno de ellos.

Paso 2. Identificar las capacidades representadas en los objetivos de la lección.

Paso 3. Planificar un sistema de enseñanza para tener en cuenta el aprendizaje de requisito.

Paso 4. Identificar el tipo de capacidad representada en cada objetivo subordinado de lección.

Paso 5. Elegir un solo objetivo que se ajuste al tiempo disponible para la clase.

Paso 6. Evaluar un plan de estudios para cada objetivo, considerando la propiedad de los acontecimientos didácticos y las condiciones de aprendizaje efectivas asociadas con ellos.

Paso 7. Identificar un medio de enseñanza que permita establecer mejor las condiciones efectivas de aprendizaje para cada acontecimiento, y elegir el medio o combinación de medios que permitan desempeñar mejor la tarea total.

Paso 8. Elaborar los resultados del aprendizaje en función del desempeño del alumno, y hacer las revisiones pertinentes hasta lograr un grado de eficacia satisfactorio.

Se planifica la lección para que armonicen el objetivo de aprendizaje y la forma de enseñarlo y para evaluar el resultado. Se llevan a cabo ensayos y mediciones (evaluación formativa), de ser necesario, a fin de mejorar la lección para el siguiente grupo de alumnos o, de ser posible, hacer ajustes mientras se le enseña al grupo original. Establecer la congruencia entre objetivos, materiales y procedimientos didácticos y los procedimientos de evaluación, se considera aquí como el logro de los "tres puntos fundamentales" del planeamiento de la lección: a) ¿cuál es el objetivo?; b) ¿cómo lo conseguiré?, y c) ¿cómo sabré cuando lo he logrado?

Cuando se siguen los procedimientos de planeación descritos en el libro, para una empresa ambiciosa de elaboración del plan de estudios, los pasos que hemos identificado ayudan a administrar y organizar el trabajo de un numeroso grupo de personas. Una forma de llevar a cabo esto consiste en asignar conjuntos de objetivos a cada miembro del grupo. Otra es hacer que los miembros del grupo se especialicen en los diferentes pasos del plan. En ciertos casos puede aplicarse alguna combinación de los dos planes. La labor en el grupo puede facilitarse con formatos especialmente elaborados para el caso (Briggs, 1970, 1972).

Hasta ahora hemos descrito técnicas, algunas de las cuales serían apropiadas para grupos numerosos, y algunas otras para el caso del maestro-planificador que trabaja solo. En este capítulo acerca de la lección, hemos tenido en cuenta especialmente al maestro. Por el contrario, en los capítulos 10 y 11 se tratarán los sistemas totales de enseñanza y, en este caso, supondremos la existencia de un grupo de planificadores que puedan emprender una tarea más ambiciosa.

REFERENCIAS BIBLIOGRÁFICAS

AUSUBEL, D. P. *Educational psychology: A cognitive view.* Nueva York: Holt, Rinehart & Winston, 1968.

BRIGGS, L. J. *Handbook of procedures for the design of instruction.* Pittsburgh, Filadelfia: American Institutes for Research, 1970.

BRIGGS, L. J. *Student's guide to handbook of procedures for the design of instruction.* Pittsburgh, Filadelfia: American Institutes for Research, 1972.

CROVITZ, H. E. *Galton's walk.* Nueva York: Harper & Row, 1970.

DALE, E. *Audiovisual methods in teaching,* 3a. edición. Nueva York: Holt, Rinehart & Winston, 1969.

FRASE, L. T. Boundary conditions for mathemagenic behaviors. *Review of Educational Research,* 1970, *40,* 337-347.

MAGER, R. F. *Developing attitudes toward learning.* Belmont, California: Lear Siegler/Fearon, 1968.

ROTHKOPF, E. Z. The concept of mathemagenic activities. *Review of Educational Research,* 1970, *40,* 325-336.

9

Evaluación de las ejecuciones realizadas por el estudiante

Se planifica la enseñanza para producir el aprendizaje de diversos tipos de capacidades. Éstas se nos revelan en la mejor ejecución que muestra el estudiante. Aunque gran parte del aprendizaje tiene lugar fuera de la escuela y mucho de él resulta del propio esfuerzo del estudiante, la escuela es responsable de organizar y proporcionar la enseñanza dirigida hacia metas específicas: aquellas que no se lograrían con una manera menos organizada.

Los resultados de esta enseñanza planificada consisten en ejecuciones indicativas de que el estudiante ha adquirido diversos tipos de capacidades. En los capítulos anteriores se identificaron y estudiaron cinco tipos de ellas: habilidades intelectuales, estrategias cognoscitivas, información, destrezas motoras y actitudes. Los objetivos de ejecución de estas categorías, aplicables a un curso de enseñanza, pueden analizarse más a fondo para descubrir sus "estructuras de aprendizaje" internas. Éstas, a su vez, pueden llegar a ser la base para determinar el programa particular de clases y planificarlas.

Tanto el planificador de la enseñanza como el maestro deben disponer de una manera de determinar el éxito de la enseñanza con base en la ejecución de cada estudiante y de los grupos en general. Existe la necesidad de evaluar la ejecución del estudiante para determinar si la enseñanza que se planificó ha llegado a su objetivo (de planeamiento). La evaluación puede llevarse a cabo también para comprobar si cada estudiante ha logrado obtener las capacidades definidas por los objetivos de la enseñanza. Ambos propósitos pueden satisfacerse elaborando procedimientos para evaluar la ejecución del estudiante, lo que constituye el tema de este capítulo.

ELABORACIÓN DE PROCEDIMIENTOS
PARA LA EVALUACIÓN REFERIDA AL OBJETIVO

El término *evaluación referida al objetivo* se usa en un sentido literal distintivo en el contexto de este libro. Se quiere dar a entender que la forma de evaluar el aprendizaje consiste en elaborar pruebas u otros procedimientos de evaluación que permitan medir directamente las ejecuciones descritas en los objetivos del curso. Tales medidas conductuales hacen posible inferir que la capacidad deseada se ha formado realmente a resultas de la enseñanza que se administró. Pueden ponerse pruebas similares antes de comenzar la enseñanza (prepruebas), y tomar las medidas pertinentes para permitirles a los estudiantes omitir el estudio que no les sea necesario. Normalmente el maestro pone pruebas únicamente en relación con las "capacidades supuestas" antes de iniciar la enseñanza, y evalúa la ejecución con respecto al objetivo sólo después de la enseñanza (es decir, mediante una *posprueba).* Un método intermedio y cómodo podría consistir en que el maestro permitiera a cualquier alumno que considere dominar el objetivo antes de la enseñanza, someterse a la prueba que reflejara dicha meta, como una *preprueba,* y lo eximiera de tal parte del estudio en caso de que lo aprobara.

El *objetivo* de ejecución es la clave para planificar la evaluación de la misma. Ya indicamos la importancia crítica del *verbo* en el enunciado que describa correctamente el objetivo (tabla 3, capítulo 5). El verbo es igualmente importante como fundamento para planificar la evaluación de la ejecución. Tales verbos nos dicen lo que debe pedírsele al estudiante que *haga* al resolver la prueba de evaluación de su ejecución. En tanto que la parte de la prueba que consta de "instrucciones al estudiante" puede incluir sinónimos del verbo, para hacer una evaluación válida debe pedírsele que muestre la ejecución señalada en dicho objetivo.

Concordancia del objetivo con la prueba: validez

La orientación referida al objetivo simplifica enormemente el concepto de "validez", por lo que toca a la medición de la ejecución. Esta forma de evaluación redunda en una medición directa del objetivo. Se elimina así la necesidad de relacionar las medidas objetivas con el criterio, por medio de un coeficiente de correlación, como de ordinario debe hacerse cuando se empleen medidas indirectas o se elaboren pruebas sin relación con cualesquier objetivos conductuales. Por tanto, se puede establecer si una prueba es válida, por inspección, haciendo la siguiente pregunta: "¿es igual la ejecución que se requiere durante la evaluación a la descrita en el objetivo?".

Si la respuesta es claramente afirmativa, entonces la prueba será válida. En la práctica se recomienda que este juicio sea hecho por más de una persona y es preciso que se obtenga consistencia entre ellas.

La validez está garantizada cuando el procedimiento de evaluación da como resultado la medida de la ejecución descrita en el objetivo. Esto sucede cuando la prueba y el objetivo son *congruentes*. Conforme a lo que decíamos en el capítulo 8, cuando las pruebas son congruentes con los objetivos se satisfacen dos de los tres "aspectos fundamentales" del planeamiento de la enseñanza.

No obstante cabe hacer aquí una advertencia. Este método de determinar la validez presupone que el enunciado del objetivo tiene validez propia, en el sentido de que refleja auténticamente los propósitos del tema o lección. Los procedimientos para definir los objetivos descritos, en el capítulo 5, tienen la mira de asegurar que esto se cumpla. Con todo, tal vez haya que confirmar todavía la correspondencia entre los objetivos específicos y los propósitos enunciados de manera más amplia. A veces las inconsistencias se hacen obvias cuando se transforman los enunciados de los objetivos en pruebas de ejecución.

Debe tenerse en cuenta que la palabra "prueba" se usa aquí en sentido genérico, para indicar cualquier procedimiento de evaluación de la ejecución descrita en un objetivo. De esta forma, el uso de la palabra "prueba" puede abarcar todas las formas de prueba, escritas y orales, así como los procedimientos para evaluar los trabajos del estudiante: ensayos, producciones musicales, modelos construidos u obras de arte. Elegimos el término "evaluación" para referirnos a la medida de la ejecución del estudiante, y no a las "pruebas de aprovechamiento". Este último término se asocia frecuentemente con las medidas referidas a la norma, que serán tema de estudio en otra parte de este capítulo. En este momento, empero, "prueba" y "evaluación" se aplican a la medición de la ejecución referida al objetivo.

Algunos de los objetivos de ejecución consignados en el capítulo 5 pueden usarse para ilustrar la manera como pueden hacerse juicios sobre la validez de la prueba. En principio nos ocuparemos primordialmente de dos de las cinco partes del enunciado del objetivo: los dos verbos que describen la *capacidad* por aprenderse y las *acciones* del estudiante para demostrar esta capacidad. Más adelante se relacionarán otras partes del objetivo con la evaluación de la ejecución.

En primer lugar, consideremos el ejemplo de *redactar* una carta y mecanografiarla. La palabra "redactar" es la clave de que durante la prueba el estudiante debe elaborar su propia carta, y no mecanografiar una forma diferente que haya compuesto otra persona. Está claro que el estudiante debe emplear esta capacidad de redactar un cierto tipo de carta dentro de los límites de la situación descrita en el objetivo. En otro objetivo relacionado con mecanografiar, el estudiante recibe una carta manuscrita hecha por otra persona. Estos dos objetivos relacionados con cartas de negocios son muy diferentes. Se requiere, por un lado, únicamente la destreza de mecanografiar una carta ya redactada y, por el otro, se exige también la capacidad de redactarla. De esta manera se tienen muestras de dos tipos de capacidad (destreza motora y habilidad intelectual).

En otro ejemplo tomado del capítulo 5, el estudiante debe *demostrar* el uso de una regla encontrando la incógnita de la ecuación. El hecho de copiar el valor faltante de un libro, o de recordar el valor por haber visto antes el problema resuelto, no constituiría una prueba válida de su capacidad. Al elaborar una prueba debe tenerse cuidado de usar diferentes ejemplos de los que se emplearon en el momento de enseñar, para reducir al mínimo la probabilidad de que la respuesta correcta sea proporcionada por medios diferentes de los que se buscan en el proceso intelectual.

En cualquier caso en que el estudiante deba probar su dominio de un concepto, deberá *identificarlo* escribiendo la primera letra del mismo (nombre) en un espacio en blanco. Esto no es igual que copiar la primera letra ni que deletrear el nombre del concepto. También difiere de la conducta de explicar cómo puede usarse éste. Cualquiera de estos dos últimos ejemplos puede resultar una conducta útil, pero no reflejarán el propósito que se persigue, ni en cuanto a la capacidad que se requiere ni en lo que respecta a la acción que nos indica la existencia de la capacidad.

Briggs (1970, capítulo IV) nos proporciona ejercicios para juzgar la validez de ítemes de prueba comparándolos con los correspondientes objetivos conductuales.

Planeamiento de la situación de prueba

La forma de objetivos conductuales descrita en el capítulo 5 nos sirve de fundamento para derivar la situación de prueba. Se recordará que los cinco componentes del enunciado del objetivo son: *a*) la situación; *b*) la capacidad aprendida; *c*) el objetivo; *d*) la acción, y *e*) los instrumentos y limitaciones. Tal enunciado nos describe también la situación que se empleará para la prueba.

Con ciertos tipos de objetivos y estudiantes no demasiado jóvenes, el hecho de cambiar únicamente unas cuantas palabras puede hacer que el enunciado del objetivo se convierta en una prueba. Por ejemplo, se podría establecer el objetivo de redactar y mecanografiar una carta presentándosela al alumno en las "instrucciones para efectuar la prueba". Aparte de esto, habría que darle al alumno la "carta recibida", una máquina de escribir eléctrica, hojas en blanco y papel carbón. También se le darían instrucciones a la persona que habilitara la prueba, para que proveyera al estudiante de un medio de prueba favorable (supervisado), tomara el tiempo y le avisara al estudiante cuando hubiese terminado el lapso permitido. Tratándose del objetivo de demostrar la sustitución de factores de una ecuación en otra, casi todo lo que el administrador de la prueba (maestro) necesitaría, sería presentar dos ecuaciones de la forma apropiada y esclarecer si el estudiante debe escribir sus respuestas en la misma página o en una de respuestas aparte. Debe informarse cuál es el objetivo de manera que el alumno entienda cómo tiene que resolver los "problemas", es decir, empleando la propiedad conmutativa de la multiplicación.

Así pues, está claro que preparando objetivos más adecuados a los lineamientos dados en el capítulo 5, al planificar la prueba quedarán por tomarse menos decisiones, y tendrán que dársele al estudiante también menos "instrucciones". Los enunciados de objetivos, como se preparan para uso del planificador o el maestro, se emplean también para definirle al estudiante la mayor parte de las situaciones de prueba. Naturalmente que los objetivos y los ítemes de prueba derivados de ellos tendrán que presentarse en términos más sencillos cuando se trabaje con niños, ya sea para comunicarles el propósito de la lección o para verificar su aprovechamiento una vez terminada la clase.

Algunas precauciones. Deben hacerse ciertas advertencias respecto del empleo de los objetivos para planificar pruebas. Mientras más incompletos sean los enunciados de los objetivos, mayor será el número de precauciones necesarias, ya que será más grande el *espacio* que habrá que llenar al pasar del objetivo a la situación de prueba.

1. Deberá evitarse el empleo de verbos que cambien el sentido, ya sea de la *capacidad* o de la *acción* descrita en el objetivo. Cuando se necesiten sinónimos o explicaciones más simples para convertir el objetivo en una prueba, los nuevos enunciados deberán revisarse para ver si concuerdan con el propósito del objetivo. Habrá que tener particular cuidado de no cambiar de una respuesta que el estudiante deba elaborar para sí mismo, a otra que simplemente deba elegir, seleccionar o recordar. Si el objetivo consiste en "definir una posición y defenderla", se entiende que sólo podrá hacerlo de manera oral o escrita, y no eligiendo las respuestas de una prueba de elección múltiple. Usando los verbos modelo de la tabla 3 puede evitarse la ambigüedad que representa "adivinar" el sentido de los verbos confusos usados en los objetivos deficientemente enunciados. De todos modos, se debe tener mucho cuidado para establecer los sentidos precisos de verbos como "resumir", "definir", "enumerar", "analizar", "completar", etc., excepto en el caso de los verbos en gerundio que denotan la acción precisa que se espera. Al revisar de esta manera un objetivo se encuentra a veces que necesita cambiarse éste. En tal caso deberá efectuarse el

cambio antes de planificar la enseñanza y de emplear el enunciado, ya sea del objetivo de la lección o cuando se le utiliza como parte de las instrucciones para la prueba.

2. Deberán evitarse cambios de otros elementos del objetivo, excepto cuando se necesiten para simplificar las instrucciones que se le dan al estudiante respecto de la manera de tomar la prueba. Es decir, a menos que se quiera hacer un cambio deliberado, la situación, el objeto y los instrumentos y otras limitaciones, al igual que los dos verbos que denotan la capacidad y la acción, deberán ser congruentes con el objetivo y la prueba. Puede darse el caso de que los cambios sean tan grandes que por ello la prueba exija a los estudiantes capacidades que aún no se les han enseñado. Cuando la peor de las incongruencias se da entre el objetivo y la prueba, pueden especificarse en ambos las capacidades pertenecientes a diversas clases de aprendizaje. En tal situación, si hubiera que dirigir la enseñanza hacia un objetivo de otra clase más, habría un máximo de incongruencia entre los tres puntos fundamentales. Resultados reveladores acerca de esta advertencia podrían obtenerse pidiéndole a los maestros o planificadores que en tres ocasiones independientes elaboraran sus "objetivos", "exámenes" y "planes de lección". ¿Es un hallazgo inconcebible que los objetivos consistan en "apreciar", mientras que la enseñanza contiene "hechos" y en los exámenes se requiere el "uso de conceptos y reglas"?

3. Las pruebas no deben hacerse ni más "fáciles" ni más "difíciles" que los objetivos. Estos términos no necesitan emplearse al probar la variedad referida al objetivo. El fin es representar el objetivo con precisión, y no estimar la forma de hacer las pruebas lo suficientemente difíciles.

4. Con la prueba no debe tratarse de lograr una extensa escala de calificaciones, ni tampoco una distribución "normal" de las mismas; se pretende "discriminar" entre los estudiantes. Es decir, las pruebas no se hacen con el fin de encontrar que las puntuaciones del estudiante A son más elevadas o menores que las del estudiante B; muy al contrario, su propósito es descubrir los objetivos que han aprendido ambos estudiantes.

EL CONCEPTO DE DOMINIO

Para introducir el concepto de *dominio* de los resultados del aprendizaje (Bloom, 1968) hay que atender al desarrollo de la enseñanza y a la evaluación de ésta. En la enseñanza tradicional, tanto el maestro como los estudiantes esperan que únicamente unos cuantos alumnos aprendan con la eficacia suficiente para obtener la máxima calificación (A, por ejemplo) en el tema o curso. El resto tendrá un aprovechamiento aceptable, por ejemplo para obtener una C, o "reprobará". Cuando las puntuaciones de las pruebas se representan como distribuciones de frecuencia, se forma una "curva normal" y se asignan diversos porcentajes de estudiantes a varios grados característicos de ciertas letras.

Al comentar las repercusiones de este sistema de evaluación, Bloom, Hastings y Madaus (1971, pág. 43) observan que las expectativas así establecidas tienden a fijar las metas académicas de maestro y estudiante a niveles inapropiadamente bajos, y con ello se reduce la motivación de ambos. El método educativo que produce estos efectos es la enseñanza que se desarrolla "conforme a la velocidad del grupo", en la cual todos los estudiantes deben tratar de aprender a la misma velocidad y con el mismo método de enseñanza. Cuando se fijan tanto el ritmo como el método de enseñanza, el aprovechamiento de cada alumno pasa a ser primordialmente una función de su aptitud; pero si se pueden variar tanto el método como la velocidad de enseñanza entre los alumnos, habrá más probabilidades de que un mayor número de éstos tengan éxito en su aprendizaje.

Es más fácil establecer los medios que permiten que varíe la *velocidad* de aprendizaje entre los estudiantes, que pronosticar el *método* de aprendizaje que los beneficiará al máximo. Y, naturalmente, existen límites económicos y de otras índoles: no se le puede dedicar un método especial a cada uno de los estudiantes. La enseñanza modular individualizada puede hacerse cargo del problema de la velocidad y, hasta cierto punto (cuando se dispone de otros materiales o métodos), también del problema del "estilo" de aprendizaje. Las características de diagnóstico que posee la evaluación individualizada también permiten ayudar al estudiante para que dirija adecuadamente sus esfuerzos.

El aprendizaje de dominio supone esencialmente que, si se establecen las condiciones adecuadas, acaso el 90 o 91% de los estudiantes podrá dominar la mayor parte de los objetivos en la misma medida que solamente alcanzan los "buenos estudiantes". De esta forma, el concepto de aprendizaje de dominio elimina la idea de los estudiantes que sólo pueden aprender mediocremente, pues se trata de hallar la razón de que no lleguen a dominar la materia, para entonces remediar la situación. Para resolver el problema de aprendizaje presentado por el estudiante, generalmente hace falta tomar alguna de las siguientes medidas: *a*) mayor tiempo de aprendizaje; *b*) diferentes medios o materiales o *c*) el diagnóstico que permita determinar qué conocimientos o destrezas de requisito deben adquirirse para llegar a dominar el objetivo. En este contexto puede agregarse el conocimiento del maestro para tomar decisiones relacionadas con los estudiantes cuya ejecución es excepcional, incluso cuando se haya seguido completamente estos métodos. El fin implicado por la noción de dominio presupone la resolución de dotar de material y condiciones gracias a los cuales la mayoría de los estudiantes pueda desempeñar con éxito la casi totalidad de las tareas, conforme a un programa que sea razonable para cada individuo.

Criterios determinantes del dominio

¿Cómo puede saberse que el estudiante tiene una ejecución satisfactoria o domina la materia, con una prueba aplicable a cualquier objetivo particular? Pues debe decírsele que tuvo éxito, de manera que pueda proceder hacia la consecución del siguiente objetivo que elija o se le haya asignado. En caso de que no haya podido lograr el objetivo, el maestro deberá determinar la enseñanza correctiva que se necesite.

La medida para corregir un objetivo del campo de las habilidades intelectuales puede consistir en administrar una prueba de diagnóstico relativa a las capacidades subordinadas a dicho objetivo. En otros casos el maestro puede hacer pruebas orales para averiguar en qué punto del programa de enseñanza comenzó a presentarse el problema de aprendizaje. En las enseñanzas individualizadas, las lecciones abarcan pruebas de diagnóstico concernientes a las capacidades subordinadas. Cuando un estudiante necesite más tiempo para aprender, dichas pruebas de "diagnóstico" de las capacidades subordinadas podrán usarse como "evaluaciones de la ejecución" para averiguar si aquél ya domina las capacidades, antes de proseguir con los siguientes objetivos. Con este procedimiento se detectan "pequeñas fallas", evitando que se acumulen hasta formar "grandes fallas" de lecciones enteras, temas y cursos. Tal vez con la administración frecuente de pruebas se puedan prevenir los fracasos de año tras año o, cuando menos, alertar a la escuela con mayor anticipación, para poder revalorar entonces el programa que se aplica a un estudiante en particular.

Cuando se define el "dominio" para hacer una prueba en que se evalúe la ejecución con respecto a un objetivo, se define también el "criterio de éxito" de éste. El primer paso es definir *la calidad* del desempeño del estudiante en la prueba, lo cual indicará su éxito en ese objetivo. A continuación se hace un registro del *número* de estudiantes que han satisfecho el criterio (dominio). Esto permite decidir si la enseñanza de tal objetivo ha llegado al punto que se fijó al planificarla. Más tarde, al final de todo un curso puede calcularse el porcentaje de estudiantes que haya satisfecho el criterio de dominio en todos los objetivos (o cualquier porcentaje específico de los objetivos). Con estos datos puede determinarse si se ha alcanzado el criterio fijado al planificar el curso. Un criterio de planificación del curso, de uso frecuente, es el de lograr que el 90% de los estudiantes adquiera el dominio del 90% de los objetivos; pero pueden usarse también otros porcentajes. Algunas veces se establecen tres criterios de planeamiento: uno indica el éxito mínimo aceptable, mientras los otros representan grados mayores de éxito. En general, esta forma de representar los criterios de la planificación del curso debe usarse para *dar razón* del aprovechamiento de los estudiantes después de haber recibido la enseñanza.

La administración de pruebas aplicables a los objetivos del curso y la definición del "nivel de dominio" para cada objetivo nos proporcionan los medios de evaluar tanto el propio curso como el aprovechamiento de cada estudiante. Así puede "promoverse" a los estudiantes en razón de tales pruebas, y los resultados de éstas pueden usarse para la *evaluación* formativa del curso, con lo que se verá cuáles son las correcciones necesarias (véase capítulo 12). Esta posibilidad implícita de mejorar el curso es compatible no sólo con las "normas razonables de promoción", sino también con la individualización de la enseñanza, con la elaboración y la evaluación de sistemas de enseñanza completos.

No obstante que la definición del dominio de cada objetivo, cuando se usan pruebas referidas a éste, sirve principalmente para supervisar el progreso del estudiante y descubrir la eficiencia del curso, los datos de las mismas pruebas pueden usarse para "asignar calificaciones" cuando la escuela así lo exija.

CRITERIOS PARA LA EVALUACIÓN REFERIDA AL OBJETIVO

El problema que debemos plantearnos a continuación tiene que ver con el establecimiento del criterio de dominio para cada objetivo de aprendizaje. En la siguiente parte se describen los procedimientos usuales relativos a las diferentes clases de resultados de aprendizaje.

Objetivos de capacidades intelectuales

Solución de problemas. Como un ejemplo de evaluación del aprovechamiento de este tipo de resultados del aprendizaje, comenzaremos con el objetivo de aprender una *regla de orden superior (solución de problemas),* descrita someramente en la tabla 2 (pág. 101). El enunciado de este objetivo es: "redactar, sintetizando las reglas pertinentes, un párrafo en que se describan las acciones de una persona en una situación de miedo".

Para "calificar" de aceptable dicho párrafo habrá que preparar una lista de características que deban aparecer en él. En este caso no es posible una "clave de memorización", ni tampoco cabe hacer una calificación mecánica (cuando menos con la técnica de que se dispone hasta ahora). Como en este breve enunciado del objetivo no existen requisitos gramaticales, puede suponerse que la descripción adecuada del caso de temor únicamente necesita ser "descriptiva", y no necesariamente correcta en cuanto a gramática y puntuación. Cuando varios maestros emplean el mismo objetivo, pueden trabajar conjuntamente para definir con mayor exactitud los criterios de evaluación y para acordar el *número* de acciones que deben describirse y la manera de juzgar si el alumno realmente describe una *reacción de miedo*. Podría también establecerse un acuerdo sobre el mínimo de reglas que deban "sintetizarse" al elaborar la descripción. Para redactar un párrafo satisfactorio puede ser forzosa la aplicación de ciertas reglas, mientras que otras pueden ser opcionales.

Como sucede con muchas pruebas adecuadas, la de este objetivo no puede juzgarse simplemente con un porcentaje dado de respuestas correctas. El criterio que se busca deberá ser tanto de naturaleza cualitativa como cuantitativa. Independientemente de lo que pueda contener la lista de verificación para calificar, su aplicación requerirá buen juicio y no puede ser simplemente una verificación mecánica de la respuesta mediante una "clave de respuesta". Por tanto, el grado de acuerdo entre los maestros al aplicar la lista de verificación para estimar los párrafos "aceptables" y "no aceptables", será el factor importante para determinar la confiabilidad de la medida de aprovechamiento que se obtuvo. El criterio para juzgar el aprovechamiento puede ser: *a*) expresión; *b*) una acción de los músculos esqueléticos, y *c*) dos enunciados de reglas relativas a la expresión emocional.

Aprendizaje de reglas. Por lo que se refiere al aprendizaje de *reglas,* el ejemplo que se da en la tabla 2 consiste en "demostrar, resolviendo ejemplos verbalmente enunciados, la suma de números positivos y negativos". Para examinar más detenidamente la cuestión de los criterios de ejecución se necesita empezar con una modalidad ampliada de este objetivo, que sería: "dados ejemplos verbalmente enunciados que tengan que ver con variables físicas que adopten toda una gama de valores positivos y negativos, demuéstrese la adición de dichos valores escribiendo las expresiones matemáticas adecuadas que constituyan la suma de ellos". Naturalmente que este enunciado, más completo, puntualiza la situación y, por tanto, la formulación del ítem de prueba. Tal ítem, por ejemplo, puede rezar: "la temperatura de Groenlandia en cierto día fue de 17°C y disminuyó en 57° durante la noche. ¿Cuál fue la temperatura nocturna?".

Así, la parte del enunciado del objetivo relativa a la "situación" define la clase de ésta a partir de la cual han de derivarse los ítemes de prueba. Supongamos que el objetivo es: "dado un enunciado verbal en donde se definan los valores de longitud y ancho de una de las caras rectangulares de un objeto, hallar el área de ésta". De cada enunciado podría derivarse fácilmente un ítem como el siguiente: "la tapa de una caja mide 128 cm de largo y 47 cm de ancho, ¿cuál es su área?". Se puede ver que el enunciado del objetivo en este caso presupone que deberá medirse la ejecución en un caso en que se enuncie verbalmente el problema. Un enunciado diferente, que comenzara: "dado el diagrama de un rectángulo con valores de longitud y anchura...", naturalmente pediría otra clase de ítem de prueba.

Otra decisión relativa al criterio de medida de la ejecución se relaciona con el número de ítemes empleado. Se trata naturalmente de lograr una medición que refleje lo que se domina y lo que no. Tal vez haya que determinar empíricamente el número de ítemes que deben usarse para tomar la decisión correcta. Por convención, podría considerarse necesario usar diez o veinte ítemes, como número de ejemplos, para comprobar el aprendizaje de una regla aritmética. Si bien no existe un argumento de peso en contra de esta práctica, excepto por lo que hace al tiempo necesario, es difícil ver la razón de que se necesiten más de tres o cuatro ejemplos. La razón de usar varios de éstos es fundamentalmente la de evitar "errores de medición" que pudieran surgir debido a ítemes con una o más características indeseables.

Conceptos definidos. Para dar una muestra de los criterios de ejecución con el fin de medir un *concepto definido,* puede usarse el siguiente ejemplo de objetivo: "dado un dibujo de un observador sobre la tierra, en la que al mismo tiempo aparezca el cielo, señalar el cenit como el punto del cielo localizado en la vertical del observador". Nuevamente es obvio que la situación descrita en este enunciado puede representarse directamente en la forma de un ítem de prueba. Por ejemplo, éste podría describir finalmente la tierra (un diagrama al otro lado), el cielo y un observador de pie. Más adelante podría decir: "muéstrese, mediante un diagrama angular, la localización del *cenit".* Como respuesta, el estudiante podría dibujar también una vertical desde el observador hasta el cielo, indicar que forma un ángulo de 90° con la superficie de la tierra en el punto en que se encuentra parado el observador, y escribir "cenit" en el punto del cielo al que se dirija la línea.

Un ítem así no dependería mucho de la capacidad verbal del estudiante, y podría constituir una medida recomendable por tal razón. Por otra parte, si el estudiante poseyera cierta facilidad verbal, el ítem podría basarse en un objetivo enunciado de manera diferente, por ejemplo: "cuando se te pida la definición, indica que el cenit es el punto del cielo localizado en la vertical (o en un ángulo de 90° con la superficie) del observador; todo eso se hará de manera oral". Es evidente que la medición, en este caso, estaría sujeta a deformaciones a menos que uno esté absolutamente convencido de que el estudiante ha dominado los conceptos subordinados (tierra, cielo, observador, 90°), su respuesta tendría que interpretarse como una cadena verbal memorizada. Sin embargo debe advertirse que los enunciados verbales se usan como criterios para evaluar los conceptos definidos.

Conceptos concretos. La evaluación del aprendizaje de *conceptos concretos* consiste en elaborar ítemes a partir de un enunciado de objetivo como el siguiente: "dadas cinco plantas comunes, al preguntársete el nombre de sus partes principales, identifica en cada una la raíz, las hojas y el tallo, señalando cada uno de los elementos al tiempo que los nombres". Para hacer tal evaluación deberán ponerse en una mesa cinco plantas frente al niño. En respuesta a la pregunta del maestro, aquél señalará y nombrará la raíz, las hojas y el tallo de cada planta. Naturalmente, un objetivo de enunciado un tanto diferente de la "situación" llevaría a una correspondiente diferencia en el ítem de prueba. Por ejemplo, el enunciado de objetivo: "dados los dibujos de cinco plantas comunes, identifica la raíz, hojas y tallo de cada una, escribiendo estos nombres en las partes correspondientes", supone un tipo diferente de ítem de prueba. Mientras que en el ejemplo anterior se considera únicamente que las respuestas orales, "raíz", "hojas" y "tallo", pueden darse sin error, en este último se requiere presuponer que pueden leerse los rótulos con estas palabras.

Un ejemplo muy sencillo de evaluación de concepto concreto es la tarea de identificar una figura geométrica, como sucede en los primeros años de primaria. El enunciado objetivo podría ser: "dado un conjunto de figuras geométricas comunes y las instrucciones orales «muestrame los círculos», identifica éstos señalándolos". De este enunciado puede derivarse un ítem de evaluación que consista en darle al niño una hoja de papel en que aparezcan figuras como las siguientes:

Al dársele las instrucciones orales: "señala las que sean un círculo", el niño dará la respuesta adecuada a cada figura circular, para que se considere que ha asimilado el concepto.

Cadenas verbales y motoras. La medición de *cadenas verbales* o *motoras* necesita un proceso que es bastante evidente. Por ejemplo, en el caso de la cadena verbal, podría decirse simplemente: *"la canción del pirata"*. Habría que decidir si hay que tomar en cuenta o no, en el criterio de ejecución, los titubeos del alumno o las ayudas o insinuaciones que se le pudiesen dar. Podría ponerse un límite de tiempo a los titubeos y debería informársele al alumno si se le van a tomar en cuenta su entusiasmo, inflexión de voz, ademanes o algunos otros aspectos de conducta diferentes de la mera cadena verbal correcta. Sería recomendable que tales criterios, al igual que la duración de ella, se dieran a conocer antes de iniciarse la prueba.

A menudo se someten a prueba cadenas verbales más cortas, como partes incidentales de una prueba; el objetivo de ellas es primordialmente una prueba más completa de aprendizaje. Un ejemplo de esto sería poner al estudiante a trabajar con ecuaciones químicas sin permitirle consultar listas de símbolos del mismo tipo.

Durante muchos años las cadenas motoras se evaluaron mediante "comparación con modelos estándar", como en el caso de la escritura. Hace mucho tiempo era común ver en las aulas de primaria la Escala Palmer para calificar la escritura. Se comparaba una muestra de la escritura del alumno con las muestras ideales escritas en el pizarrón, en las que se mostraban varios grados de escritura "correcta", cada una con un número como 90, 80, 70, etc., los cuales indicaban los "estándares" de cada grado de habilidad de escritura. Esta era una norma de calificar referida al "criterio", en que los estándares eran estables y siempre significaban lo mismo; y así también los maestros podían establecer que una escritura de 60 permitía "pasar" a tercer grado, una de 70 al cuarto, y así sucesivamente.

Estrategias cognoscitivas

Si bien sería deseable ampliar el concepto de aprendizaje de dominio a todos los tipos de objetivos de la enseñanza, aplicarlos a la medición de estrategias cognoscitivas no puede lograrse fácilmente. Toda vez que tales estrategias, como aquí las consideramos, son fundamentalmente pertinentes a las ejecuciones de resolver problemas nuevos, es obvio que se evalúa la *calidad* del proceso mental, y no simplemente la existencia o la falta del mismo. En ocasiones los problemas nuevos tienen muchas soluciones; en tales casos el estudiante se valdrá de estrategias cognoscitivas para resolverlos de cualquier manera. Consecuentemente, la evaluación pasa a ser un juicio de la calidad de la solución, y es poco probable que se determine el criterio aprobado-reprobado.

Debe advertirse que las normas de originalidad e inventiva se aplican a la evaluación de lo que producen los estudiantes, como las tesis de la educación universitaria y de posgrado. Además de que sea completa y técnicamente profunda, se espera que la tesis doctoral constituya un "descubrimiento o contribución originales" a un campo del conocimiento sistemático. Generalmente no se especifican criterios exactos ni dimensiones para juzgar esta calidad. Varía el número de personas profesionalmente calificadas que llegan a establecer un consenso respecto del grado de originalidad de una tesis, y de si constituye o no una contribución novedosa a un área del conocimiento o del arte.

El pensamiento productivo. Johnson y Kidder (1972) han investigado la medición del pensamiento productivo y, por inferencia, las estrategias cognoscitivas pertinentes a tal facultad, con grupos de estudiantes de psicología. Les pidieron que inventaran nuevas hipótesis, preguntas y respuestas a problemas que trascendieran la información que se obtiene en las clases y los libros de texto. Los problemas consistieron en: *a*) pronosticar las consecuencias de un acontecimiento psicológico desusado; *b*) escribir una frase imaginativa con varios conceptos recientemente aprendidos (señalados); *c*) enunciar una hipótesis nueva, relacionada con la situación descrita; *d*) escribir el título de una tabla de datos conductuales, y *e*) sacar conclusiones de una tabla o gráfica. Cuando un número de 10 a 15 ítemes de este tipo se combinó para hacer pruebas, se obtuvieron puntuaciones de "originalidad" con confiabilidades aceptables. La calidad fue estimada por dos calificadores cuyos juicios concordaron en alto grado después de un breve periodo de entrenamiento.

Supuestamente pueden hacerse evaluaciones de originalidad de las respuestas de los estudiantes, de sus composiciones y proyectos durante la educación preuniversitaria. De hecho los maestros ocasionalmente hacen juicios de tal tipo, o de manera informal, concernientes a toda una variedad de proyectos y problemas que afrontan los estudiantes en la escuela. Parece evidente que pueden aplicarse métodos de evaluación sistemáticos a las estrategias cognoscitivas en estos niveles más bajos de la pirámide educativa; pero esto no se ha hecho todavía.

Deberá señalarse que la evaluación de las estrategias cognoscitivas, o de la originalidad de pensamiento, como *resultados* de aprendizaje, no necesariamente tiene el mismo propósito, ni emplea los mismos métodos que se usan para medir la creatividad como *rasgo*. En este último sentido se ha estudiado extensamente la creatividad (Torrance, 1963; Guilford, 1967; Johnson, 1972), y los resultados van más allá de las miras del presente estudio. Cuando se considera la evaluación de la calidad de pensamiento como resultado de aprendizaje, deben buscarse dos características principales. En primer lugar, el problema (o proyecto) que se le plantea al estudiante debe exigirle que aplique los conocimientos, conceptos y reglas que haya aprendido recientemente, y no las habilidades ni la información que pueda haber adquirido en años anteriores. Por otro lado, debe suponerse (o, de preferencia demostrarse) que los estudiantes en realidad han aprendido información y habilidades importantes e indispensables, antes de proceder a evaluar su "originalidad". Esta condición es necesaria para asegurarse de que todos los estudiantes tengan la misma oportunidad de ser originales, y que sus soluciones no sufran menoscabo por la falta del conocimiento y habilidades intelectuales necesarios.

Información

En este campo el concepto de dominio debe relacionarse con un conjunto determinado de hechos, generalizaciones o ideas, un número aceptable de los cuales debe poder enunciar el estudiante de manera aceptable o con cierto grado de escrupulosidad y precisión. La medición tradicional "referida a la norma" suele relacionarse estrechamente con la evaluación de la información. Con todo, la distinción fundamental que hay que tener en mente es la que existe entre la medición *referida al objetivo* y la *referida al contenido*. El propósito de la evaluación es determinar si se han logrado ciertos objetivos, y no el de descubrir si se ha "cubierto" cierto contenido.

La evaluación referida al objetivo puede lograrse en el campo de la información, y como resultado de aprendizaje, especificando cuál es la información que debe aprenderse como requisito mínimo de ejecución. Los objetivos pertenecientes a la información deberán especificar claramente *cuáles* nombres, hechos y generalizaciones deberán aprenderse. Así podrá distinguirse el contenido fundamental de la información que deberá recordarse, de la información accidental que pueda aparecer en el libro y que algunos estudiantes quizá recuerden, pero que representa aprendizaje más allá del nivel exigido.

Sería un error hacer los objetivos de la información tan exhaustivos que no dejen tiempo para los objetivos de otras materias. Por el contrario, deberán buscarse deliberadamente e identificar los resultados de la información que probablemente puedan contribuir más a *lograr los objetivos de otros campos*. Aunque una persona bien educada deberá adquirir una gran cantidad de información con el paso de los años, no deberá permitirse que este objetivo interfiera el logro de otros de las áreas de las habilidades intelectuales y las estrategias para resolver problemas.

Cuando se les proporcionan objetivos de información (nombres, hechos o generalizaciones y conocimientos resumidos por aprender) a los estudiantes, entonces pueden comenzar a aprender estos objetivos con la misma confianza con que atacan los objetivos de aprendizaje de otros campos, *simplemente porque saben lo que se espera que aprendan*. Cuando se reconoce tal posibilidad, las pruebas relativas a la información que se les aplican pueden llegar a ser tan justas y humanas como las relativas a las capacidades intelectuales.

Ejemplos de ítemes de información. Algunos ítemes típicos para evaluar la información son similares a los siguientes:

1. Describe cuando menos tres de las causas de la independencia de los Estados Unidos de América, como se estudia en el texto.

2. Di brevemente cuál fue la función de cada uno de estos hombres en los sucesos de West Point. (Este enunciado estará seguido de nombres de personalidades y más pormenores, como la traición de Benedict Arnolds.)

3. Escribe los símbolos químicos de los siguientes compuestos.

4. Escribe un párrafo en que se resuma la manera de elegir a un presidente cuando no lo hace el Colegio Electoral.

5. Escribe, en una página o menos, las principales ventajas que tiene la medición referida al objetivo, *enumerándolas* simplemente.

6. Di los nombres de 15 de estos 20 animales que aparecen en las ilustraciones.

7. ¿Cuál es el punto de ebullición del agua?

8. Lee este informe y escribe un resumen de cuatro de los temas principales que aparecen en él.

Como se indica en estos ejemplos, las pruebas referidas al objetivo requieren la identificación exacta de la información que se va a aprender y memorizar; si se van a adquirir nombres o datos, deberá aclararse tal punto. Por otra parte, si debe describirse la esencia de un pasaje, este objetivo deberá presentársele también adecuadamente al estudiante. Con estos procedimientos el aprendizaje de dominio se vuelve practicable, justo y lógico.

Actitudes

Como se indicó en el capítulo 4, las actividades varían por cuanto a la intensidad en que influyen en la elección de acciones personales. Como es la fuerza de las actitudes lo que se desea evaluar, resulta evidente que no puede identificarse el "dominio". La evaluación de la fuerza de una actitud en favor o en contra de un cierto tipo de elecciones de acción debe obtenerse conforme a la proporción de veces que la persona se comporta de cierta manera dentro de una muestra de situaciones definidas. Por ejemplo, la actitud en favor del uso de transportes públicos debe evaluarse observando la posibilidad de que el estudiante elija diversas formas de dichos transportes (en lugar del privado), en las diversas circunstancias en que se hacen tales elecciones. Los incidentes observados constituirán la base para inferir el grado en que la persona *tiende* a usar o no tales servicios.

Al evaluar una actitud como la "preocupación por los demás", es evidente que no puede establecerse un criterio de dominio del tipo "aprobado-reprobado". No obstante, el maestro puede adoptar el objetivo de que todos sus alumnos de segundo grado mejoren sus actitudes en dirección positiva durante el año lectivo. Además podría adoptar la norma de que cada alumno mostrara interés por otros, ya sea verbalmente o con sus actos, teniendo que elevar el número de veces que mostrasen la actitud positiva de un semestre a otro. Pueden tomarse registros anecdóticos de tales actos y hacerse informes a fin de año para ver si mejoró o no la actitud. Tales informes pueden cuantificarse en función del número de acciones positivas y de la proporción de acciones positivas respecto del total (positivas más negativas) de acciones. Las conductas que no representen ningún tipo de acción simplemente no se registrarán, habida cuenta de que parte de su tiempo lo invierte el alumno estudiando, con lo que tiene poca oportunidad de actuar respecto de las personas que lo rodean.

En los siguientes ejemplos se indican algunas acciones que pueden registrarse, en relación con una actitud, como "interés por los demás": cualquier acción o palabra dirigida a confortar a un niño triste; expresar condolencia por la enfermedad u otro problema ajeno; ayudar a localizar objetos perdidos; sugerir que el grupo escriba cartas a un compañero enfermo; ofrecer aliento a cualquier niño que experimente una dificultad de cualquier tipo; ofrecer ayuda a un compañero que no pudo hacer la tarea por no haber asistido a clase, o por alguna otra razón; compartir sus experiencias acerca de los materiales o métodos de aprendizaje; ayudar a proporcionar los primeros auxilios a los compañeros lastimados durante el recreo.

Frecuentemente se miden las actitudes obteniendo "informes personales" de la probabilidad de las acciones, en contraposición con las observaciones directas de dichas acciones. Como es bien sabido, la limitación más grave que tiene el uso de los cuestionarios empleados con estos fines es la posibilidad de predisposición de los intentos que hacen los estudiantes por responder a las preguntas de manera que obtengan aprobación, en lugar de reflejar con exactitud sus elecciones. Parece no haber solución sencilla al problema de obtener información realmente fidedigna a partir de los informes personales, aunque se han realizado muchas investigaciones encaminadas a resolver este problema (véase Fishbein, 1967). Parecen obtenerse mejores resultados cuando primeramente se les advierte a los estudiantes que la evaluación no tendrá consecuencias adversas para ellos; es decir, cuando se les alivia de la ansiedad por informar únicamente aquello que (según ellos piensan) les reportará aprobación social. Cuando se administran cuestionarios a grupos de individuos, frecuentemente se toma la precaución adicional de registrar anónimamente las respuestas.

Destrezas motoras

La evaluación de las destrezas motoras, como la de la información, exige generalmente que se establezcan ciertas normas de ejecución. Casi siempre tales normas se refieren a la *precisión* de la ejecución, aunque también, con cierta frecuencia, a su *velocidad*. Como se sabe que estas cualidades de las destrezas mejoran con la práctica prolongada, no es razonable esperar que el dominio pueda definirse como algo "aprendido" o "no aprendido"; por eso debe establecerse una norma de desempeño para determinar si se ha logrado o no el dominio.

La destreza de mecanografiar nos proporciona un buen ejemplo de los métodos de evaluación aplicados a este terreno. Se establecen diferentes normas de desempeño conforme a niveles progresivamente más altos de la práctica, que se prolonga cada vez más. Así, una norma de prueba de treinta palabras por minuto, con un número mínimo de errores especificado, puede resultar razonable en un curso para principiantes, mientras que se establecerá la de cuarenta o cincuenta palabras por minuto para un curso avanzado, una vez que se ha permitido mayor tiempo para que practique el estudiante.

Confiabilidad de las medidas referidas al objetivo

La elección de criterios relativos a ítemes y pruebas planificados para obtener mediciones referidas al objetivo, presupone normas de ejecución opcionales y acordes al objetivo establecido, como ya hemos dicho. Además, los ítemes empleados para evaluar tienen que producir medidas *confiables*. A esta última característica del procedimiento de evaluación se le llama *confiabilidad*, y se refiere primordialmente a dos aspectos.

Consistencia. El primer aspecto de la confiabilidad es la *consistencia* de la medición. Es necesario determinar que la ejecución del estudiante, al responder o completar un cierto ítem elaborado para evaluar aquélla respecto de un objetivo, sea consistente con su ejecución de otros ítemes dirigidos al mismo objetivo. A un alumno del segundo año puede pedírsele que demuestre su dominio de una regla aritmética mediante el ítem: $3m + 2m = 25$; $m = ?$ Naturalmente que el fin de la evaluación es descubrir si el alumno puede realizar una *clase* de operaciones aritméticas de este tipo, y no simplemente determinar si puede o no resolver este problema en particular. Por eso generalmente se emplean otros ítemes de la misma clase (por ejemplo, $4m + 3m = 21$; $5m + 1m = 36$) para garantizar la confiabilidad de la medida.

En situaciones informales de prueba, como cuando el maestro "sondea" haciéndole preguntas sucesivas al estudiante, pueden usarse ítemes individuales para evaluar la ejecución. No obstante, es evidente que no hay medidas de consistencia para tales situaciones. En un ítem el estudiante puede dar una respuesta adecuada sólo por haber visto y memorizado "la respuesta". Por otro lado, ésta puede ser incorrecta por haberse confundido él inadvertidamente en cierta característica del ítem. Éste solo no permite llegar a una conclusión confiable de que el estudiante haya dominado la ejecución establecida por el objetivo.

En los casos en que se define correctamente la clase de ejecuciones representadas por el objetivo (como en el ejemplo de aritmética que se acaba de dar), es bastante directo el procedimiento de elegir otros ítemes de evaluación de la misma clase. Es indispensable tener en mente que la conclusión a que se trata de llegar no es: "¿cuántos ítemes son correctos?", sino: "¿indica dominio el número correcto, de manera confiable?". Mientras que dos ítemes obviamente son mejores que uno, pueden arrojar un resultado desconcertante, mitad correcto, mitad incorrecto. ¿Indica esto que el estudiante ha logrado dominio o que tuvo un ítem correcto, únicamente por habérselas arreglado de alguna manera para memorizar la respuesta? Con tres ítemes parece disponerse de un medio mejor para tomar una decisión confiable acerca del dominio. En este caso dos ítemes de tres, contestados correctamente, nos proporcionan cierta certidumbre de haber logrado la confiabilidad de la medida. Es fácil emplear más ítemes, pero tres parecen ser un mínimo razonable para fundamentar una evaluación confiable del dominio.

Cuando se evalúan las estrategias cognoscitivas, el "ítem" elegido para los fines de la evaluación puede constituir una tarea más bien engorrosa. Por ejemplo, la tarea podría consistir en "escribir una composición de 300 palabras sobre un tema elegido por el alumno, en el término de una hora". La evaluación consistente del desempeño puede necesitar varios ítemes, puesto que es necesario separar el aprendizaje previo de información y capacidades intelectuales, de la calidad del pensamiento original. Pueden disponerse ocasiones para que el estudiante muestre la calidad de sus ejecuciones dentro del campo de que se trate. Lo que se persigue es reducir la probabilidad de que el alumno pueda satisfacer los criterios establecidos para tales tareas sin tener la capacidad auténtica y generalizada de escribir temas originales acerca de otros asuntos.

Consistencia temporal. El segundo aspecto de la confiabilidad es la consistencia de la medida en diferentes ocasiones espaciadas en el tiempo. Se trata de garantizar que la demostración de dominio que da el estudiante en un lunes, por ejemplo, no difiera de la del martes u otro día. Consiste en ver que su desempeño no sea algo pasajero, sino que tenga el grado de permanencia que se desea para una capacidad aprendida. Cabe preguntarse si su desempeño, ya sea bueno o malo, estuvo determinado en parte por la manera como se sentía en ese momento, por una enfermedad pasajera o alguna característica secundaria de la situación de prueba.

Este aspecto de la confiabilidad de la medición generalmente se determina mediante una segunda prueba, separada por un intervalo de días o semanas respecto de la primera. Éste es el método de prueba-repetición de la prueba, conforme al cual la confiabilidad aceptable de las pruebas es indicada por un elevado grado de correspondencia entre las puntuaciones obtenidas por un grupo de estudiantes en las dos ocasiones. Se usa frecuentemente este procedimiento para la evaluación formativa de la prueba, aunque también se emplea en la evaluación práctica para determinar si lo que se ha aprendido tiene un grado aceptable de estabilidad.

MEDIDAS REFERIDAS A LA NORMA

Las pruebas elaboradas para obtener puntuaciones que permitan comparar el aprovechamiento del estudiante con el del grupo, o con la norma establecida por las puntuaciones del grupo, reciben el nombre de "referidas a la norma". Por lo general se usan tales pruebas para obtener evaluaciones de aprovechamiento del estudiante, con respecto a periodos considerablemente largos de enseñanza, como en el caso de los temas o los cursos. Se distinguen de las pruebas referidas al objetivo, porque generalmente miden el aprovechamiento concerniente a una *mezcla* de objetivos, en lugar de evaluar un solo objetivo claramente identificable. Así, una prueba referida a la norma tendrá más probabilidad de evaluar la "lectura de comprensión" que de medir el logro de capacidades individuales de la lectura, consideradas como objetivos específicos.

Dada su virtud de permitir una evaluación más general, las pruebas referidas a la norma son más útiles para hacer apreciaciones de carácter *total* (véase capítulo 12). Nos permiten saber, por ejemplo, la cantidad de historia de Estados Unidos de América que sabe un estudiante (en comparación con otros de su mismo nivel); qué tan capaz es de razonar al hacer operaciones aritméticas; qué tan eficiente es para aplicar las reglas de la gramática, etc. Naturalmente que tal tipo de evaluación es adecuada cuando se aplica a la enseñanza que se extiende durante periodos más largos, como en el caso de los exámenes de mediados o fin de curso.

Al mismo tiempo, las características de las medidas referidas a la norma presuponen ciertas limitaciones, en comparación con las pruebas referidas al objetivo. Como sus ítemes generalmente representan una meta de objetivos, frecuentemente imposibles de identificar uno por uno, no pueden usarse fácilmente con el propósito de hacer pruebas de diagnóstico de capacidades y conocimientos necesarios. Por lo mismo, las pruebas referidas a la norma no suelen proporcionar medidas directas y precisas de lo que se ha aprendido cuando esto se conceptúa como uno o más objetivos definidos.

Con la prueba referida a la norma suelen presentarse preguntas y plantearse tareas que exigen que el estudiante emplee al mismo tiempo capacidades aprendidas de tipo intelectual, de información y estrategias cognoscitivas. Así pues, permiten evaluar capacidades "globales" del estudiante

y no específicas de objetivos concretos. Por esto son particularmente adecuadas para evaluar el aprendizaje relativo a un conjunto de temas o a
un curso total. Como las puntuaciones obtenidas también son representativas de un grupo (una clase, o un grupo de referencia mayor, como el de
todos los niños de diez años de edad), la puntuación obtenida por cada
estudiante puede compararse cómodamente con las de los demás miembros
del grupo. Frecuentemente se emplean puntuaciones porcentuales para este
propósito; la puntuación de un estudiante puede expresarse, por ejemplo,
como "la puntuación que cae en el porcentaje 63".

Pruebas elaboradas por el maestro

Las pruebas elaboradas por el maestro a veces son de tipo referido a la
norma. Aquél puede interesarse en la calidad de lo que sus alumnos han
aprendido del contenido de un curso, lo que tal vez represente cierto
número de objetivos diferentes y varias clases de resultados. Los exámenes
de mediados y fin de curso suelen tener esa característica de propósitos de
evaluación mixtos. Puede considerarse que también están dirigidas a verificar la "integración" que el estudiante hace de las diversas capacidades y
conocimientos que se espera haya aprendido.

Asimismo la prueba referida a la norma permite comparar el aprovechamiento del estudiante dentro del grupo, respecto de otro de referencia
(como la clase del año anterior). Tales pruebas pueden perfeccionarse con
los años, usando métodos de análisis de ítemes para elegir aquellos que
sean más discriminativos (véase Wood, 1960; Payne, 1968). Esto quiere
decir que los ítemes que no discriminan (aquéllos a los que responden
correctamente, ya muchos estudiantes o muy pocos) se van desechando
poco a poco. Las pruebas así depuradas tienden a medir cada vez mejor
las estrategias cognoscitivas y otros recursos del mismo tipo. También pueden medir, en parte, la "inteligencia", en lugar de evaluar lo aprendido
directamente. Si bien esto puede ser un objetivo legítimo cuando se trata de
evaluar los efectos totales de un curso, es evidente que esta cualidad de las
pruebas referidas a la norma las hace muy diferentes de las pruebas referidas al objetivo.

Cuando la evaluación se dirige a los resultados de las lecciones o partes
de las mismas, es poco justificable emplear las pruebas referidas a la norma. Cuando se emplean estas pruebas para evaluar la ejecución resultante
del aprendizaje de objetivos definidos, es probable que yerren por completo.
Cuando se planifica la enseñanza para garantizar la consecución de los
objetivos, las pruebas deberán derivarse directamente de la definición de
los propios objetivos, como se indicó en la primera parte de este capítulo.
A menos que se empleen con este propósito las pruebas referidas a este

objetivo, tal vez se pasen por alto dos fines muy importantes de la evaluación: a) la medición del dominio de las capacidades específicas aprendidas, y b) la posibilidad de diagnosticar a tiempo las deficiencias de aprendizaje de los estudiantes para poder ayudarlos a recuperar las capacidades y conocimientos necesarios.

Pruebas normalizadas

Las pruebas referidas a la norma, que se elaboran para emplearlas en un gran número de escuelas dentro de un sistema escolar en cierta región o en todo el país, pueden tener, válgase la redundancia, normas *normalizadas.* Esto significa que las pruebas se han administrado a numerosas muestras de estudiantes de una cierta edad (o grado), y que las distribuciones resultantes de las puntuaciones obtenidas pasan a ser las normas para comparar las puntuaciones de un estudiante dado o las de cualquier clase de estudiantes. A veces las normas se expresan indicando el porcentaje de la muestra total de estudiantes que obtuvo una cierta calificación. Tales normas pueden expresarse también como puntuaciones de grados equivalentes, con las que se indican las puntuaciones obtenidas por todos los niños del grupo de primer grado, de segundo grado, y así sucesivamente. Los procedimientos empleados para evaluar y validar las pruebas normalizadas se describen en muchos libros sobre el tema (Cronbach, 1970; Thorndike y Hagen, 1969; Tyler, 1971).

Las pruebas normalizadas generalmente son del tipo referido a la norma; todavía no se elaboran pruebas referidas al objetivo aplicables a una gran variedad de objetivos y "niveles" de enseñanza. Por ello, las pruebas normalizadas presentan generalmente las características antes descritas. Casi siempre son mixtas en cuanto a la medición de objetivos particulares, pues sus ítemes no derivan directamente de éstos, que a su vez se seleccionan para dar lugar a la mayor variación posible de puntuaciones entre los estudiantes y, así, éstas tienden a correlacionarse estrechamente con la inteligencia, y no con los resultados particulares del aprendizaje. Con raras excepciones, no sirven para identificar las capacidades subordinadas faltantes, lo cual es fundamental para hacer diagnósticos.

Así, naturalmente, las pruebas normalizadas son de lo más inadecuado para emplearse en la evaluación pormenorizada de los resultados del aprendizaje obtenidos en las clases con objetivos específicos. Su empleo más frecuente y adecuado es la evaluación total de los cursos o varios años de enseñanza. Cuando se emplean con estos fines pueden proporcionar información valiosa acerca de los efectos a largo plazo que tienen los cursos o los programas de enseñanza más prolongados.

RESUMEN

Hasta ahora nos hemos ocupado primordialmente de las metas y los objetivos conductuales, incluyendo las áreas de aprendizaje que representan, y de planificar lecciones en que se emplean acontecimientos didácticos, así como condiciones de aprendizaje adecuadas a la elección de los objetivos. En este capítulo tratamos la evaluación de la ejecución del estudiante con respecto a los objetivos. Así, hemos pasado del *qué* y del *cómo* del aprendizaje a la *calidad* del mismo.

Para evaluar la ejecución de los estudiantes en relación con los objetivos planificados del curso, *las pruebas referidas al objetivo en que se emplea una interpretación referida al criterio* constituyen el procedimiento más adecuado. Estas pruebas sirven a varios propósitos importantes:

1. Permiten saber si el estudiante ha dominado el objetivo y, por tanto, puede pasar a otro.
2. Permiten percibir a tiempo y diagnosticar los errores del aprendizaje, ayudando así a identificar el estudio correctivo necesario.
3. Proporcionan datos para mejorar la enseñanza.
4. Constituyen evaluaciones "justas", por cuanto miden la ejecución relativa al objetivo que se le puso al estudiante como indicación de lo que supuestamente debía aprender. Este tipo de prueba cumple con la norma de honestidad que debe regir en la relación maestro-alumno.

Las pruebas referidas al objetivo son medidas directas de la ejecución relativa a los objetivos. Tratan independientemente cada objetivo, y no con unidades de enseñanza muy amplias, como sería un año completo de estudio. Por esta razón tienen valor de diagnóstico y al mismo tiempo sirven para la evaluación formativa del curso.

La *validez* de las pruebas referidas al objetivo se encuentra determinando la congruencia de la prueba con éste. La *confiabilidad* se obtiene midiendo la consistencia de la evaluación de la ejecución y la regularidad de ésta con el paso del tiempo. El concepto de *dominio* es importante para las pruebas referidas al objetivo en el área de las capacidades intelectuales, las destrezas motoras y de la información. Para estos tipos de resultados del aprendizaje deben definirse los niveles de dominio como ejecuciones sin errores. En el caso de las estrategias cognoscitivas y las actitudes, como las evaluaciones son de "calidad" o "cantidad", los criterios de dominio no pueden aplicarse con tanta precisión. Se proporcionan ejemplos de la manera como pueden elegirse criterios de ejecución para cada área del aprendizaje.

Otro tipo de prueba recibe el nombre de *referida a la norma*. Estas pruebas no miden objetivos independientes y específicos del curso, sino miles de mezclas o conjuntos compuestos de objetivos, ya sea que éstos sean identificados o no. Se habla de prueba normalizada cuando aquélla se ha planificado y revisado cuidadosamente para que arroje puntuaciones de gran variabilidad. La interpretación de éstas se hace con referencia a las normas que representan la ejecución de la prueba al ser administrada a grupos numerosos de estudiantes. Estas pruebas permiten comparar la puntuación de un estudiante con las de otros, y también la puntuación promedio de un grupo con la de otro más numeroso.

REFERENCIAS BIBLIOGRÁFICAS

BLOOM, B. S. Learning for mastery. *Evaluation comment*, 1968, I, núm. 2.

BLOOM, B. S., HASTINGS, J. T. Y MADAUS, G. F. *Handbook on formative and summative evaluation of student learning*. Nueva York: McGraw-Hill, 1971.

BRIGGS, L. J. *Handbook of procedures for the design of instruction*. Pittsburgh, Filadelfia: American Institutes for Research, 1970.

CRONBACH, L. J. *Essentials of psychological testing*, 3a. edición. Nueva York: Harper & Row, 1970.

GUILFORD, J. P. *The nature of human intelligence*. Nueva York: McGraw-Hill, 1967.

JOHNSON, D. M. *A systematic introduction to the psychology of thinking*. Nueva York: Harper & Row, 1972.

JOHNSON, D. M. Y KIDDER, R. C. Productive thinking in psychology classes. *American Psychologist*, 1972, *27*, 672-674.

PAYNE, D. A. *The specification and measurement of learning outcomes*. Waltham, Mass.: Blaisdell, 1968.

THORNDIKE, R. L. Y HAGEN, E. *Measurement and evaluation in psychology and education*. Nueva York: Wiley, 1969.

TORRANCE, E. P. *Education and the creative potential*. Minneapolis: University of Minnesota Press, 1963.

TYLER, L. E. *Tests and measurements*, 2a. edición. Englewood Cliffs, Nueva Jersey: Prentice-Hall, 1971.

WOOD, D. A. *Test construction; development and interpretation of achievement tests*. Columbus, Ohio: Merrill, 1960.

3

sistemas de enseñanza

capítulo 10

Enseñanza individualizada

La enseñanza puede planificarse en unidades de diversos tamaños y duraciones. Puede programarse de diferentes maneras tomando en cuenta la necesidad del aprendizaje de requisito. También puede manejarse de diferentes formas, por cuanto se administra a los estudiantes que son sus principales participantes. En otras palabras, el planeamiento de la enseñanza, en su más amplio sentido, presupone considerar el *sistema de administración* mediante el cual los estudiantes se integran al proceso de la enseñanza.

En este capítulo tratamos una manera muy importante de administrar aquélla, llamada *enseñanza individualizada*. Las unidades de la enseñanza correspondientes a la lección son el objetivo principal del planeamiento; mismas que constituyen pequeños segmentos de enseñanza que normalmente ocupan periodos relativamente cortos. Escogimos el término de "módulo" para identificar la unidad de enseñanza individualizada, que corresponde a la lección de la enseñanza tradicional. Tanto las "lecciones" como los "módulos" pueden relacionarse frecuentemente con solo una hora de clase, o bien con el aprendizaje dentro de la clase y fuera de ésta, durante cierto periodo limitado, como dos semanas.

Los principios fundamentales del planeamiento de la lección son los mismos con que se planifica el módulo. Lo que ya se dijo de los objetivos conductuales, las jerarquías de aprendizaje, la programación, los acontecimientos de la enseñanza y la disposición de las condiciones de aprendizaje efectivas, puede aplicarse igualmente a los módulos y a las lecciones. ¿Por qué, entonces, se necesita un capítulo aparte sobre la enseñanza individualizada? La necesidad surge de que existen diferencias fundamentales entre la enseñanza tradicional de grupo y la enseñanza individualizada. Estas diferencias pertenecen no tanto a la manera como ocurre el aprendizaje, sino a la forma como se controla y maneja el medio de aprendizaje para lograr los acontecimientos didácticos deseados y, finalmente, los resultados descritos en los objetivos. Las diferencias se refieren principalmente a la manera de presentar los acontecimientos didácticos. En la enseñanza individualizada (en comparación con la enseñanza tradicional):

1. El maestro proporciona menos acontecimientos didácticos.
2. Los materiales proporcionan más acontecimientos didácticos.
3. Se dispone libremente del tiempo para que los maestros puedan realizar más trabajo individual con los estudiantes, al definir qué es lo que van a aprender y cómo lo van a hacer. El maestro también asesora más íntimamente el progreso del alumno, y realiza más diagnósticos de las dificultades, al mismo tiempo que dispone la enseñanza correctiva.
4. Hay una mayor probabilidad de que los educandos presenten más variaciones respecto de lo que aprenden, cómo lo aprenden y el tipo de materiales empleados.
5. Se permite que varíe el tiempo de aprendizaje de estudiante a estudiante; no es necesario que todos avancen al mismo ritmo.

TIPOS DE ENSEÑANZA INDIVIDUALIZADA

Aunque las diferencias enumeradas son características, no todas ellas se encuentran en cada uno de los tipos de enseñanza individualizada. Algunas de estas variantes necesitan describirse con mayor detalle para demostrar cómo se originan y controlan en el aula.

El término *enseñanza individualizada* se ha empleado profusamente en la educación desde hace mucho tiempo y, sin embargo, no tiene un único significado ampliamente aceptado. Se ha usado para referirse a métodos de educación tan distintos como los siguientes:

1. *Planes de estudio independientes,* en los que existe un acuerdo entre el estudiante y el maestro únicamente con respecto al nivel más general del enunciado de los objetivos, que indica el propósito del estudio. El estudiante trabaja por sí mismo, preparándose para cierta forma de examen final; no se le imponen restricciones en cuanto a la manera como ha de prepararse para aquél. Se puede proporcionar o no el plan del curso. La tarea puede describirse, a nivel del curso, en términos tales como "preparar un examen de cálculo diferencial", o a nivel de graduación en los *"programas de especialidad",* como se hace en las universidades inglesas. Un procedimiento similar, empleado en los Estados Unidos de América, consiste en prepararse para el examen final del doctorado en psicología, inglés u otra materia.

2. *Estudio autodirigido,* que puede emprenderse previo acuerdo acerca de los objetivos específicos, pero sin restringir la manera como aprenda el estudiante. En este caso el maestro puede proporcionar una lista de objetivos en que establezcan las ejecuciones de prueba que se necesitan para recibir el crédito del curso. También puede darle al alumno una lista de lecturas o de otras fuentes disponibles, pero sin exigirle que las utilice. Si pasa la prueba, recibirá el crédito correspondiente.

3. *Programas centrados en el estudiante,* en los que éste decide por sí mismo cuáles serán sus objetivos dentro de áreas ampliamente definidas, cómo los aprenderá y cuándo dará por terminada una tarea para proseguir con la siguiente. Este grado de "libertad" se encuentra a veces en las escuelas públicas, y ha sido el estilo de funcionamiento acostumbrado en unas cuantas escuelas especiales y privadas. Por lo general, en las escuelas públicas únicamente se permite que el estudiante elija ejercicios "suplementarios" o de "enriquecimiento", y sólo después de que haya dominado ciertas capacidades obligatorias o "fundamentales". A menudo tales estudios suplementarios se ofrecen como incentivos para que el estudiante aprenda las capacidades fundamentales. Se trata de la aplicación del manejo de contingencias: ofrecer una actividad preferida, contingente respecto del dominio previo de una actividad obligatoria.

4. *Velocidad autoimpuesta,* con la cual el estudiante trabaja a su propia velocidad, pero persiguiendo los objetivos establecidos por el maestro y que se exigen a todos los estudiantes. En este caso todos ellos emplean los mismos materiales para alcanzar los mismos objetivos; únicamente la velocidad de avance es personal.

5. *Enseñanza determinada por el estudiante,* en la que se permite que él mismo determine cualquiera de los siguientes aspectos del aprendizaje, o todos ellos: *a)* elección de los objetivos; *b)* selección de los materiales, recursos o ejercicios que se emplearán; *c)* selección del programa conforme al cual se asignarán las diferentes materias académicas; *d)* velocidad para alcanzar tal objetivo; *e)* autoevaluación del estudiante, relativa a la consecución del objetivo, y *f)* libertad de cambiar el objetivo por otro. Naturalmente que esta descripción supone en sí la posibilidad de que se den más de veinte maneras de enseñanza "individualizada" o "determinada por el alumno".

Fundamentos de la enseñanza individualizada

Así pues, es evidente que la enseñanza individualizada tiene una gran variedad de significados, por relacionarse con procedimientos para manejar las situaciones de enseñanza. Se ha probado la mayor parte de estas modalidades de la práctica educativa en medios escolares, y muchas de ellas han sido sujetas a estudios de evaluación. Se ha informado de ejemplos concretos de estos procedimientos y sus efectos (véase Edling, 1970; Weisgerber, 1971). Volvámonos ahora hacia ciertos aspectos fundamentales de la enseñanza individualizada.

Acaso sea un hecho desafortunado que generalmente se entienda por aprendizaje escolar aquello que tiene lugar en una situación de grupo. Aunque todo mundo sabe que el aprendizaje es un asunto individual, lo cierto es que en la mayor parte de las escuelas hay un maestro para cada grupo de 30 o 40 estudiantes, lo cual puede llevarnos a pensar, un tanto a la ligera, que el aprendizaje escolar es, cuando menos, algo social y de grupo. El hecho es que mientras la "enseñanza" puede ser primordialmente una actividad de grupo, el "aprendizaje" se realiza en el individuo. Este hecho concuerda con lo que se dijo en capítulos anteriores acerca de las "condiciones internas del aprendizaje", tales como el deseo que el estudiante tiene de aprender, su disposición a seguir instrucciones, su atención a la tarea, su empeño por recordar la información o capacidades importantes y su aceptación de la orientación del maestro. Tan importante como todos estos factores es la condición interna que surge de los efectos del aprendizaje previo con que el estudiante llega a la nueva lección: sus "capacidades previas", esenciales para aprender el nuevo objetivo, como lo son sus capacidades generales de leer y sus hábitos de estudio. Incluso en las manifestaciones más sencillas del aprendizaje escolar se requieren varias etapas de actividad interna del individuo.

Toda vez que el aprendizaje es un problema individual, ¿por qué gran parte del aprendizaje escolar se toma como una actividad de grupo? Quizá, en parte, debido a que la situación económica exige que el maestro tenga muchos alumnos; acaso también por la forma como aprendió aquél, y tal vez por la errónea idea de que los alumnos aprenden *mejor* cuando realizan una actividad en grupo. Pero reflexionando un poco, se verá que los alumnos, en cuanto pueden leer bien, aprenden muchas habilidades y adquieren la mayor parte de la información mejor y más rápidamente tomándola de fuentes impresas, y no de la enseñanza en grupo transmitida oralmente. Tal vez sea cierto que las actitudes sólo se aprenden eficientemente en situaciones de grupo supervisadas por un maestro, y no por el estudio o la práctica individuales.

Podría pensarse que los estudiantes experimentados, como los universitarios, son más capaces de imponerse condiciones de aprendizaje eficientes, que los estudiantes menos maduros. Si éste es el caso, ¿por qué son más comunes las clases de tipo conferencia en la universidad que en la escuela primaria? Es muy probable que ello obedezca tanto a la tradición como a la falta de los materiales y recursos; a muchos maestros les agrada la conferencia, tal fue el método que emplearon con ellos cuando estudiaron en la universidad. Teniendo en cuenta la gran capacidad de aprender por sí mismos que tienen los estudiantes de mayor edad, siempre y cuando se les proporcionen los recursos adecuados, probablemente haya razones de más peso para emplear métodos individualizados en mayor grado durante la enseñanza universitaria que en cualquier otro nivel educativo. Si atendemos a las ventajas a largo plazo, mientras más temprano se les enseñe a los estudiantes a realizar y practicar un aprendizaje independiente, mayor éxito obtendrán cuando alcancen la madurez.

La experiencia con la enseñanza programada v otros métodos, nos sugiere que la enseñanza individualizada no sólo es más eficaz que la de grupo, sino también más sensible a las necesidades del estudiante. Por tanto, podría decirse que es más humana que los métodos de grupo, ya que: a) permite establecer metas realistas para cada estudiante; b) proporciona diversos materiales o recursos para la consecución de una meta dada, adaptándose así a las capacidades o antecedentes del individuo; c) permite el tratamiento individual y privado del alumno cuando éste encuentra alguna dificultad; d) permite que el estudiante progrese a su propio ritmo, y e) proporciona más retroalimentación individual constante, que la que ofrece el tipo aprobado-reprobado.

Excepto en las ocasiones en que el objetivo de la clase sea socializar a los alumnos, o que éstos intercambien ideas, todas las consideraciones favorecen a la enseñanza individualizada en contraposición con la de grupo, no únicamente por el enriquecimiento que le confiere al estudio, sino también por lo que respecta al logro de capacidades básicas. Esto no quiere decir que no deban hacerse ejercicios en grupos numerosos o pequeños como parte de un plan de enseñanza individualizada general. La enseñanza de grupo, con el maestro a la cabeza, permite variedad; ayuda a alcanzar metas sociales a largo plazo, y es particularmente adecuada para disponer ciertos acontecimientos didácticos, como atraer la atención del alumno, motivarlo y darle un modelo de conducta. Además los grupos son indispensables para llevar a cabo discusiones que generen nuevas ideas, pongan a prueba y reafirmen ideas viejas, y establezcan capacidades para resolver problemas en grupo.

Los métodos y materiales dirigidos al individuo tienden a dar resultados superiores por lo que hace a la presentación de la situación de estímulo, incitación de la respuesta, dirección del aprendizaje y administración de retroalimentación. Con las tareas relativas a la solución de problemas, al igual que con el aprendizaje de la información verbal y la adquisición de destrezas motoras, puede fomentarse el éxito del aprendizaje mediante los materiales y ejercicios planificados para el individuo. Sin dejar de reconocer la función de las conferencias interesantes, las películas, las presentaciones televisadas y otros "medios de comunicación masiva", el aprendizaje escolar no tendría tanto éxito si se eliminara el estudio que se realiza en privado, de entre toda la gama de métodos empleados. No sería concebible, por ejemplo, obtener un grado avanzado en el campo de la investigación sin realizar antes un estudio independiente y una investigación supervisada. Aunque tal vez no existan pruebas empíricas de que los universitarios aprendan más, ya sea en clase o fuera de ella, no hay duda de que los mejores estudiantes invierten más tiempo estudiando que asistiendo a clase.

Las mejores maneras de aplicar la enseñanza individualizada exigen: a) elaborar materiales de aprendizaje adecuados; b) un método de asignar tareas y supervisar el progreso del alumno, y c) entrenar al maestro en el uso de los métodos adecuados. En seguida se estudiarán estos importantes aspectos.

MATERIAL DIDÁCTICO

Al planificar los materiales didácticos que se emplearán en los módulos de enseñanza individualizada, es igualmente importante observar los tres "puntos fundamentales" (capítulo 8) que se toman en cuenta al planear lecciones para grupos. Incluso podría decirse que es más importante hacerlo en el caso de los módulos, ya que éstos deben planificarse de antemano y después imprimirse o darles alguna otra presentación, mientras que en el caso de la enseñanza de grupo el maestro puede modificar espontáneamente el plan de la clase. Si bien ésta es una importante ventaja de la enseñanza tradicional, en algunas situaciones, no puede decirse que supere a las ventajas de la enseñanza individualizada en sentido general.

Como la mayor parte de la enseñanza se vale de textos u otros medios, aparte de la comunicación verbal del maestro, los módulos del curso deberán planificarse cuando menos con el cuidado que se le presta a la planificación de una clase. En lo tocante a la evaluación formativa y a la revisión del curso, los mensajes de los módulos tienen la ventaja de ser invariantes y, por tanto, reproducibles en otro grupo, mientras que una conferencia en vivo "desaparece" y no se presta a la inspección, corrección, ni repetición. Generalmente, las respuestas que dan los estudiantes a los módulos también están en forma escrita y permanente, ya que todos aquéllos responden cada una de las preguntas, y no sólo algunas de ellas, como sucede en las pruebas orales e informales que se realizan en grupo.

Para llenar los requisitos indicados por los "tres puntos fundamentales", deben planificarse con mucho cuidado los módulos. Éstos, cuando menos, deberán: a) contener objetivos de ejecución claramente especificados y en términos que los estudiantes puedan entender; b) ir seguidos de una evaluación adecuada de la ejecución, para asegurarse de que se ha logrado la capacidad especificada en el objetivo, y *c*) contener los materiales necesarios para presentar los acontecimientos didácticos necesarios y estimular la memorización de las capacidades o informaciones requeridas. Es decir, con los materiales de los módulos, o con los materiales hacia cuyo uso los módulos dirigen al estudiante, se deberá *realizar la enseñanza.*

Nótese que para cualquier forma o grado de enseñanza individualizada se necesitan los tres puntos fundamentales, independientemente de que todos los alumnos estudien para los mismos objetivos, de que se emplee uno o más tipos de material, de que el estudiante se fije su propio ritmo para abarcar la unidad total de tiempo permitida por los objetivos o que no se fije límite, y no importando que se le permita al alumno abandonar un objetivo en el que pierda interés, o que se le aliente a continuar su estudio hasta finalizar el aprendizaje.

A veces el módulo puede contener todos los materiales didácticos necesarios para pasar una prueba sobre el objetivo. Generalmente contiene también pruebas de "práctica", con las cuales el estudiante puede juzgar su propia condición para tomar la prueba propiamente dicha. Cuando se emplean materiales y recursos aparte del módulo, éste incluye las instrucciones de cómo encontrarlos y utilizarlos. Por tanto, el propio módulo y sus instrucciones para emplear los materiales relacionados le permiten al estudiante realizar su tarea de aprendizaje, sin necesidad de que lo oriente otra persona, excepto cuando experimente dificultad.

Hasta ahora nuestra descripción de los materiales para la enseñanza individualizada presupone que los módulos se emplearán de manera organizada y cuidadosamente planificada, para ayudar al estudiante a alcanzar los objetivos del curso. No obstante, existen otras formas menos organizadas de individualizar la enseñanza. Con mayor madurez y práctica en el aprendizaje, el alumno puede tomar más decisiones sobre los acontecimientos de la enseñanza. Por tanto, necesitamos prestar mayor atención a la naturaleza de los materiales que se emplean en los procedimientos individualizados más diversos, aplicables tanto a estudiantes jóvenes como adultos.

Componentes para estudiantes jóvenes

Un programa individualizado de enseñanza típico, para niños, tendrá componentes un tanto diferentes que otro para adultos; también serán diferentes los modos de emplear los materiales. En seguida se da un bosquejo general de los componentes característicos de los módulos planificados para niños de sexto año, a quienes se supone cierta capacidad de lectura.

Lista de objetivos de capacitación. Puede ser útil para el estudiante ver el objetivo del módulo y las capacidades que necesita adquirir previamente.

Éstas se le pueden presentar simplemente en una lista, o en la forma de una jerarquía de aprendizaje como la descrita en el capítulo 6.

Proyecto del programa de actividades. El programa de actividades puede derivarse en parte de los objetivos de capacitación, y en ciertos casos podrán elegirse otros programas. En conjunto, el programa necesita abarcar el mejoramiento de la retentiva y la transferencia; a veces pueden ofrecerse opcionalmente otros materiales, recursos o ejercicios. Puede alentarse al estudiante para que encuentre por sí mismo los materiales que le parezcan adecuados. Algún educando preferirá un texto programado; otro considerará más beneficiosa una presentación de diapositivas.

Gama de módulos. Ciertos programas contienen únicamente los módulos necesarios; no obstante deberá planificarse toda una *gama* para satisfacer las necesidades de quienes aprenden rápido, y no sólo las de quienes aprenden con lentitud. Por otro lado, los programas pueden ofrecer tanto módulos "fundamentales" (requeridos) como "optativos" (de enriquecimiento), mientras que otros más pueden consistir completamente en módulos elegidos por el estudiante. Estos últimos pueden planificarse para proporcionar únicamente autoevaluaciones de ejecución, habida cuenta de que los objetivos representan lo que el estudiante desea aprender.

Los programas pueden planificarse utilizando los principios del manejo de contingencias, basándose en una actividad preferida (muy recompensante) para inducir al alumno a emprender una actividad que le guste menos. No es raro que estos programas incluyan procedimientos que les permiten a los estudiantes hacer "contratos", teniendo cada uno de aquellos que satisfacer un mínimo de módulos. Al principio el estudiante puede recibir un cierto número de "puntos", los cuales puede "invertir" para comprar tiempo que le permita completar un módulo; y, a su vez, puede ganar puntos para cumplir exitosamente con el periodo de contrato. Dentro de ciertos límites, los puntos ganados pueden invertirse en tiempo libre para emprender un aprendizaje preferido, o en otros tipos de actividades agradables para el alumno.

Un método de estudio más riguroso sostiene que no debería haber "módulos" ni objetivos. Conforme a este punto de vista, el alumno simplemente debería ser colocado en un medio con recursos para aprender, materiales de laboratorio, instrumentos, etc., dispuestos de manera atractiva para despertar su interés, pero sin más requisitos, "puntos", ni recompensas, que el disfrute intrínseco del aprendizaje.

Hay una gran diversidad de opiniones acerca de si a los estudiantes debería exigírseles aprender, o al menos tratar de aprender, cosas que no emprendan voluntariamente. También hay opiniones controvertidas acerca del grado de especificidad de los objetivos para el aprendizaje individual. Las personas a quienes no les gustan los objetivos específicos, de ordinario atacan el empleo de los módulos y prefieren un "medio abierto" que le permita al estudiante elegir lo que va a aprender. Parecería, empero, que la sociedad debe hacerse responsable de enseñar a los niños a vivir dentro de nuestra cultura como ciudadanos productivos, felices y responsables. Por la dificultad de determinar la naturaleza exacta de las capacidades que el niño necesitará para lograr sus metas y resolver problemas que al presente no puedan prever los adultos, es necesario insistir en las capacidades intelectuales y estrategias para resolver problemas, y no simplemente en los "hechos" que se conocen hoy (véase Rohwer, 1971). Un programa de enseñanza de física elemental como el de *Science—A Process Approach* (AAAS Commission on Science Education, 1967), por ejemplo, hace hincapié en los métodos de la ciencia y no en el contenido de la misma. En otros programas para el estudio de la física y las ciencias sociales se insiste igualmente en la consecución de objetivos de "procedimiento".

Otros materiales para los objetivos individuales. Para la mayoría de los maestros es evidente que algunos niños dominarán mejor un objetivo de aprendizaje usando un libro, cierto material, o haciendo un ejercicio, que empleando otro recurso que acaso posea un mérito teórico equivalente. En ciertos casos la razón puede ser obvia: un lector deficiente entenderá mejor una exhibición de diapositivas que un libro. En otros casos, no tan obvios, la razón puede tener que ver con el "estilo individual de aprender", aunque el sentido exacto de esta frase se nos escape. No obstante, gracias a las investigaciones hechas en este campo se han identificado algunas características intelectuales de la personalidad relacionadas con el éxito de formas o medios específicos de enseñanza (Briggs, 1968). Esto puede ser el resultado de la existencia de capacidades previas diferentes que corresponden al contenido específico de los diversos materiales, o del hecho de que en ciertos materiales se encuentran acontecimientos didácticos más adecuados para el estudiante. Tampoco es muy claro si lo determinante es la modalidad sensorial estimulada (ojo u oído), o si es la manera como se transmiten las ideas lo que explica la eficacia diferente de los materiales elaborados para el mismo objetivo. También pueden ser las características de "estilo" de los materiales didácticos: pasos cortos o largos; métodos inductivos o deductivos, concretos o abstractos, u otras características de este tipo. Sea como fuere, por lo general vale la pena disponer de varios tipos de módulo. Uno de ellos puede tener un vocabulario más sencillo; en otro la oración puede ser más corta, y en otro más pueden combinarse un plan general u "organizador previo" (Ausubel, 1968) y una presentación concisa.

El concepto de módulo sucedáneo nos presenta claramente un problema de tipo económico. Se necesita la investigación destinada a evaluar las ventajas de los materiales sucedáneos, para poder considerarlos en razón de su costo. Se requieren datos similares, relativos a los casos en que un tipo de material es superior para la mayoría de los estudiantes, que otros materiales de menor costo.

El mecanismo de retroalimentación. Para los estudiantes jóvenes y los módulos prolongados, no es recomendable esperar hasta que se administre una prueba para proporcionar la retroalimentación. Generalmente conviene darla después de pequeños incrementos del estudio. La retroalimentación proporcionada a intervalos frecuentes es una característica inherente a la enseñanza programada, y puede también planificarse para medios en que normalmente se presentan mensajes ininterrumpidos, como la televisión o el cine. La eficacia de muchos medios puede mejorarse si se les incorporan las respuestas y la retroalimentación explícitas. Además de fortalecer el aprendizaje, las respuestas y la retroalimentación realizan una función de aviso, indicando la necesidad de hacer pruebas de diagnóstico y administrar enseñanza correctiva, o la de volver a estudiar el módulo cuando el desempeño es deficiente. Una razón de identificar las capacidades de requisito, como se hace con la jerarquía de aprendizaje, es permitir que con la elaboración de una prueba de diagnóstico se vea qué parte del módulo no funciona adecuadamente para un cierto estudiante, es decir, qué capacidades subordinadas no ha aprendido o recordado cuando ha sido necesario.

Se han ideado varios medios físicos para proporcionar retroalimentación antes de que el alumno se someta a una prueba sobre el módulo. Una de las técnicas, creada por Pressey (1950), se llama autoenseñanza adjunta. Se le proporcionan al alumno preguntas de prueba, de muestra, para que las consulte antes, durante, o después de la lectura de un libro o al usar alguna otra forma de material. Se ha visto que tales preguntas aumentan el aprendizaje, tanto del contenido abarcado por las preguntas de muestra como del material para el que no se elaboraron preguntas de estudio individual. Establecen así una disposición general de "leer para aprender" durante todo el capítulo, y mejoran la retención de los materiales específicos que abarcan las preguntas.

Los maestros que enseñan por televisión pueden hacer preguntas después de una parte breve de la clase, haciendo una pausa para que el televidente escriba su respuesta o la piense; después de ello puede proporcionarse la retroalimentación. También se ha visto que las preguntas que se emplean en las clases en vivo benefician el aprendizaje y, generalmente, la retentiva. Cuando el maestro puede registrar inmediata y automáticamente las respuestas (en el caso de las preguntas de elección múltiple), puede volver a programar inmediatamente su clase.

Cuando el módulo es breve, o cuando el estudiante tiene en general buenas ejecuciones, una vez terminado el aprendizaje puede usarse una forma paralela de la prueba formal sobre el objetivo. Al emplear ésta se le advierte al estudiante que necesita estudiar más, y se evita así que el maestro desperdicie tiempo calificando la prueba formal únicamente para descubrir que su alumno necesita estudiar más. Para enmendar falsos conceptos, puede bastar una clave de respuestas en la que podría incluirse una explicación adicional; otras veces se necesita que el alumno vuelva a estudiar, o cambiar a un módulo sucedáneo. El estudiante puede consultar al maestro cuando dude acerca de la acción apropiada.

Generalmente puede idearse alguna forma de que el alumno se pruebe a sí mismo o para que responda con retroalimentación, como parte de cada módulo. Esto mejora el aprendizaje y le ahorra tiempo al maestro, que puede ocuparse en administrar enseñanza correctiva cuando fallen los demás medios; actividad muy valiosa para la cual los maestros tienen muy poco tiempo cuando trabajan con grupos a la manera tradicional. Este procedimiento tiene otra gran ventaja: el maestro dispone de tiempo para orientar a cada alumno en lo tocante al aprendizaje de conceptos y proporcionarle mayor retroalimentación. Hay un marcado contraste con las técnicas de enseñanza de grupo, en las cuales solamente puede preguntársele a un niño cada vez. En tal situación no se sabe cuántas preguntas puede responder un estudiante dado, y cualquier respuesta puede ser un indicador engañoso del aprendizaje logrado por el grupo.

Componentes para los estudiantes adultos

Tanto los materiales como los procedimientos pueden hacerse con toda propiedad, menos estructurados para el estudiante universitario u otros estudiantes adultos experimentados.

Objetivos. Los objetivos de cursos para adultos a veces pueden ser muy precisos y específicos; aun así, podemos suponer que para evaluar la ejecución del alumno puede procederse, sin temor, a intervalos menos frecuentes que en el caso de los niños. Ya sea que se emplee en los módulos un objetivo amplio o muchos objetivos más específicos, el estudiante adulto no podrá verificar su progreso sino hasta cumplir con un periodo de estudio relativamente largo.

Instrucciones. Las instrucciones para el estudio también pueden abreviarse mucho en el caso del estudiante adulto. Puede dársele una lista de recursos, o simplemente pedírsele que "emplee la biblioteca o laboratorio". El objetivo mismo puede ser la puerta principal de instrucción.

Materiales de aprendizaje. Los materiales de aprendizaje pueden ser muy estructurados, como en el texto programado; semiestructurados, como en un plan o guía de laboratorio; o no estructurados, como cuando el estudiante investiga cierto tema en la biblioteca.

Evaluación de las ejecuciones. El estudiante puede disponer de todo el semestre para completar la unidad o recibir una nota de "pase" a otro semestre, hasta que finalmente se acepte el resultado. Al trabajar con la unidad, el estudiante recibe generalmente retroalimentación de su maestro o tutor, así como de las conferencias que le proporcionan reacciones a sus proyectos y apuntes en borrador. También puede recibir instrucción directa acerca de diversas capacidades subordinadas, como las habilidades de escritura, las técnicas de investigación, etc. Por lo general, la evaluación se basa en la propiedad de los procedimientos empleados, la competencia para informar e interpretar datos y la capacidad para defender una justificación del resultado o estudio realizado.

Funciones de los módulos

En los módulos pueden especificarse actividades para los grupos, ya sean pequeños o numerosos. En estos casos se emplea una carta para la clase, en que se ve el progreso de cada alumno, y la cual se usa para formar grupos de alumnos que hayan progresado hasta el mismo nivel. Para tales actividades de grupo dentro de los módulos, pueden usarse ítemes de prueba, seleccionados en razón de las capacidades subordinadas con que cuenta el individuo, para descubrir cuándo puede formarse un grupo, es decir, cuándo varios estudiantes han llegado a una cierta etapa en su progreso hacia el objetivo del módulo.

Los módulos pueden planificarse también como instrucciones para el laboratorio o ejercicios de campo, o bien para el aprendizaje independiente no basado en materiales didácticos. En un curso industrial para adultos, los estudiantes recibieron todos los objetivos de un curso y se les mostró el lugar donde podrían presentar los exámenes. Después se les dejó en libertad de visitar a los empleados de los departamentos adecuados para que observaran, hicieran preguntas o buscaran otras formas de aprender.

Debe advertirse que los módulos no necesitan restringirse a los objetivos cognoscitivos; también pueden idearse objetivos del dominio afectivo o motor. En los cursos de taller, donde el tiempo de trabajo con las máquinas debe planearse cuidadosamente, puede disponerse que todo el aprendizaje cognoscitivo necesario se cumpla antes de practicar la destreza con el equipo. Esto no sólo ahorra dinero en maquinaria, sino que también evita el daño a las personas y al equipo, al garantizarse que el aprendiz conozca las precauciones de seguridad y los procedimientos correctos antes de manejar la máquina. En muchos casos se obtienen ventajas económicas, de seguridad y de eficiencia, usando un simulador de la máquina que se estudia. Pueden emplearse simuladores sencillos para enseñar partes de la tarea total, preservando el simulador más complejo y costoso para reafirmar las destrezas y prácticas de procedimientos de emergencia en un medio libre de riesgos.

EMPLEO DEL MATERIAL PARA LA ENSEÑANZA INDIVIDUALIZADA

Se ha elaborado un conjunto de materiales didácticos, llamado PLAN (descrito por Weisgerber, 1971), para usarlo con el sistema de enseñanza individualizada. Describiremos el sistema para dar un ejemplo concreto de cómo se emplean tales materiales para la enseñanza individualizada. En los Estados Unidos de América, muchas escuelas emplean dicho sistema.

Los objetivos didácticos de PLAN forman la base del programa de estudios de literatura, estudios sociales, física y matemática, desde el primero hasta el doceavo grado. Dentro de cada grado y materia se organizan estos objetivos en módulos de estudios, para que los empleen los estudiantes. Generalmente un módulo está formado por cinco o seis objetivos. El estudiante y el maestro desarrollan un programa de estudios que orienta al alumno para que elija los medios apropiados para sus intereses.

La característica central del sistema PLAN consiste en el empleo de una computadora, una terminal de la cual se encuentra generalmente en cada escuela; PLAN es un sistema basado en la computadora. Ésta recibe y almacena registros de los estudios de cada estudiante, de sus progresos y sus ejecuciones; diariamente le informa al maestro acerca de: *a*) qué estudiantes han completado objetivos de la lección y cuáles son éstos, y *b*) qué actividades ha iniciado o terminado cada estudiante. Además la computadora se encarga de informar periódicamente acerca del progreso de cada estudiante. En general, la información que almacena la computadora constituye la base de la información indispensable para planificar programas individuales para el estudiante y orientarlo en sus actividades de aprendizaje.

Los módulos y las UEA

El módulo es una unidad de estudio para que dure aproximadamente dos semanas, en promedio. A veces los módulos pueden ocuparse de un solo tema; pueden consistir en grupos de actividades que representen objetivos estrechamente relacionados, como los de la escritura, la conversación y la ortografía. En todo caso los módulos se componen de varias *unidades de enseñanza-aprendizaje* (UEA), cada una de las cuales tiene un solo objetivo.

La UEA comienza por el objetivo del aprendizaje que le indica al estudiante lo que va a aprender; después viene una lista con algunas actividades de aprendizaje. En la figura 8 se muestra una UEA típica, perteneciente a un módulo de estudios sociales de séptimo grado.

Como se verá, la UEA describe las actividades de aprendizaje obligatorias para el estudiante, así como las referencias que habrá de estudiar. También se incluyen preguntas de prueba y preguntas de discusión. En los primeros grados se emplean técnicas gráficas para comunicar el objetivo y las actividades de aprendizaje a los alumnos. En una hoja suplementaria, llamada Hoja de actividades, se describen las actividades adicionales que el estudiante tiene que hacer al aprender el tema de la UEA. Una vez que el alumno ha completado las actividades de la UEA y la Hoja de actividades, deberá poder hacer lo que le requiere el objetivo; entonces estará listo para presentar una prueba de ejecución. Si ésta es satisfactoria, podrá ser promovido a una nueva UEA; de no ser así, realizará un trabajo adicional, conforme se lo indique su maestro.

Instrucciones del maestro. Las instrucciones del profesor que acompañan a cada UEA están destinadas a comunicar el objetivo, el plan para las actividades del estudiante, los materiales necesarios y las indicaciones para la prueba. Con esta hoja, el profesor podrá apreciar de un vistazo qué clases de actividades deben planificarse; ya sean discusiones, juegos, viajes al campo o estudio de parte del estudiante. Las instrucciones del maestro hacen evidente qué modalidades de enseñanza pueden ser necesitadas, como por ejemplo: trabajo en grupo pequeño, compañeros que trabajen juntos, tutoría u otras. Así es posible que el profesor le aconseje al estudiante en lo tocante a las opciones que tiene para las actividades de aprendizaje.

Guías de enseñanza. Otra clase de material que acompaña a veces las UEA son las llamadas guías de enseñanza. Cuando no hay bibliografía, tales guías pueden servirle *de enseñanza directa* al estudiante. Con estas mismas guías el estudiante puede adquirir a menudo la habilidad intelectual necesaria para seguir progresando en las UEA. La figura 9 es un ejemplo de guía de enseñanza para cuarto grado de lingüística, relacionada con el objetivo siguiente: "dada la raíz de una palabra, háganse derivados añadiendo sufijos".

Medidas de ejecución. Cuando el estudiante concluye una UEA, se le pone una prueba tendiente a evaluar su ejecución con respecto a los objetivos. En algunos casos la prueba tiene un formato de elección múltiple que puede ser calificado por computadora. En otras ocasiones se observa su ejecución, y el profesor la evalúa de acuerdo con normas definidas. El maestro trasmite luego esta información a la computadora con el fin de llevar un registro. La información de la computadora, relativa a los registros de ejecución de todos los estudiantes, está lista para que el profesor la use al día siguiente.

ADMINISTRACIÓN DE ENSEÑANZA INDIVIDUALIZADA

De la misma manera que son necesarios los materiales elaborados especialmente para los módulos de un programa de enseñanza individualizado, también lo son los procedimientos de administración indispensables para seguirle la pista a estos materiales, para conservar en funcionamiento el sistema y para vigilar el progreso de los estudiantes que tratan de aprender.

Patriotas y políticos

OBJETIVO

Dar las razones de la formación de partidos políticos en los Estados Unidos de América.

1 Cuando los fundadores de Estados Unidos de América estaban elaborando la Constitución, hubo muchas opiniones diferentes acerca de lo que debía hacerse. Léase *La promesa de América*, págs. 140-143 y *Promesa de América: la línea de arranque*, págs. 129-134. Hágase una lista de cuando menos cuatro aspectos en los cuales hayan diferido los autores de la Constitución. ¿Fueron estas las primeras diferencias de opinión entre los norteamericanos?

2 Cuando George Washington llegó a la presidencia no había partidos políticos. Léase *La promesa de América*, págs. 153-155. Véase la filmina *La formación de los partidos políticos*, con un condiscípulo. Si estuviera usted en la posición de George Washington, ¿qué problemas tendría que afrontar? Discútase el problema con un condiscípulo.

3 Conseguir dinero fue uno de los problemas principales del Presidente Washington y su Secretario del Tesoro, Alexander Hamilton. Léase *La promesa de América*, págs. 157-162. ¿Qué grupos de colonos apoyaron la política de Hamilton? ¿Por qué? ¿Qué grupos se le opusieron? ¿Por qué?

4 Los norteamericanos también difirieron en la manera de tratar asuntos internacionales. Léase acerca de estas diferencias en *La promesa de América*, págs. 164-167, y en la *Historia de nuestros Estados Unidos*, págs. 206-208. ¿Por qué algunos norteamericanos simpatizaban con Francia y otros con Inglaterra?

5 Poco tiempo después de que Washington ocupó la Presidencia, se vio claramente
que había dos grupos principales que sugerían diferentes soluciones para los problemas.
Uno de ellos recibió el nombre Federalistas; al otro se le llamó Antifederalistas o
Republicanos. Ambos grupos se convirtieron en los primeros partidos políticos. Los partidos
políticos son organizaciones de hombres con puntos de vista similares, que colaboran
para conseguir los mismos objetivos. Léase acerca de los inicios de los partidos políticos
en la *Historia de nuestros Estados Unidos*, págs. 205-206 y en *La promesa de América*,
págs. 162-164. Llénese la hoja de actividades.

6 Efectúese un debate con un condiscípulo. Suponga usted que es un campesino
simpatizador de Jefferson y que su condiscípulo es un comerciante partidario de Hamilton.
Trate de convencerlo de que el programa del partido de usted es el mejor para los
Estados Unidos de América.

7 A George Washington le incomodó mucho la formación de partidos políticos.
Creía que todos debían estar en disposición de aceptar la política que fuera buena
para todo el país. Discútanse los siguientes problemas con un condiscípulo:

  a. ¿Eran los programas de Hamilton "mejores" que los de Jefferson, para todos los
     habitantes del país?
  b. ¿Se puede decir que realmente existe un programa que sea el mejor para
     todo el país?
  c. ¿Por qué unas personas apoyan más un programa que otro?
  d. Los líderes de hoy día dicen también que sus programas serán buenos
     para todos los habitantes del país. ¿Es posible que dichos programas puedan
     ser buenos para algunas personas y malos para otras?

Hojéese el periódico. ¿Pueden hallarse ejemplos de políticos que discrepen en cuanto
a lo que sería bueno para todo el país?

8 En la filmina se lee que "la formación de nuestros partidos políticos fue un importante
avance del proceso democrático". ¿Habría estado de acuerdo Washington
con esta afirmación? ¿Está usted de acuerdo? ¿Cree que sea posible tener un gobierno
democrático sin partidos que compitan? ¿Se le ocurre a usted alguna otra forma
de sustituir el sistema de dos partidos?

OBJETIVO

**Díganse las razones de que se hayan formado partidos políticos en los Estados Unidos de
América.**

Figura 8. Ejemplo de UEA tomado de PLAN, con un objetivo de estudios sociales de
séptimo grado. (Con autorización de Westinghouse Learning Corporation.)

El manejo de los materiales

Es peculiar de los materiales que aparecen en forma modular que tiendan a estar ordenados en "fragmentos" más pequeños que en el caso de la enseñanza tradicional. Los materiales correspondientes a un objetivo deben estar separados físicamente de los materiales correspondientes a otros objetivos, o bien claramente identificados y con un índice, para que concuerden el objetivo y la prueba del módulo.

Materia en qué pensar

GUÍA DE LA ENSEÑANZA

Toda mascota necesita alimento apropiado,
INCLUSO las palabras-mascota como la amiguita que vemos aquí.

Y el mejor alimento para las palabras-mascota son las hojas prefijo y sufijo, como las de esta ramita.
Los prefijos y sufijos son grupos de letras que al agregársele a la palabra cambian el significado y la índole gramatical de ésta.

¡Alimentemos a nuestra hambrienta palabra y veamos qué sucede!

Veamos ahora si nuestra palabra-mascota ha cambiado de categoría. Recordemos las oraciones de prueba:

Sustantivo:
    Tengo **cuidado**. Tengo muchos **cuidados**.

Adjetivo:
                              descuidado
    El muchacho parecía ser muy **cuidadoso**.

Adverbio:
                          cuidadosamente.   **Cuidadosamente**
    El muchacho comió el pastel **descuidadamente**. **Descuidadamente** comió el pastel.

¿Puede cambiar de categoría la palabra-mascota **cuidado**, para convertirse en verbo? ¡Hágase la prueba para averiguarlo! Escríbase la respuesta abajo y discútase con un condiscípulo.

Figura 9. Ejemplo de Guía de la Enseñanza, tomado de PLAN. (Con autorización de Westinghouse Learning Corporation.)

Ya sea que los materiales de un módulo representen uno de los capítulos de un libro, varios capítulos de libros diferentes o una secuencia del programa de enseñanza elaborada especialmente, debe haber un sistema para que el estudiante, el profesor y cualesquier auxiliares de enseñanza puedan localizar rápidamente los materiales. Esto exige un sistema de índices o el arreglo físico separado de todos los materiales pertenecientes a cada módulo. Es conveniente que los materiales sean compilados dentro de un expediente que sea fácil de almacenar y consultar. También será conveniente emplear algún sistema de numeración, tanto para hacer planes como para llevar un registro de cada alumno, para localizar y analizar los materiales. Es práctico, por ejemplo, tener anotado: "módulo núm. 1: convertir fracciones en decimales", en hojas de planificación, de registro y en los propios materiales, al archivarlos en sus lugares correspondientes.

Es necesario que haya una hoja de planificación de cierto tipo por cada alumno, particularmente cuando se le otorga a éste cierta libertad para elegir objetivos. En este caso el estudiante puede consultar al maestro, a intervalos, para planificar por anticipado el uso de uno o más módulos. Por otra parte, si todos los estudiantes comienzan con el módulo número uno y concluyen tantos módulos como el tiempo les permita, podrá usarse una sola hoja para toda la clase, a fin de planificar, supervisar y llevar registros.

Aun ya planificados y elaborados los módulos, no es tarea pequeña asegurarse de que haya existencia suficiente de cada módulo, de que esté almacenada de modo accesible, y de que el material pueda seleccionarse y retornarse a su lugar. Si algunos de los materiales son abundantes, alguien (quizá un auxiliar) debe asegurarse, después de cada uso, de que la porción utilizable se vuelva a almacenar y preparar para usarla de nuevo.

ENTRENAMIENTO DEL MAESTRO
PARA LA ENSEÑANZA INDIVIDUALIZADA

A primera vista, la tarea de almacenar, ordenar y emplear los módulos puede hacerle a uno pensar que representa más problemas de los que valdría la pena admitir. Los maestros necesitan aprender a manejar la enseñanza individualizada. Al principio este aprendizaje puede hacer que el maestro piense que sus funciones más valiosas están siendo usurpadas por el sistema, y que a él se le pide desempeñar únicamente el trabajo de un secretario o empleado. Esto se debe a que algunas de las tareas *son* nuevas y extrañas para él, en comparación con las que se requieren en un método de enseñanza tradicional. Todos los maestros necesitan entrenamiento especial para organizar y guiar la enseñanza individualizada, y no puede esperarse que se desempeñen adecuadamente, ni mucho menos con entusiasmo, sin tal entrenamiento. Toda vez que en el futuro este entrenamiento formará parte de los programas de adiestramiento del maestro, anteriores a su ingreso al servicio, lo más probable es que se afronte el problema durante la educación del maestro y no después.

Aun cuando se les dé el entrenamiento adecuado, no todos estarán de acuerdo con el sistema individualizado; los maestros experimentados están acostumbrados a ser el centro del escenario, y muchos no querrán renunciar a esta función. Los maestros que se cansen de decir lo mismo en sus clases, año tras año, con gusto admitirán su cambio de función. Prácticamente el maestro dedicado estará dispuesto a emplear cualquier método que ayude más a los estudiantes. No obstante, esto implica que los resultados obtenidos con los alumnos deberán tener prioridad sobre las preferencias de función del maestro, lo que sin duda será una lección difícil para muchos. Una vez que el maestro ha aprendido y experimentado su nueva función, generalmente llega a preferirla.

Supervisión del progreso del alumno

La supervisión del progreso de los alumnos consiste en dos funciones relacionadas: determinar lo que cada estudiante aprende, y la rapidez con que lo está haciendo. Echando un vistazo a la carta de la clase puede uno ver qué módulos ha terminado el estudiante y con cuál está trabajando ahora. Para dar por "concluido" un módulo, el estudiante debe cumplir con un requisito mínimo de ejecución en una prueba, o conforme a cualquier otra manera en que se evalúe su aprovechamiento en relación con el objetivo. A veces este requisito se enuncia en el objetivo, como "resolver correctamente ocho de diez ecuaciones lineales"; en otras ocasiones debe evaluarse el producto: un informe de laboratorio, una obra de arte o el análisis de un artículo relacionado con la investigación de los prejuicios. Para que tales evaluaciones sean tan objetivas y confiables como se pueda, hay que emplear una "hoja de calificación" u "hoja de criterio", en la cual se enuncian las características que deben buscarse en el resultado del estudiante, así como algún sistema para establecer si ha satisfecho el criterio. Por ejemplo, pueden asignarse puntos a cada característica que se va a evaluar; o puede contarse el número de características presentes y satisfactorias. Cualquiera de estas técnicas es preferible a la de hacer un juicio único y general; no sólo porque así mejorará la evaluación, sino también porque servirá a una función de diagnóstico: podrá mostrarle al estudiante en qué aspecto necesita mejorar. La misma "hoja de criterio" puede dársele al estudiante al principio de la enseñanza, y cubrir así la función de informarle lo que se espera de él, sugiriéndole cómo hacerlo, y diciéndole cómo se evaluará su desempeño.

Algunas evaluaciones pueden hacerse oralmente. Al discutir el módulo y el trabajo desempeñado por el estudiante, frecuentemente el maestro podrá hacer una prueba más profunda que la escrita, y la evaluación podrá abarcar también el planeamiento de la siguiente tarea que se emprenderá, o del método correctivo necesario. Aunque las pruebas orales puedan ser menos normalizadas que las escritas, a menudo son convenientes y eficaces cuando se realizan con solo un estudiante.

Independientemente de cómo se supervise el progreso, por lo general el maestro sabrá más acerca del avance del estudiante con un plan individual bien elaborado, que cuando enseña a grupos. Una de las razones es que la enseñanza individualizada permite que todos los alumnos respondan cada una de las preguntas; incluso cuando todos los estudiantes están trabajando por los mismos objetivos, ésta es una característica deseable. Naturalmente, cuando los estudiantes trabajan por objetivos o grupos de objetivos particulares, las evaluaciones deberán realizarse de manera individual.

Evaluación de las ejecuciones

Se evalúan las ejecuciones durante un programa de enseñanza individualizada, para satisfacer los siguientes propósitos: a) ubicación de los estudiantes en un "nivel" aproximado respecto de las primeras asignaturas de cada tema; b) evaluación del dominio de cada módulo, y de la consecución de los objetivos de la enseñanza relativa a las tareas complementarias o de enriquecimiento; c) diagnóstico de las dificultades del aprendizaje, para identificar las tareas que han de asignarse, y d) medición del progreso del alumno en las diferentes áreas del plan de estudios en el año lectivo.

Pruebas de ubicación. Al principio de cada año lectivo se les pueden poner pruebas de ubicación en diversas áreas a los estudiantes. Cuando es necesario las pruebas se hacen de manera individual (por ejemplo, en la lectura en voz alta de los niños). En razón de su ejecución en estas áreas, se traza un plan general para cada estudiante, cubriendo un periodo de seis semanas, y las asignaturas iniciales se elaboran de acuerdo con dicho plan. En el caso de los temas cuyos objetivos deben ser elegidos por los estudiantes, se usan las puntuaciones de ejecución y los registros de actividades realizadas en el año anterior para completar el plan de seis semanas, pronosticando las actividades deseables en estas materias, las cuales deben ser elegidas.

Evaluación del dominio. La evaluación de las ejecuciones del estudiante es de particular importancia en un sistema individualizado, particularmente en el área de aquellas capacidades intelectuales en que las nuevas tareas se asignan con base en el dominio de las capacidades de requisito. A esta evaluación diaria no deberá considerársele como un tipo formal de "prueba", sino asociarla a los "sondeos" informales que generalmente llevan a cabo los maestros en el aula. Difiere de este último no en la manera formal de administrarse, sino por tomar en cuenta las normas establecidas (criterios), que el maestro o el alumno usan para juzgar cuándo se ha alcanzado el dominio. Los criterios de dominio se especifican en los programas elaborados para la enseñanza individualizada, al mismo tiempo que los procedimientos e ítemes empleados para observar la ejecución de cada estudiante.

Pruebas de diagnóstico. Cuando el estudiante se topa con una dificultad en alguna asignatura, el maestro o su ayudante le administra una breve prueba de diagnóstico. Los procedimientos de diagnóstico proporcionan un indicio de las capacidades de requisito y la información que el estudiante ha aprendido mal u olvidado. Por tanto, le dan al maestro una idea de la siguiente tarea o repaso recomendables que permitirán establecer nuevamente la capacidad necesaria en el estudiante.

Evaluación de la actitud. La evaluación de las actitudes del estudiante en áreas como la de cooperación, colaboración, control de los actos agresivos, amabilidad y otras, puede hacerla el maestro mediante listas de identificación con las que cumpla el alumno cada determinado tiempo. Otras actitudes socialmente aceptables, como las de civismo, que pueden ser objetivos salientes en la enseñanza de los estudios sociales, pueden evaluarse de otras formas, por ejemplo, con cuestionarios. Los registros de las actitudes del estudiante frecuentemente conforman la base de los informes que envían los maestros a los padres, o sirven como ítemes para discutirse en las pláticas entre padres y maestros.

Las pruebas anuales. Las pruebas de aprovechamiento del alumno también se le administran a éste hacia el final del año lectivo, o más frecuentemente. Las calificaciones obtenidas se emplean para comparar el aprovechamiento de los alumnos con el de otros grupos, conforme a las normas generales basadas en la edad del alumno. Con este fin se emplean frecuentemente las pruebas referidas a la norma (véase el capítulo 9).

Actividades cotidianas

Las diversas actividades encaminadas a conducir un sistema individualizado sugieren las actividades cotidianas de los maestros, alumnos, ayudantes y (cuando así es conveniente) los tutores de los alumnos. Todas estas personas ganan experiencia con los métodos individualizados y se desempeñan con mayor libertad. Al principio quizá haya poca actividad cuando el alumno espera que se le ayude o que se le diga qué hacer, y mientras el maestro trata de supervisar toda la actividad. Gradualmente el alumno se va haciendo cada vez más habilidoso como estudiante independiente y aprende a desempeñarse dentro del sistema, así como a valerse de sus propios recursos. Aunque al principio se sienta más apremiado por las circunstancias, más tarde el maestro encuentra que se desempeña con mayor calma y facilidad, al mismo tiempo que se va haciendo más diestro. Al principio podrá parecerle que hay demasiadas cosas a las que debe atender, pero esto se alivia con el tiempo.

Las actividades del estudiante a veces son demasiado variadas en un periodo relativamente corto, especialmente cuando toda la escuela, y no sólo un curso o un aula, se ocupa de un sistema individualizado, el concepto de "programación flexible" se combina con la enseñanza individualizada. Entonces el estudiante podrá pasar la mayor parte de un día trabajando sobre una materia, pero al siguiente acaso se ocupe de actividades breves, relativas a muchas materias. Con esta libertad de concentrarse en un punto y diversificarse en otro, la enseñanza escolar pierde gran parte del aburrimiento que resulta de tener el mismo programa todos los días. Si el sistema de la escuela se ha elaborado para darle mayor flexibilidad a la programación de las actividades del alumno, entonces éste tendrá literalmente a su disposición un mayor número de maestros y recursos en cualquier momento. Los sistemas de enseñanza de grupo son también compatibles con estos conceptos de uso del espacio y programación flexible.

En menos de lo que dura un día escolar, el estudiante puede pasar de un gabinete de estudio a una sección audiovisual, a desempeñar una actividad en grupo, a una conferencia con uno o más maestros, a un aula de prueba y a una práctica con un conjunto musical o un grupo de baloncesto. Otras veces, con una sesión de tres horas de laboratorio y escritura, podrá complementar su trabajo semanal de química.

Por lo general los maestros pasan diariamente cierto tiempo en sesiones de planificación con grupos de uno a seis estudiantes; supervisan el progreso y los resultados de las pruebas y les asignan nuevas tareas a otros estudiantes. Otras veces el maestro se dedica al diagnóstico individual y a la enseñanza correctiva, o a dar una conferencia sobre el cambio de un programa planificado; a menudo organiza y dirige pequeñas sesiones con grupos de estudiantes que están aproximadamente al mismo nivel de aprendizaje.

En gran medida, los archivos de material son mantenidos en orden por los estudiantes y los asistentes, siempre y cuando se les haya enseñado previamente cómo hacerlo. Los asistentes de los maestros administran y califican pruebas, ayudan a llevar registros y auxilian a los estudiantes en la búsqueda de los materiales necesarios. También pueden servir de tutores, y generalmente sustituyen al maestro cuando éste se halla muy ocupado. En general su función es ayudar a poner en práctica los planes acordados por el maestro y el estudiante.

Control del aula

Aunque en general los principios del control y la disciplina del aula son los mismos en la enseñanza individualizada y en la de grupo, existen varios factores que tienden a reducir al mínimo los problemas de disciplina con el método individualizado. En primer lugar, la atención personal y la consideración que se le da al estudiante y a sus deseos, planes, condiciones e intereses, tienden a motivarlo positivamente hacia el éxito. En segundo, el método mismo está planificado para alentar el éxito en el aprendizaje, y esto recompensa y motiva intrínsecamente el esfuerzo constante. En tercero, el maestro pasa menos tiempo "dando clase"; con esto disminuye la probabilidad de que el estudiante distraiga al resto del grupo. El maestro puede ocuparse de un estudiante desordenado o que no presta atención, sin que todos los demás lo adviertan, y así éstos pierden la oportunidad de divertirse provocando al maestro. Todos estos factores contribuyen a aliviar la tradicional relación de enemistad que tiende a formarse entre los alumnos y los maestros.

Como el sistema de enseñanza individualizada está claramente planificado para ayudar al alumno a tener éxito, los jóvenes sensatos generalmente responden a él de manera favorable. Así como el sistema desalienta la tendencia a provocar al maestro, también desanima las discusiones públicas en que ninguna de las partes está dispuesta a "echarse para atrás". Finalmente, no deja que el maestro caiga en la tentación de ser sarcástico ni de poner en ridículo un trabajo deficiente; tácitamente le recuerda que el objetivo es el aprendizaje y no la actuación en público ni la psicología de las masas. Lo más importante es que el sistema individualizado pone de relieve el aprendizaje y el aprovechamiento que el estudiante logra y evalúa personalmente una vez que acepta la responsabilidad de aprender.

Administración de contingencias. Las técnicas de manejo de contingencias son de gran utilidad para administrar el sistema de enseñanza individualizada. Dicho más llanamente, se trata de técnicas que el maestro emplea para disponer el orden de las actividades del estudiante, de manera que a una actividad que al principio el estudiante no prefiere la siga una actividad preferida, reforzando entonces a la primera. El concepto de contingencias de reforzamiento fue introducido y desarrollado por Skinner (1968). Muchos autores han escrito sobre la aplicación de técnicas de administración de contingencias a las situaciones escolares (Homme y colaboradores, 1969; Buckley y Walker, 1970; Madsen y Madsen, 1970).

Cuando se emplea adecuadamente, la administración de contingencias sirve para alcanzar tres objetivos que forman parte de la enseñanza eficiente:

1. Establecer y mantener la conducta disciplinada del estudiante, evitando el desorden y la distracción en el aula, y encauzando a aquéllos hacia actividades de aprendizaje productivas.

2. Desarrollar la enseñanza de manera que se inculque en los estudiantes un agrado por el aprendizaje y las realizaciones a que éste conduce.

3. Captar el interés de los estudiantes en las actividades de solución de problemas, como fuentes de satisfacción por el dominio de las capacidades intelectuales que conllevan dichas actividades.

En general, el maestro necesita aprender a identificar las diferencias de intereses, gustos y desagrados de los estudiantes, y a emplearlos para elegir las contingencias que permitirán un medio de aprendizaje orientado hacia el trabajo.

RESUMEN

La enseñanza individualizada se planifica siguiendo los mismos métodos que se aplican al planeamiento de las lecciones individuales para la enseñanza de grupo tradicional. Las definiciones que se dieron antes, de objetivos de desempeño, jerarquías de aprendizaje, programación y empleo de los acontecimientos didácticos adecuados y condiciones de aprendizaje, se aplican a la planificación del "módulo" para la enseñanza individualizada.

El "sistema de administración" es lo que distingue fundamentalmente al planeamiento de los módulos del de las lecciones. Las características de los materiales de la enseñanza individualizada son las siguientes:

1. Los módulos generalmente se prestan más para la autoenseñanza que las lecciones tradicionales. En los materiales que constituyen el módulo, más que en los de tipo convencional, se incluyen los acontecimientos didácticos y las condiciones del aprendizaje necesarias.

2. Los materiales incorporados en los módulos permiten en mayor grado la enseñanza directa, mientras que con los métodos tradicionales el maestro presenta más información que la necesaria; de ahí que la función del maestro sea un tanto diferente. La enseñanza individualizada depende en menor grado de la función del maestro como portador de información; se hace mayor hincapié en la orientación, evaluación, supervisión y diagnóstico.

3. En algunos sistemas se proporcionan materiales y medios sucedáneos para cada objetivo, con lo que la elección puede variar conforme a las preferencias del estudiante, relativas al estilo de aprender.

A veces los módulos de enseñanza individualizada contienen todos los materiales, ejercicios y pruebas necesarios. En otros casos, en el momento adecuado remiten al estudiante a materiales y actividades externas. Un módulo abarca generalmente y cuando menos:

1. Un objetivo de ejecución.
2. Un conjunto de actividades y materiales de aprendizaje, ya conteni-dos en el propio módulo, ya externos al mismo.
3. Un método de evaluación del dominio del objetivo.
4. Una forma de que el maestro pueda verificar el resultado del apren-dizaje.

Dada su naturaleza, la enseñanza individualizada por lo general pro-porciona retroalimentación y comprobación de progreso más frecuentes que la enseñanza tradicional; permite más libertad de elección por parte del estudiante, según la medida en que los objetivos sean "opcionales" u "obli-gatorios". Por lo común el alumno determina cuando menos su propia velo-cidad de avance en las actividades de aprendizaje.

La administración de la enseñanza individualizada requiere una forma de ordenar con un índice y archivar los módulos, una manera de progra-marlos para que los use cada alumno, un método supervisor del progreso de éste, y otro para evaluar su aprovechamiento. En ocasiones se hacen "contratos" acerca del trabajo requerido, del trabajo suplementario o de enriquecimiento, y de la forma de ganar tiempo libre para que el educando se dedique a sus actividades preferidas.

Los problemas del control del aula, por lo general son menores en la enseñanza individualizada que en la tradicional. De ordinario los maestros necesitan entrenamiento especial para la administración de cada sistema. Una vez que dominan las rutinas necesarias, generalmente prefieren el indi-vidualizado a los métodos tradicionales.

REFERENCIAS BIBLIOGRÁFICAS

AUSUBEL, D. P. *Educational psychology. A cognitive view.* Nueva York: Holt, Rinehart & Winston, 1968.

BRIGGS, L. J. Learner variables and educational media. *Review of Educa-tional Research,* 1968, *38,* 160-176.

BUCKLEY, N. K. Y WALKER, H. M. *Modifying classroom behavior: A ma-nual of procedures for classroom teachers.* Champaign, Illinois: Research Press, 1970.

EDLING, J. V. *Individualized instruction: A manual for administrators.* Corvallis, Oregon: DCE Publications, 1970.

HOMME, L., CZANYI, A. P., GONZALES, M. A. Y RECHS, J. R. *How to use contingency contracting in the classroom.* Champaign, Illinois: Research Press, 1969.

MADSEN, C. H., JR. Y MADSEN, C. K. *Teaching/discipline: Behavioral principles toward a positive approach.* Boston: Allyn and Bacon, 1970.

PRESSEY, S. L. Development and appraisal of devices providing inmediate automatic scoring of objective tests and concomitant self-instruction. *Journal of Psychology,* 1950, *29,* 417-447.

ROHWER, W. D., JR. Prime time for education: early childhood or adol-
scence? *Harvard Educational Review*, 1971, *41*, 316-341.
SKINNER, B. F. *The technology of teaching*. Nueva York: Appleton-Cen-
tury-Crofts, 1968.
WEISGERBER, R. A. *Developmental efforts in individualized instruction*. Itasca,
Illinois: Peacock, 1971.

capítulo **11**

Planificación de los sistemas de enseñanza

Usualmente se considera que un sistema es una empresa humana de naturaleza compleja que sirve a un fin valioso para la sociedad. Podría emplearse la expresión "Sistema Educativo Norteamericano" para hablar del funcionamiento de todas las escuelas y demás instituciones que tienen propósitos educativos en la nación en conjunto. Más comúnmente, "sistema educativo" se refiere a todas las escuelas de una ciudad o distrito que funcionan bajo un mismo régimen escolar. En tal sistema escolar local, dicho término se usa a menudo para distinguir las funciones de enseñar a los alumnos, de las que pertenecen al deporte, la administración económica o la administración en general.

La extensión del dominio de un sistema no tiene límites fijos. En sentido estricto, un solo curso o método educativo podría considerarse un sistema educativo; o bien, en el otro extremo de la escala, podría llamársele sistema social a toda la sociedad norteamericana, con su sistema comercial, gubernamental, escolar, etc. Es evidente, pues, que el uso de la palabra sistema es relativo y denota una forma organizada de lograr ciertas metas, ya sea que éstas pertenezcan a la sociedad total o a una parte de ella, o a un solo maestro. Como lo indica el título de este capítulo, vamos a ocuparnos de la enseñanza con el mínimo de referencias a la administración escolar, su economía y otros aspectos.

La enseñanza está constituida por los medios que usan los maestros, los elaboradores de materiales, los especialistas en planes de estudio y todos los que se encargan de elaborar un plan organizado para fomentar el aprendizaje. El sistema de enseñanza planificado puede concernir a las escuelas públicas o privadas, a la industria o al entrenamiento militar. Aquí no hacemos ninguna distinción particular entre la educación y el entrenamiento, dado que ambos tipos de sistema se planifican para fomentar el aprendizaje que lleve a las clases de resultados que se describieron en los capítulos anteriores.

El enfoque sistemático y la tecnología educativa

En años recientes, los empeños sistemáticos por elaborar la enseñanza han llegado a considerarse ejemplos del "enfoque sistemático". Esta forma de planeamiento ha llegado a ser familiar para los administradores de los asuntos comerciales y de las operaciones industriales y militares, así como de los sistemas escolares. Aunque no ha transcurrido el tiempo suficiente como para que esta expresión goce de un sentido de aceptación general, por la mayor parte puede decirse que el contenido del presente volumen es compatible con el enfoque sistemático del planeamiento de la educación. Esto se evidencia particularmente en el hincapié que se hace en los resultados del aprendizaje como metas del sistema educativo, y también por sus intentos de aplicar el conocimiento sistemático del proceso del aprendizaje al planeamiento de la enseñanza.

Para planificar sistemas de enseñanza se emplea un tipo de conocimiento llamado *tecnología educativa*. En ocasiones se asocia este término con las computadoras y otros medios mecánicos usados para la enseñanza; no obstante, hay una tendencia creciente a relacionar el significado de la tecnología educativa con el *proceso* de planeamiento conforme al cual se desarrolla el sistema de enseñanza, se pone en práctica, controla y evalúa. Los procedimientos que se describirán en este capítulo para planificar los sistemas de enseñanza, son compatibles con este último sentido de la tecnología educativa (véase Davies y Hartley, 1972).

Al enmarcar históricamente la tecnología educativa, Davies (1971) señala que hay un número creciente de influencias que converge hacia los conceptos y prácticas actuales del planeamiento de la enseñanza. Según Lumsdaine (1964), estas primeras influencias consisten en los siguientes avances: a) *interés por las diferencias individuales* del aprendizaje, como se ve en la investigación educativa militar y en los programas de desarrollo, en los aparatos para la autoenseñanza como los ideados por Pressey (1950) y Briggs (1960), y en los programas ramificados de Crowder (1959); en las aplicaciones de la computadora a la enseñanza, y en los conceptos de probar y producir equipo y accesorios de computadoras; b) ciencia *conductual* y teoría del aprendizaje, como puede verse en la importancia que le da Skinner a las contingencias de reforzamiento y a sus máquinas de enseñanza (1968), y en la teoría de la contigüidad de Guthrie (1935), y c) en la *tec-*

nología de la física, representada en la enseñanza por el cine, la televisión y el videotape; así como en los dispositivos audiovisuales que complementan los medios impresos. Todas estas corrientes, aunadas a la importancia que en este volumen se le da a los tipos de resultados de aprendizaje y sus correspondientes acontecimientos didácticos, pueden utilizarse armoniosamente para elaborar sistemas de enseñanza en que se dé atención principal a las actividades de cada estudiante y a la verificación de sus resultados.

Otro acontecimiento histórico relacionado con estos primeros avances, fue el hecho de que los servicios militares reconocieran que la construcción de un sistema de armas requiere que se desarrolle al mismo tiempo un "sistema de personal" que incluya los planes para entrenar a éste. Un acontecimiento paralelo en la industria y los negocios propagó aún más la idea de que son necesarios los enfoques sistemáticos para la administración de cualquier organización.

Como los objetivos específicos del entrenamiento militar e industrial son más especializados, estrechos y concretos que muchos enunciados de objetivos de la educación, algunos críticos de la tecnología educativa han llegado a cuestionar la pertinencia de un enfoque sistemático de la educación. Muchos de los primeros ejemplos de sistemas de enseñanza que vieron los educadores se enfocaron en formas relativamente simples de aprendizaje o en objetivos que se consideraban triviales. Estas desafortunadas circunstancias han hecho difícil persuadir a algunos educadores para que consideren los auténticos méritos de la tecnología de los sistemas de enseñanza, y tal vez han llevado a unos cuantos de ellos a adoptar una posición más extrema en contra de cualquier forma de planificación sistemática de la enseñanza, de la que de otra forma hubiesen adoptado. Este negativo punto de vista parece relacionarse con un fenómeno señalado en un capítulo anterior, a saber, la oposición a los enunciados de los objetivos educativos, debida a que la educación generalmente tiene como resultado la consecución de objetivos imprevistos. Al parecer pasará algún tiempo antes de que hayan suficientes demostraciones de la eficacia del enfoque sistemático a la planificación de la enseñanza, como para superar completamente el escepticismo que hoy impera.

La orientación sistemática y las metas humanistas

Un sistema educativo planificado no es necesariamente "mecanicista" ni "prescriptivo", ni ha de pasar por alto metas de naturaleza humanista. Los capítulos anteriores de este volumen, si bien han tenido el fin de contribuir a la tecnología sistemática, han abarcado también el planeamiento relativo a ramas de la actividad escolar como el desarrollo de valores personales y actitudes especialmente deseables, la adquisición de un conocimiento amplio de la historia y la literatura, y el cultivo de métodos de pensamiento creativo. Por lo que se refiere a las metas, estas variedades de resultados de aprendizaje, consideradas a menudo como reflejo del empeño humanista, considéranse de alto valor para el planeamiento de la educación.

Como se indicó en el capítulo 10, pueden planificarse sistemas de enseñanza que dependan en mayor o menor grado del "control del estudiante". Así pues, puede planificarse un sistema para que los estudiantes elijan un programa a fin de dedicar su tiempo a diversos objetivos del aprendizaje, a la sucesión de materias por estudiar o a los tipos de solución de problemas y actividades creativas que hayan de emprenderse. Las limitaciones prácticas de tales elecciones pueden estar determinadas por la existencia de materiales y ambientes didácticos; mas no hay nada en la orientación sistemática en sí que limite estas diversas formas del planeamiento educativo. Si se desea que los alumnos controlen uno o más aspectos de las situaciones que rodean a sus actividades de aprendizaje, al planificarse los sistemas deben buscarse maneras ingeniosas de hacer disponibles los materiales, medios y otros recursos ambientales que hagan viables tales elecciones. Pueden alterarse los requisitos de la planificación sistemática de la enseñanza mediante diversos tipos y grados de control por parte del alumno, pero no por eso se reducirán sino que, de hecho, aumentarán.

De esta manera, habrá de reconocerse que el planeamiento de los sistemas de enseñanza no es una empresa en que se determine de antemano la importancia de las metas de aquélla, ya sean humanistas o de otra índole. La comunidad o distrito escolar podrán elegir los objetivos que prefieran y, aun así, afrontar el problema del planeamiento del sistema. Lo importante es que se elijan y comuniquen las metas de manera que los planificadores del sistema puedan entenderlas claramente, para que así se identifiquen entonces los resultados esperados.

PASOS PARA ESTABLECER EL SISTEMA EDUCATIVO

Como su nombre lo indica, la elaboración del sistema educativo supone una serie de procedimientos; frecuentemente éstos y sus relaciones mutuas se representan en cartas y diagramas de flujo. Preferimos enumerar los pasos de que consta la elaboración del sistema educativo, y describir las formas en que se relacionan como procedimientos. Como se presentan aquí, los pasos de la elaboración derivan de toda una variedad de fuentes (véase Gagné, 1962). En la tabla 7 se enumeran los pasos, de la manera como se describen generalmente.

En general estos doce pasos tienen lugar en el orden mostrado; pero en la práctica conservan cierta independencia. Las decisiones que se to-

Tabla 7. *Etapas de la elaboración del sistema de enseñanza*

1. Análisis e identificación de necesidades
2. Definición de metas y objetivos
3. Identificación de otras formas de satisfacer las necesidades
4. Planificación de los componentes del sistema
5. Análisis de: *a*) los recursos necesarios, *b*) los recursos disponibles y *c*) las restricciones
6. Acción para eliminar o modificar las restricciones
7. Elección o elaboración del material didáctico
8. Planificación de los procedimientos para evaluar el aprovechamiento del alumno
9. Pruebas de campo: evaluación formativa y entrenamiento de maestros
10. Ajustes, revisiones y otras evaluaciones
11. Evaluación general
12. Instalación operacional

man en las primeras etapas influyen en las que se tomarán en las últimas, y las ideas que surgen en éstas llevan a revisar los planes hechos anteriormente. Naturalmente que los últimos acontecimientos conducen aún a otros ajustes de las etapas posteriores. Esta característica cíclica o iterativa del planeamiento del sistema de enseñanza, si bien demanda tiempo y esfuerzo, en realidad es una de las virtudes del método. Suelen ser mejores las informaciones y los conceptos nuevos, así como las reconsideraciones de los primeros planes que se hacen en vía de prueba. No puede representarse la duración ni la frecuencia exactas de tal repetición, ni siquiera de manera general, debido a que la situación es diferente con cada sistema que se planifica.

De particular importancia es la repetición que sigue al paso 9, de evaluación formativa; se trata de una repetición *planificada*. La teoría educativa está en una etapa relativamente inmadura, de suerte que incluso el planificador más experimentado esperará encontrar imperfecciones en su primer intento educativo. Lo común es que no se haga solamente una evaluación formativa y una repetición, sino toda una serie de tales modificaciones al sistema. Esta repetición empírica es la "prueba de fuego" de todo el trabajo realizado antes. Las diversas repeticiones se basan en el discernimiento lógico, en la revisión de la congruencia entre todas las etapas del planeamiento y en la consideración constante del sistema; pero incluso estas revisiones deben pasar por una prueba empírica. Aunque la lógica sea el fundamento de cierta repetición, los datos, en la forma de la calidad con que los estudiantes se desempeñan como resultado de la enseñanza, deben tenerse en cuenta al hacer cambios posteriores en el sistema.

Así pues, es obvio que la "orientación sistemática" al planeamiento de la enseñanza se basa, por una parte, en el pensamiento y planificación lógicos y sistemáticos, haciendo uso de todos los testimonios teóricos y empíricos de que se disponga, y, por el otro, en las pruebas empíricas y los descubrimientos de hechos. La combinación del pensamiento sistemático, el uso de la teoría, el empleo de los hechos a partir de estudios de evaluación, y la repetición, representa una mejora sobre las formas antiguas de planificar la enseñanza. Todo procedimiento, si bien carente de una elegante precisión y poder predictivo como el de la física, está más próximo a una ciencia de la educación que las otras orientaciones al planeamiento de la enseñanza. No mantenemos que una orientación intuitiva siempre sea inferior a las orientaciones sistemáticas, toda vez que los planificadores varían tanto en su capacidad de intuición como en sus empeños de planificar sistemáticamente. No obstante, la orientación sistemática permite verificar si el sistema ha logrado o no su objetivo de planeamiento, es decir, si la ejecución del estudiante demuestra que se han satisfecho sus necesidades. Esto nos proporciona el fundamento para un sistema de apreciación mediante el cual los educadores puedan informar al público la medida en que se han alcanzado los objetivos del planeamiento.

¿Quién elabora los sistemas de enseñanza?

La planificación de un sistema de enseñanza es una empresa que a menudo supone la intervención de muchos tipos de personas e instituciones especializadas. La magnitud de este esfuerzo dependerá naturalmente de si el planeamiento se hace para una sola clase o módulo, para un sistema escolar nuevo, o para un nuevo plan de estudios que vaya a implantarse apenas en un sistema escolar dado.

La mayor parte de la enseñanza actual no se ha planificado como sistema educativo, conforme a los pasos de la tabla 7. Por el contrario, diferentes agencias que trabajan casi con plena independencia proporcionan algunos de los recursos empleados para la enseñanza tradicional. En las universidades se ha entrenado a los maestros; los editores han proporcionado los textos, y las comunidades locales han construido escuelas y empleado a personas que las administren. Acaso los maestros merezcan más crédito del que generalmente reciben por tratar de adaptar componentes de la enseñanza que no armonizan entre sí, por no haber existido la coordinación suficiente para hacerlos compatibles. No es tarea fácil emplear materiales didácticos destinados a otros objetivos, para los cuales no se planificaron ni trataron de realizar la individualización de la enseñanza con materiales no planificados para tales sistemas.

Parece evidente que el esfuerzo conjunto de las escuelas, la industria, las universidades y otras dependencias gubernamentales y organizaciones, todas ellas trabajando coordinadamente y aplicando la orientación sistemática, sería el modelo ideal de planificar sistemas educativos para el futuro. Hay otras maneras de trabajar que también tienen su mérito y que llegado el momento se ensayarán para mejorar la enseñanza. Podría intentarse, por ejemplo, que las escuelas y universidades compartieran más estrechamente las responsabilidades relativas a la preparación de los maestros. No obstante, la producción de los materiales didácticos necesita integrarse también a otros aspectos de la labor educativa en general, para que pueda emprenderse el desarrollo de sistemas óptimos.

Los planes de estudio independientes para los diferentes temas de enseñanza, elaborados por grupos independientes, si bien pueden ser atractivos desde el punto de vista de una sola disciplina, no lo son tanto cuando se trata de alcanzar las metas del sistema. Los empeños de un solo maestro o departamento de una escuela, dirigidos a implantar un nuevo plan de estudios parcial, pueden encontrar dificultades por no estar en consonancia con el resto de la escuela. Incluso el propio edificio de la escuela tal vez no esté diseñado adecuadamente para dar cabida al nuevo sistema.

Lo ideal sería que a un grupo de personas, probablemente representativas de cierto número de organizaciones, se les encargara la responsabilidad de diseñar todo el sistema escolar. Por ejemplo, en el programa de ciudades modelo, una parte de éstas podría ser literalmente destruida y reconstruida para adecuarse a las necesidades de la comunidad; no se harían para construir edificios escolares, excepto como parte integral del diseño de toda la sección de la ciudad. No se haría siquiera suposición alguna de que fuesen necesarios esos edificios escolares, hasta analizar las necesidades educativas y de otra índole, propias de la comunidad. Entonces se diseñarían todos los edificios para adecuarlos a las necesidades de las personas, conforme a las actividades y estilo de vida que ellas hubiesen elegido.

Para obtener resultados satisfactorios, el mejor camino, y el más prometedor, sería diseñar sistemas de enseñanza del tipo antes descrito. En la mayor parte de las ciudades o comunidades se preferiría, indudablemente, buscar una mejoría gradual de sus escuelas y sus planes de estudio y no —literalmente— edificar nuevos sistemas de enseñanza. Esto puede significar que los cambios que se operan no son tan satisfactorios a largo plazo. No obstante pueden diseñarse e instalarse nuevos sistemas de enseñanza conforme a las convenciones existentes. Se atacarían mejor los problemas de una sola aula, escuela o materia de estudios, que los de escuelas con planes de estudios completos. Incluso esfuerzos relativamente pequeños pueden permitir la satisfacción de necesidades nuevas o satisfacer mejor las necesidades reconocidas desde antes.

Por ejemplo, en el sistema escolar de la ciudad de Duluth, Minnesota, por el propio esfuerzo de sus miembros se introdujo la enseñanza individualizada en varias escuelas experimentales (Esbensen, 1968). La *American Telephone and Telegraph Company* reemplazó muchos cursos de primeros auxilios localmente elaborados (realizados por las compañías Bell) por un curso de primeros auxilios uniforme, elaborado por un contratista (Markle, 1967). El tiempo de entrenamiento se redujo, a la vez que mejoró notablemente la ejecución de los estudiantes. El nuevo curso, elaborado mediante una orientación sistemática, resultó más económico que los anteriores. Este primer ejemplo (Duluth) abarcó la enseñanza en escuelas completas; el segundo ejemplo (AT y T) consistió en 7.5 horas efectivas de enseñanza. De este modo, la orientación sistemática puede envolver cualquier cantidad de enseñanza que se desee emprender en un solo planeamiento y una sola elaboración coordinados.

ETAPAS DE LA PLANIFICACIÓN

Los pasos de la planificación del sistema educativo se enumeraron en la tabla 7. En esta parte describiremos más ampliamente estos pasos, a la vez que daremos algunas sugerencias de otras maneras de llevarlos a cabo.

Análisis de las necesidades

La elaboración de un sistema de enseñanza tiene su origen en cierta necesidad. Tocante al plan de estudios de la escuela, la necesidad pertenece generalmente a una de las siguientes clases: a) la necesidad de llevar a cabo más eficientemente la enseñanza de cierto curso que ya es parte del plan de estudios; b) la necesidad de dar nueva vida tanto al contenido como al método de cierto curso ya existente, o c) la necesidad de elaborar un nuevo curso.

De esta forma, un curso de química aceptado durante mucho tiempo como parte de un plan de estudios de secundaria o de universidad puede necesitar que se reelabore para cambiar los métodos, su contenido o ambos; o bien el contenido tradicional puede seguir siendo válido y estar actualizado, pero la necesidad puede ser la de sustituir las clases de tipo conferencia para muchos alumnos, por una forma individualizada de enseñanza, en las dos partes fundamentales del curso, es decir, en la que se refiere a la clase de tipo conferencia y a la de las clases de laboratorio. De otra forma, la necesidad primordial puede consistir en actualizar el contenido del curso, pero como esto necesita una nueva elaboración, pueden también volverse a considerar los métodos de enseñanza. Tal vez en el futuro se necesite cada vez más un curso completamente nuevo, orientado a los problemas contemporáneos, más que a la disciplina tradicional. De esta manera, un nuevo curso sobre la "conservación de los recursos naturales" puede sustentarse en varias disciplinas, insistiendo en la solución de los problemas más que en la estructura de cualquier disciplina.

En el plan de estudios de física elemental que se dio en un capítulo anterior *(Science—A Process Approach,* AAAS Commission on Science Education, 1967), se vio que había la necesidad de enfocar las capacidades intelectuales requeridas para dicha materia. También podría considerarse que la necesidad de este campo fuera la de dar enseñanza acerca de la solución de cierta clase de problemas como la contaminación, alentar el desarrollo de tipos de capacidades útiles para resolver problemas, o bien enseñar "el contenido" de una disciplina. En todo caso, esclarecida la naturaleza de la necesidad, el siguiente paso es establecer metas y objetivos que se empleen para enfocar adecuadamente el resto de los pasos del planeamiento del sistema educativo.

Como el ritmo con que cambia la sociedad es cada vez mayor, también deberá aumentar la frecuencia con que se consideren las necesidades educativas, si no se quiere ensanchar la brecha que existe entre los planes de estudios reales y los que se necesitan. Esta discrepancia entre lo que se tiene y lo que se necesita, produce la necesidad de un nuevo sistema de enseñanza, o cuando menos la de volver a planificar el actual. A veces, para hacerlo más eficaz, se necesita actualizar el sistema en lo relacionado al contenido, cambiar los métodos para satisfacer a un número mayor de estudiantes, o mejorar el aprendizaje de todos y cada uno de éstos. En otros casos deben crearse sistemas completamente nuevos para satisfacer las nuevas necesidades.

El gobierno federal y las fundaciones privadas patrocinan investigaciones dirigidas a pronosticar los tipos de cambios sociales que se operarán en los años venideros. Empleando métodos especiales para aprovechar el consenso entre expertos, se hace el esfuerzo de prever las condiciones futuras de la sociedad, para identificar las nuevas necesidades de los planes de estudios. Considerando que incluso las mejores técnicas de pronóstico pueden fallar, los educadores insisten en tratar de enseñarle a los niños la manera de afrontar y resolver problemas; también reconocen la necesidad de dar oportunidades de aprendizaje de por vida, que ayuden a las personas a cambiar el objetivo de sus capacidades de resolver problemas cuando cambia la naturaleza de las necesidades más importantes.

Aunque esfuerzos como éstos están dirigidos a preparar a los alumnos para el futuro de la sociedad, no hay que pasar por alto el tipo de análisis de necesidades que se centra en el individuo y no en la sociedad. Seguramente que han de considerarse juntos estos dos tipos de necesidades para poder planificar sistemáticamente la enseñanza adecuada para los estudiantes, que serán los adultos del mañana.

Análisis de metas y objetivos

Si comenzamos por los resultados del análisis de las necesidades, el siguiente paso será describir las metas y objetivos del sistema educativo. Al hacerlo hay que partir de lo general a lo específico. La "magnitud" del sistema por planificarse determinará cuántos "niveles" de metas y objetivos necesitan definirse.

Existen dos razones para avanzar de lo general a lo específico; una de ellas tiene que ver con la comunicación. Las metas de toda una escuela o de un solo curso necesitan comunicarse en términos muy generales al público y al profesorado. El supervisor del plan de estudios necesita comunicarse a un nivel con el director, y a otro, más pormenorizado y específico, con el maestro. Éste y el planificador del sistema (en caso de que sean diferentes personas) necesitan comunicarse a un nivel muy específico. Y el planificador del sistema que supervisa la labor del equipo de planificación necesita comunicarse de una manera aún más explícita.

En seguida damos algunos términos que describen los niveles a los cuales pueden comunicarse las metas y los objetivos: el plan de estudios K-12; el plan de estudios de física K-12; el curso de física de sexto grado; los objetivos del tema del curso del sexto grado; los objetivos específicos de la clase; las capacidades subordinadas a un objetivo específico; una comunicación particular de una lección de una capacidad subordinada.

La segunda razón para trabajar de lo general a lo específico compete al planificador: los objetivos detallados pueden justificarse únicamente en función de cierto objetivo o meta más amplios. La razón de exigirle al estudiante que memorice algo que podría simplemente consultar en un libro, es que frecuentemente lo necesitará para resolver un cierto tipo de problema. El tipo de problema (objetivo específico), a su vez, es necesario para alcanzar un objetivo del tema; y el dominio del objetivo del tema se necesita para alcanzar el objetivo del curso que, a su vez, es parte del plan de estudios de física K-12.

De la misma manera que el objetivo para una sola capacidad intelectual puede descomponerse en una jerarquía de aprendizaje (véase capítulo 6), se puede elaborar una amplia carta en forma de pirámide en que se muestren todos los niveles del plan de estudios K-12. Para planificar el programa *Science—A Process Approach* (AAAS Commission on Science Education, 1967) se elaboraron cartas de este tipo.

Para entender mejor la idea de trabajar de lo general a lo específico, debe pensarse inicialmente en un diagrama para un curso anual. Éste puede consistir en un objetivo de fin de año, tres objetivos de unidad, y veinte o treinta objetivos específicos dentro de tres unidades. Elaborando un diagrama primero con palabras y frases sencillas, se llega a la organización total del curso. Después de ésta se puede describir "una caja" del diagrama en términos más detallados y conductuales (véase Briggs, 1972b, para algunos ejemplos).

¿Debe definirse en términos conductuales cada "caja" del diagrama? Si no se necesita todo el conjunto de definiciones para comunicarlo a los demás, lo indicado es convertir las frases en términos conductuales para los niveles en que se vayan a evaluar las ejecuciones de los estudiantes; se necesitan estos enunciados conductuales para que de ellos partan las mediciones. De otra forma, algunos de los niveles de análisis se realizan únicamente para ayudar a llegar al siguiente nivel inferior, que estará enunciado de manera conductual. Este procedimiento se usa para justificar la importancia de los tipos más sencillos de resultados del aprendizaje, en función de los niveles más generales de metas y objetivos.

No hay un número fijo de niveles para tales metas y objetivos. Para un curso de un año se necesitan únicamente cuatro niveles para pasar del objetivo del curso a las capacidades subordinadas de los objetivos específicos. Estas capacidades subordinadas representan el nivel más pormenorizado del objetivo necesario para planificar la enseñanza. Por debajo de este nivel se habla de conjuntos de acontecimientos didácticos necesarios para lograr la capacidad subordinada.

Los esfuerzos para invertir la dirección del planeamiento pueden tener resultados indeseables. Puede uno sentirse tentado a comenzar a un nivel más bajo, debido a que esté más próximo al "contenido" que se desee enseñar (o que ha enseñado); uno debe resistirse con resolución a tales impulsos. De otra forma terminaría uno por enseñar el curso viejo en lugar de planificar el nuevo, o establecería metas generales disparatadas para justificar las metas subordinadas más familiares. Es más fácil engañarse cuando no se procede de lo general a lo particular. La única ocasión para no hacerlo así es cuando uno se "atora"; cuando, por ejemplo, puede establecer un nivel "A" más elevado, pero por alguna razón no puede definir el nivel inmediato inferior. En este caso se permite "saltar" un nivel para llegar a otro que sea asequible, y más tarde ver cómo debería ser realmente el de enmedio. La búsqueda del intermedio no se hace únicamente con el afán de llenar el requisito; puede ser necesaria como un eslabón organizador y de asociación. De esto tenemos ejemplos en las jerarquías de aprendizaje de este libro (capítulo 6). Pasar por alto un nivel podría tener como consecuencia un análisis incompleto y una reducción de la eficacia del sistema.

Análisis de otras maneras de satisfacer
las necesidades

Hasta este momento se ha supuesto simplemente que se satisface una necesidad proporcionando enseñanza, de manera que el desarrollo de un sistema de enseñanza es el procedimiento para hacerlo. Ésta parece en general, una suposición razonable, pues estamos hablando de educación. Los siguientes asuntos conciernen a lo que se enseña y a la manera como se enseña. De esta forma pasamos al "análisis de las necesidades educativas".

Los estudios del entrenamiento militar e industrial nos sugieren que los problemas que inicialmente se piensa que representan necesidades de entrenamiento, a menudo son en realidad otros tipos de necesidades. No es raro que cuando una de las funciones de una organización no esté siendo desempeñada con eficacia aceptable, la conclusión inmediata pueda ser que el personal encargado de ella necesita más o mejor entrenamiento. En tales casos el análisis cuidadoso de las necesidades ha demostrado que el problema podría resolverse con otros medios, y no con entrenamiento, como reestructurando los trabajos; asignando nuevo personal, cambiando la política de la compañía; estableciendo nuevos procedimientos directivos o de operación, o proporcionando un "auxiliar del trabajo", especie de hoja de referencia para los procedimientos del trabajo.

Algo que debe tenerse en cuenta en la educación, como paralelo de la situación industrial que se acaba de mencionar, está implícito en la cuestión: "si existe una discrepancia entre la educación y la sociedad, ¿cuál necesita cambiarse?". Acaso actualmente haya una tendencia demasiado fuerte a suponer que la educación es culpable de los males de la sociedad. Si bien en la educación debe buscarse continuamente el mejoramiento, aun sin que la sociedad en la que se dé presione para hacerlo, existen muchos males sociales que pueden atribuirse más claramente al gobierno y al comercio privado que a la educación. La educación pudo haber contribuido, con el tiempo, a los problemas presentes; asimismo algunos de éstos pueden deberse a la falta de apoyo a la educación o a expectativas poco realistas de sus efectos en la conducta futura de los estudiantes. Además debe tenerse en cuenta que muchas actitudes fundamentales se forman como resultado de la influencia del hogar y la comunidad, y no de la escuela.

Estas consideraciones un tanto generales nos ayudan a hacer una transición equilibrada entre dos puntos aparentemente contrapuestos: *a*) los sistemas de enseñanza para los planes de estudio deberían elaborarse para hacer posible la solución futura de los problemas de la sociedad y *b*) ésta no debe ver exclusivamente en las escuelas una forma de presentar problemas correctamente. Si la necesidad actual es construir una "mejor sociedad" (como quiera que se defina), está claro que la educación debe desempeñar una función importante; pero también es claro que necesitamos esforzarnos por mejorar muchas otras instituciones y prácticas sociales.

Volviendo, pues, al curso principal del presente capítulo, una vez que se ha identificado una necesidad o reforma principales del plan de estudios con las metas generales de éste, convendría en seguida considerar otras formas o métodos antes de pasar a la planificación pormenorizada.

Otras estrategias. Generalmente hay varias estrategias para perseguir una meta principal con el fin de satisfacer una necesidad. A menudo estas opciones presuponen determinar quién elaborará (o elegirá) el sistema educativo. En el pasado, quienes eligieron fueron las escuelas públicas, las escuelas privadas o los tutores. En la actualidad existen otras opciones aparte de la escuela pública, como el "sistema de certificados" y el "contrato conductual". Las decisiones acerca de "a cuál escuela asistir" a menudo están ligadas con la cuestión de "quién es responsable de la planificación del sistema educativo". Tomadas tales decisiones, pueden considerarse los medios de aprendizaje disponibles relativos a cada método principal, para designar a los que serán responsables de la educación.

Otros ambientes de aprendizaje. Supongamos que el planeamiento se llevará a cabo conforme a la estrategia de responsabilizar a la escuela pública por la educación. Esta suposición elimina generalmente los "cursos por correspondencia" como medio de aprendizaje, excepto tal vez por cuanto se refiera a instituciones públicas universitarias. Pero nos deja las alternativas del aula o el laboratorio, de los grupos pequeños o los grandes, del estudio en grupo o el individualizado, y elecciones entre planes de estudios "centrados en los problemas", "centrados en el proceso" o "centrados en el contenido". Vale la pena el problema de especificar las alternativas disponibles, dentro de las restricciones generales de la estrategia educativa de la escuela pública, antes de tomar decisiones sobre el ambiente de aprendizaje preferido. Tomada esta última decisión, está uno listo para definir la naturaleza de los componentes de la enseñanza.

Planificación de los componentes de la enseñanza

Después de determinar el ambiente de aprendizaje supuesto, necesitan tomarse otras decisiones generales concernientes a la naturaleza de la enseñanza que se planificará. Determinaciones de este tipo general deben tomarse sobre los siguientes aspectos del sistema educativo:

1. Planificar la naturaleza de los materiales de estudio.
2. Especificar el método de estudiar los materiales.
3. Elegir entre materiales cuyas presentaciones se adecuen a la velocidad de estudio individual y a la de grupo.

4. Identificar la naturaleza de las actividades del estudiante con respecto a los materiales o los objetivos.
5. Planificar la manera de registrar el progreso del estudiante, y de dirigirlo.
6. Hacer explícita la función del profesor con respecto a los materiales y a los progresos del alumnado.
7. Programar las actividades del grupo y los métodos de enseñanza que se van a emplear.
8. Decidir los límites temporales del aprendizaje de velocidad individual o "programación abierta", si la restricción del programa es el dominio y no el tiempo.
9. Evaluar las ejecuciones del estudiante.
10. Idear procedimientos de "orientación", cuando se ofrezcan opciones entre objetivos o cuando se proporcionen diferentes "rutas hacia la meta".

Puede esperarse que las características específicas de la enseñanza varíen con los objetivos que representen diferentes dominios o tipos de resultados de aprendizaje, con la índole de los estudiantes y sus capacidades previas, y con el ambiente de aprendizaje supuesto.

Las restricciones generales del planeamiento son establecidas por el método que se elija y por el ambiente de aprendizaje supuesto. Deberán hacerse notar las alternativas u opciones al planificar los componentes de la enseñanza, para que las determinaciones finales de la naturaleza de los componentes puedan hacerse al final del siguiente paso.

Análisis de los recursos y las restricciones

Al terminar con lo establecido por el paso precedente, en el cual se planifican los componentes de la enseñanza, se llega a la definición de "grano medio", de cómo le *gustaría* a uno que operase el sistema educativo. Antes de ello vale la pena hacer planes de "grano fino"; necesita verificarse la viabilidad del plan como se desarrolla desde este punto.

Cada componente se revisa en función de los recursos disponibles y las restricciones. Si no hay en el mercado cierto tipo de material deseado, debe tomarse una decisión acerca de si se pueden elaborar los recursos, ya sea "en casa" o contratándolos. Si la respuesta es negativa y no es probable obtener más recursos, entonces se impone modificar el plan. Si éste exige emplear el "tiempo libre" como incentivo para los estudiantes, y si éste debe planificarse para que el alumno pueda ir a donde quiera dentro de la escuela o algún otro lado, es probable encontrar inconvenientes legales o administrativos; si no pueden eliminarse tales inconvenientes deben hacerse otros planes. Si se planifican grupos de diversos tamaños (esto entra en conflicto con el espacio y los programas) deberá encontrarse y aprobarse otro tipo de espacio, o cambiarse los programas; si no hay otra salida, deberá modificarse el planeamiento del curso.

Eliminación de las restricciones

Independientemente de quién sea el planificador del sistema educativo (maestro, especialista en planes de estudios, concesionario, o una sociedad de organizaciones), es común encontrarse cierto tipo de limitaciones. Existen limitaciones en cuanto a los recursos y la velocidad con que pueden cambiarse las leyes y costumbres relativas a la educación. Aceptado este hecho práctico de la vida, si se le encarga al planificador del sistema que produzca cambios radicales y grandes mejorías de la eficiencia, ¡quién va a esperar que al mismo tiempo se pueda pedir que el nuevo sistema sea más económico que el viejo!

Las limitaciones relativas a la economía pueden ser difíciles de eliminar; al respecto cabe hacer las siguientes observaciones:

1. El costo de las "fallas" (en función de la deserción, la delincuencia y los graduados incompetentes) deberá considerarse en cualquier análisis genuino de la economía de un sistema educativo. Unos cuantos delincuentes o algunas docenas de individuos sancionados bien pueden costar más dinero a los contribuyentes (por no decir nada de la miseria humana) de lo que costaría eliminar ciertas restricciones a los recursos destinados a un nuevo sistema educativo.

2. El costo oculto de los programas educativos actuales puede fácilmente pasarse por alto. Una objeción que se le hace al planeamiento del sistema es el "costo del desarrollo"; incluso así, uno puede olvidarse de comparar el precio al menudeo de los materiales que se usan al presente, con el costo de los nuevos. Uno necesita suponer una población de consumo lo suficientemente grande para poder determinar si los costos amortizados de los nuevos materiales exceden a los presentes durante el mismo periodo.

3. Se han planificado sistemas de enseñanza industrial cuyo costo es razonable, ya que reducen el tiempo de entrenamiento a la vez que aumentan el monto del aprendizaje. Asimismo cuando se amortizan los costos de elaboración, la industria que cuenta con consumidores conscientes del precio, prefiere el nuevo sistema al viejo. En la educación acaso se necesite también volver a considerar el valor del "tiempo" en contraposición al del dinero, en lugar de tratar de mantener constante el tiempo para todos los estudiantes.

El planificador del sistema generalmente tiene poca influencia política, toda vez que se encuentra en una posición inadecuada para lograr que se eliminen las restricciones relativas a la ley y al presupuesto. Pero si el público va a demandar "cuentas claras" (como es probable), las medidas que indican tales cuentas deben incluir tanto el costo como la eficacia, e incorporar también el costo oculto de las fallas.

Selección y elaboración de materiales

Considerados los recursos y restricciones, y habiendo decidido lo que *puede* hacerse de manera que se ajuste al plan de los componentes de enseñanza, el planificador estará en condiciones de tomar decisiones acerca de los materiales didácticos necesarios.

Si el curso, unidad o plan de estudios que representa el sistema educativo por planificarse es completamente nuevo, quizá la mayor parte o todos los materiales didácticos deban elaborarse, en lugar de comprarlos. Si, por otra parte, un curso está en vías de volverse a planificar para cambiar el contenido o los métodos, pueden emplearse materiales "de reserva". Otra posibilidad sería modificar algunos de los materiales en existencia, para satisfacer las necesidades del nuevo plan.

Supongamos, por ejemplo, que se trata de planificar un curso sobre "cómo prevenir el choque del futuro". Podría examinarse un libro sobre este tema para ver si su contenido puede ayudar a los estudiantes a alcanzar todos o algunos de los objetivos específicos del curso. Podría investigarse para localizar otros materiales pertinentes; quizá habría que planificar componentes de la enseñanza de manera que el maestro y los alumnos se dieran cuenta de cómo emplear los materiales disponibles para satisfacer los objetivos; se podrían elaborar pruebas de aprovechamiento u otras medidas de evaluación que permitieran ver cuándo se alcanzan los objetivos. En dicho caso, éstos estarían referidos a las ejecuciones futuras de los alumnos, las cuales no pueden medirse directamente al final del curso. Entonces podría tratarse de pronosticar qué ejecuciones de final del curso dan muestras de que se han alcanzado los objetivos a largo plazo. De otra forma, pueden planificarse situaciones simuladas para pruebas de ejecución, o medidas para registrar si se han alcanzado las capacidades subordinadas necesarias para contribuir al logro futuro de los objetivos. No obstante, la mayor parte de los recursos no dan lugar a que se resuelvan dificultades tan grandes; de ordinario pueden evaluarse directamente los objetivos de final de curso (véase capítulo 9).

En el capítulo 8 se describe un procedimiento sistemático para elaborar materiales didácticos destinados a un curso nuevo. Briggs (1970), Tosti y Ball (1969) describen modelos de planificación relacionados. La elaboración o selección de los materiales didácticos adecuados constituye un paso sumamente importante del planeamiento de todo el sistema educativo; no sería exagerado afirmar que los materiales pueden constituir o desintegrar todo el sistema.

Los medios de administrar los materiales pueden constituir también un factor determinante. Los materiales adecuados, como se vio en el capítulo 8, constituyen los estímulos necesarios para producir los acontecimientos didácticos. Establecida la forma correcta de estimulación, diversos medios pueden funcionar igualmente bien para "llevar" estos estímulos al estudiante. No obstante, los medios difieren mucho en cuanto a la frecuencia con que estimulan respuestas explícitas en el alumno, y en cuanto a su capacidad de dar retroalimentación. Cuando estos acontecimientos son críticos para el aprendizaje del objetivo o competencia, deben proporcionarse ya sea por un medio didáctico o a través del maestro. Cuando se trate de cursos de enseñanza individualizada, las comunicaciones, estimulación de la respuesta del alumno y la retroalimentación deberán estar, hasta donde sea posible, dispuestas dentro de los materiales y medios. Así, los restantes acontecimientos didácticos necesitan ser manejados por el maestro, o por el propio alumno.

La mayoría de los maestros de hoy en día no fue enseñada para planificar los materiales didácticos conforme a los métodos descritos en este libro. Tampoco disponen de tiempo para hacerlo en las condiciones de trabajo que imperan en la actualidad. Los materiales deben elaborarlos otras personas o maestros entrenados que dispongan de tiempo para hacerlo. Aun cuando parece haber cierta tendencia en esta dirección, a menos que se hagan cambios considerables en el personal de las escuelas, la industria privada deberá aprender a producir materiales según el enfoque sistemático; algunas compañías privadas están aumentando su capacidad en este sentido. Ciertas experiencias relativas a este empeño nacen de proyectos de desarrollo de planes de estudios en que los educadores planifican los materiales y la industria los pone en el mercado. Aun así, no todos los proyectos de planes de estudios han seguido la orientación sistemática para diseñar los materiales. Como se dijo antes, el consorcio de organizaciones, incluidas las escuelas, universidades, firmas comerciales y otras dependencias, pueden conformar una manera promisoria de producir materiales para los nuevos sistemas educativos y para garantizar de antemano el empleo de nuevos materiales.

Planificación de la evaluación de las ejecuciones del estudiante

Este paso del planeamiento del sistema merece un lugar muy especial, y se describe más a fondo en el capítulo 9. En la práctica muchos planificadores prefieren poner este paso del planeamiento en un lugar anterior de la secuencia de actividades, inmediatamente después de las acciones de eliminación de las restricciones, y antes de la elección o elaboración de los materiales didácticos. Planificar las medidas de ejecución antes que los materiales ayuda a enfocar las pruebas en los objetivos y los componentes didácticos que supuestamente forman parte del ambiente de aprendizaje. Este procedimiento ayuda también a evitar que se mida el "contenido de los materiales didácticos" en lugar de las ejecuciones del estudiante que es el intento de la orientación sistemática. Cuando se trata de entrenar a un planificador de sistemas conviene pedirle que haga las pruebas inmediatamente antes de definir los objetivos, aun cuando tenga que revisarlas como resultado del análisis de los recursos y restricciones. Por el contrario, el planificador experimentado aprende a evitar la "trampa del contenido", de manera que cuando llega al momento de planificar las pruebas toma en consideración todos los planes que se han hecho hasta tal punto.

La elaboración y el empleo de medidas de las ejecuciones del estudiante tienen muchas ventajas. Tales pruebas hacen posible que:

a) el maestro descubra cuándo el alumno ha dominado un objetivo y, por tanto, está listo para pasar al siguiente;

b) el maestro descubra fallas en una pequeña unidad de estudio y prescriba las pruebas de diagnóstico (de las capacidades subordinadas) y la enseñanza correctiva;

c) el planificador descubra los objetivos en que muchos estudiantes fallan, lo que indicará que necesita revisar los materiales o procedimientos del curso relativos a tal objetivo, y

d) el planificador evalúe tarde o temprano al sistema en conjunto, cuando se usa como parte de una evaluación del sistema (véase capítulo 12).

Pruebas de campo y evaluación formativa

En la práctica, frecuentemente se ensayan pequeñas partes del nuevo sistema con unos cuantos estudiantes en situaciones en que el maestro trabaja personalmente con cada uno. El planificador observa trabajar al estudiante, registra las preguntas que éste hace, o sus comentarios, y analiza y prueba las respuestas para localizar las debilidades del programa. Estos datos se usan para revisar los materiales, los procedimientos, o ambos.

Después de los ensayos individuales se hacen pequeños ensayos de grupo del sistema, así como otras revisiones. Después se llevan a cabo "pruebas de campo" de partes del sistema o de todo él, en el medio para el cual se planificó el sistema; es decir, se hacen estas pruebas con grupos de tamaño normal y en condiciones "reales".

Se les llama evaluaciones formativas a los estudios que se llevan a cabo cuando el sistema de enseñanza (incluidos los materiales) está en la etapa formativa. El propósito de tales evaluaciones es mejorar el sistema. Cuando de esta serie de evaluaciones y revisiones resulta que la prueba de campo tiene éxito en condiciones normales (operacionales), entonces el sistema puede implantarse para usarlo regular o extensamente. Por tanto puede hacerse una evaluación general para verificar la eficacia del nuevo sistema, cuando funciona en condiciones normales.

Durante las evaluaciones formativas y generales por lo regular se necesita entrenar a los maestros en la manera de emplear el nuevo sistema. Esto se hace de ordinario realizando talleres o disponiendo las circunstancias adecuadas para que los educadores asistan a demostraciones del curso, conducidas por un maestro elegido, al que de antemano se le haya dado entrenamiento especial. El maestro que hace la demostración a menudo será un miembro del grupo que planificó el sistema.

Otros ajustes y revisiones

No puede especificarse un número estándar de pruebas del nuevo sistema con individuos, grupos pequeños o numerosos. La magnitud del presupuesto, la agenda y los resultados de las primeras pruebas, determinan la cantidad de revisión que ha de hacerse y la medida en que ésta se puede realizar. En ciertos casos, un número cada vez mayor de escuelas emplea el nuevo sistema o plan de estudios cada año, haciendo cambios graduales hasta el momento de la publicación de los materiales en su forma final. Todavía después de esto puede alentarse a los maestros a fin de que proporcionen retroalimentación, iniciando la publicación de boletines o materiales suplementarios y sugerencias para otros maestros, durante varios años después de haberse implantado el nuevo sistema. Esta serie sistemática de evaluaciones y revisiones es una característica principal que distingue a la orientación sistemática, en el aspecto del planeamiento, de los métodos empleados tradicionalmente para elaborar los materiales y planificar los cursos.

Una cara   ística notable de la orientación sistemática es que de antemano pueden fijarse los "objetivos de planeamiento" y hacerse revisiones hasta lograr los objetivos. Ésta es una forma sumamente útil de evaluación del curso, la cual complementa la práctica familiar de comparar resultados de un nuevo sistema con los de un sistema de enseñanza empleado antes. De muchas maneras pueden expresarse los objetivos de planeamiento. Una de ellas es: "se considerará satisfactorio al nuevo sistema cuando el 90% de los estudiantes satisfaga la norma mínima fijada para el mismo porcentaje de los objetivos del curso, cuando éste sea impartido por maestros regulares en condiciones normales". El conocimiento logrado gracias a tal objetivo de planeamiento permite interpretar otros conocimientos concernientes a las ejecuciones del estudiante en las pruebas estandarizadas, que pueden ponérsele una vez finalizada la enseñanza.

Evaluación general de sistemas

A los estudios de la eficacia del sistema de enseñanza en conjunto se les llama *evaluaciones generales,* y se describen con más detalles en el capítulo 12. Como lo indica el término, la evaluación general normalmente se lleva a cabo después de que el sistema ha pasado la etapa formativa; después de concluir la revisión de todos sus aspectos. Esta etapa puede ocurrir cuando se aplica la primera prueba de campo, o cuando mucho al cabo de cinco años, después de haberse enseñado a un gran número de alumnos con el nuevo sistema. Si se espera que el nuevo sistema se emplee ampliamente en las escuelas de todo el país, necesitan llevarse a cabo evaluaciones generales en un espectro igualmente variado de escuelas y condiciones.

Instalación operacional

En algunas de las secciones anteriores nos hemos visto en la necesidad de anticiparnos a esta etapa del desarrollo del sistema educativo. Cuando una o más evaluaciones generales reflejan un grado aceptable de mérito, el nuevo sistema (curso o plan de estudios) estará listo para su adopción general y empleo regular.

En el curso de "instalación operacional" se atienden o ajustan algunos asuntos prácticos. Por ejemplo, el almacenamiento de materiales puede requerir un tratamiento diferente en algunas escuelas, debido a las diferencias del diseño del edificio y a las situaciones de espacio. La agenda planificada para el nuevo sistema tal vez necesite ajustes para adaptarla a la pauta de programación de cierta escuela. Si bien estos son requisitos prácticos necesarios, la mayor parte de ellos no interfiere necesariamente en el éxito del sistema general. De ordinario puede contarse con la colaboración de los administradores escolares para hacer ajustes locales satisfactorios en el sistema fundamental.

Un problema que frecuentemente surge al hacer las revisiones del sistema educativo en gran escala, es asegurarse de que un número suficiente de escuelas lo adopte, de manera que el costo del desarrollo del sistema sea conveniente y económico; no compete a este volumen describir los métodos para posibilitar esa aceptación. Las técnicas pertinentes a la difusión de la teoría educativa, las investigaciones y productos, han sido objeto de considerable investigación. Dos útiles fuentes de consulta, pertenecientes a los métodos para garantizar la aceptación de los nuevos sistemas y prácticas son: Havelock, Guskin y colaboradores (1969), y Briggs (1972).

RESUMEN

Frecuentemente se emplea el término "orientación o enfoque sistemático" para referirse a un procedimiento sistemático que sirve para planificar cualquier "fragmento" de enseñanza del tamaño que sea, desde una lección o módulo, hasta todo un curso o incluso un plan de estudios. En este sentido del término, nuestro enfoque al planeamiento de lecciones y módulos es tan sistemático como este capítulo sobre el planeamiento de los sistemas educativos. Pueden notarse muchos elementos idénticos y semejanzas entre el proceso descrito antes para el planeamiento de la lección y los procesos descritos en este capítulo para planificar un sistema educativo.

El análisis de sistemas y los procedimientos de planeación no se limitan a los sistemas de enseñanza. Existen correspondencias generales entre planificar un sistema de enseñanza y otro de administración, transportes, o cualquier otro tipo de sistema. Por ejemplo, el análisis de necesidades, la consideración de soluciones opcionales y la evaluación, deberían ser parte de todos los planes de sistemas. No obstante, algunos de los componentes del plan de un sistema de enseñanza difieren de los aplicables a otros sistemas. Tales componentes son: la "elaboración de los materiales didácticos" y la "formación de maestros".

En este capítulo se estudian algunas de las ventajas relacionadas con el enfoque sistemático de la enseñanza. Se señala que esta orientación no prejuzga la naturaleza de las metas educativas ni los objetivos derivados de ellas. Así, no encuentra dificultad para abarcar una gran variedad de resultados de aprendizaje. Estas diversas clases de resultados de aprendizaje antes descritas, incluido el desarrollo de estrategias cognoscitivas y actitudes, son tan valiosas y viables para el planeamiento de los sistemas, como lo son el aprendizaje de la información o los tipos más sencillos de capacidades intelectuales. La enseñanza planificada con una orientación sistemática refleja también el elevado valor que se le da a la honestidad y a la franqueza entre el estudiante y el maestro o el planificador de la enseñanza. Puede hacerse hincapié en la dignidad del estudiante como persona, y en su derecho de ser tratado con justicia y consideración.

Se estudian formas de organizar la planificación del sistema y su desarrollo. Uno de los principales problemas que deben afrontarse es el de evitar discontinuidades entre las aportaciones que a la educación hacen la industria, las universidades y las propias escuelas. Se describe una forma de funcionamiento, a la manera de un consorcio o sociedad, considerándolo un método recomendable para el planeamiento del sistema.

Como la planificación del sistema de enseñanza generalmente representa una empresa prolongada, se insiste nuevamente en la importancia del análisis de las necesidades. Otra característica crítica es la necesidad de considerar otras soluciones, para trabajar en razón de diversos tipos de limitaciones, incluyendo el costo y el ambiente de aprendizaje supuesto.

Los pasos generales del planeamiento del sistema educativo pueden enumerarse así:

1. Análisis e identificación de las necesidades.
2. Definición de las metas y objetivos.
3. Identificación de formas opcionales de satisfacer las necesidades.
4. Planeamiento de los componentes del sistema.
5. Análisis de: *a*) los recursos necesarios; *b*) los recursos disponibles, y *c*) las restricciones.
6. Acción para eliminar o modificar las limitaciones.
7. Elección o desarrollo de materiales didácticos.
8. Planeamiento de procedimientos para evaluar al estudiante.
9. Pruebas de campo; evaluación formativa y entrenamiento de maestros.
10. Ajustes, revisiones y otras evaluaciones.
11. Evaluación general.
12. Instalación operacional.

La principal ventaja de la orientación sistemática reside en que se alienta el establecimiento del objetivo del plan, y presenta una manera de saber cuándo se alcanzan los objetivos. La evaluación minuciosa del sistema puede y debiera incluir evaluaciones formativas y generales que se hagan con base en el objetivo, pero al mismo tiempo no dependan de éste. En otras palabras, con tales evaluaciones deberán probarse directamente los resultados específicos del aprendizaje y los efectos más amplios de la enseñanza, que abarcan los resultados no previstos. En el siguiente capítulo se describe la fundamentación lógica de esta evaluación.

REFERENCIAS BIBLIOGRÁFICAS

AAAS Commission on Science Education. *Science—A process approach. Hierarchy chart.* Nueva York: Xerox, 1967.

Briggs, L. J. Teaching machines. En G. Finch (dir.), *Educational and training media: A symposium.* Washington, D.C.: National Academy of Sciences-National Research Council, 1960 (publicación 789), páginas 150-195.

Briggs, L. J. *Handbook of procedures for the design of instruction.* Pittsburgh, Filadelfia: American Institutes for Research, 1970. (Monografía núm. 4.)

Briggs, L. J. Development and diffusion as mechanisms for educational improvement. En H. D. Schalock y G. R. Sell (dirs.). *Research, development, diffusion, evaluation: Conceptual frameworks.* Vol. III. Monmouth, Oregon: Oregon State Department of Higher Education, 1972 (a).

BRIGGS, L. J. *Student's guide to handbook of procedures for the design of instruction.* Pittsburgh, Filadelfia: American Institutes for Research, 1972 (b).

CROWDER, N. A. Automatic tutoring by means of intrinsic programming. En E. H. GALANTER (dir.), *Automatic teaching: The state of the art.* Nueva York: Wiley, 1959, págs. 109-116.

DAVIES, I. K. *The management of learning.* Londres: McGraw-Hill, 1971.

DAVIES, I. K. Y HARTLEY, J. *Contributions to an educational technology.* Londres: Butterworth, 1972.

ESBENSEN, T. *Working with individualized instruction.* Belmont, California: Fearon, 1968.

GAGNÉ, R. M. (dir.). *Psychologycal principles in system development.* Nueva York: Holt, Rinehart & Winston, 1962.

GUTHRIE, E. R. *The psychology of learning.* Nueva York: Harper & Row, 1935.

HAVELOCK, R. G., GUSKIN, A. L. y colaboradores. *Planning for innovation through dissemination and utilization of knowledge.* Ann Arbor: Institute for Social Research, University of Michigan, 1969.

LUMSDAINE, A. A. Educational technology, programmed learning, and instructional science. En H. G. RICHEY (dir.), *Theories of learning and instruction,* Chicago, Illinois: University of Chicago Press, 1964.

MARKLE, D. G. Final report: *The development of the bell system first aid and personal safety course.* Palo Alto, California: American Institutes for Research, 1967.

PRESSEY, S. L. Development and appraisal of devices providing immediate automatic scoring of objective tests and concomitant self-instruction. *Journal of Psychology,* 1950, *29,* 417-447.

SKINNER, B. F. *The technology of teaching.* Nueva York: Appleton-Century-Crofts, 1968.

TOSTI, D. T. Y BALL, J. R. A behavioral approach to instructional design and media selection. *AV Communication Review,* 1969, *17,* 5-25.

capítulo **12**

Evaluación
de la enseñanza

Todo planificador de la enseñanza quisiera asegurarse de que su tema, curso, o sistema total de enseñanza es valioso para el aprendizaje escolar. Esto quiere decir que desearía saber, cuando menos, si su curso o sistema recientemente planificado "funciona", es decir, si sirve para alcanzar los objetivos. Y, lo que acaso sea más importante, está interesado en saber si su producto "funciona mejor" que el sistema al cual esté destinado a suplantar.

Los indicios de la calidad de un producto o sistema de enseñanza se obtienen mejor a partir de testimonios reunidos sistemáticamente. Los medios de colectar, analizar e interpretar tales testimonios se llaman, en conjunto, métodos de *evaluación,* tema de este capítulo final. La colocación del capítulo, dicho sea de paso, no deberá tomarse como indicio de que el planeamiento de la evaluación de la enseñanza deba emprenderse como paso final; muy por el contrario, como se verá, el planeamiento de la evaluación se relaciona con los principios de la enseñanza descritos en todos los capítulos del volumen.

Los testimonios que se buscan, en un empeño cuyo fin es evaluar la enseñanza, deberían estar dirigidos a responder cuando menos a las siguientes preguntas específicas, concernientes a la lección, tema, curso o sistema de enseñanza:

Pregunta 1. ¿En qué medida se han alcanzado los objetivos de enseñanza establecidos?

Pregunta 2. ¿En qué sentido y en qué grado es mejor que la unidad a la cual suplantará?

Pregunta 3. ¿Qué otros efectos, probablemente imprevistos, ha tenido, y en qué medida son mejores o peores que los de la unidad suplantada?

Como se verá en este capítulo, estas preguntas, a su vez, hacen surgir otras a las que hay que responder con prioridad. También es cierto que estas preguntas proporcionan respuestas "últimas". Por ejemplo, si hubiera que demostrar que todos los objetivos de una unidad de enseñanza planificada se han alcanzado, todavía quedaría la pregunta: "¿en qué cambia la vida del individuo?" Por otra parte, el profesorado puede estar interesado en la pregunta: "¿no es la enseñanza únicamente mejor, sino también más eficaz en razón del costo?" Sin duda estas preguntas son importantes. No obstante requieren un tratamiento más completo que el que podemos darles en este volumen; por tanto restringiremos nuestro estudio de la evaluación a las tres preguntas enunciadas, e incluiremos una consideración de los tipos de pruebas previas que requieren para poder darles respuesta.

LAS DOS FUNCIONES PRINCIPALES DE LA EVALUACIÓN

La pregunta que la evaluación está destinada a responder puede aplicarse a dos áreas diferentes de la toma de decisiones. Se ha hecho costumbre, desde la aparición de un famoso artículo de Scriven (1967), llamar a estas dos funciones *evaluación formativa* y *evaluación general*.

Evaluación formativa

Uno de los fines que se persigue al buscar pruebas de la valía de un programa educativo es utilizarlo para tomar decisiones acerca de cómo revisar el programa mientras se desarrolla. En otras palabras, las pruebas reunidas e interpretadas durante la fase de desarrollo se usan para *formar* el propio programa educativo. Si se descubre, mediante la evaluación, que la lección no es practicable o que el tema recientemente planificado no alcanza a cumplir con los objetivos, esta información se usará para revisar la lección o reemplazar partes del tema, con el fin de superar los defectos que se hayan revelado.

Las decisiones que permite la evaluación formativa pueden ilustrarse de diversas maneras. Por ejemplo, supongamos que en una lección de ciencias naturales tiene que usarse cierto organismo que se encuentra en los charcos de agua dulce, pero que, cuando trata de presentarse esa lección en la escuela, se ve que tal organismo no puede mantenerse vivo más de dos horas al ser pasado a una jarra de agua común y corriente, sin adoptar ciertas precauciones complicadas. Éste es un caso que impugna la *viabilidad* de la lección tal como se planificó. Como la evaluación reveló en esta ocasión la dificultad particular, puede revisarse la lección sustituyendo simplemente al organismo por otro y cambiando las instrucciones de las actividades del estudiante. De otra manera, la lección quizá tenga que volver a escribirse completamente, o hasta abandonarse.

Otro tipo de ejemplo, en este caso de *eficacia,* nos lo puede proporcionar el caso en que un tema como: "uso del artículo definido con sustantivos alemanes", no satisface su objetivo. Las pruebas obtenidas mediante un estudio de evaluación formativa indican que el uso que los estudiantes hacen del artículo definido es correcto en un gran número de casos, pero no en todos. Un examen más cuidadoso de las pruebas nos revela que los errores que cometen se refieren particularmente a la identificación del género de los sustantivos. Así, el planificador de la enseñanza del tema llega a considerar la manera como puede mejorar la lección o lecciones sobre el género de los sustantivos. Acaso encuentre que se ha omitido algún concepto necesario, o se le ha presentado inadecuadamente. Este descubrimiento, a su vez, lo lleva a revisar la lección, o quizá a introducir otra lección planificada, para garantizar el logro de este objetivo subordinado.

Desarrollo de la evaluación formativa. Las maneras de efectuar las evaluaciones formativas son muy variadas. Naturalmente que algunas observaciones, como las pertenecientes a la practicabilidad, pueden hacerse con unos cuantos estudiantes o con ninguno. Por otro lado, la evaluación de todo un curso probablemente requiera un número considerable de estudiantes de varias aulas. Así, no puede darse una regla sencilla acerca del número de estudiantes, maestros o aulas que se necesitan para la evaluación formativa. Siempre se trata de buscar pruebas convincentes. Cuando sólo un alumno brillante alcanza el objetivo de una lección, ésta será una prueba que difícilmente podrá convencernos de que la lección funcionará con estudiantes que abarquen toda la gama de capacidades típicas de una clase completa. Sin embargo, si prácticamente todos los estudiantes del aula logran el mismo objetivo y pertenecen a un grupo representativo de la población para la cual se elaboró la lección, ésta sí *será* una prueba razonablemente convincente.

Las evaluaciones formativas generalmente se caracterizan por su informalidad. Se somete a prueba el acontecimiento didáctico (lección, curso o sistema), y al mismo tiempo se hacen muchos tipos de observaciones. Las lecciones y los temas se llevan a cabo hasta sus conclusiones, y no se permite que los datos reunidos interfieran considerablemente el progreso de la enseñanza. Pueden hacerse observaciones de los estudiantes mientras trabajan en la lección (lo que puede correr a cargo del maestro u otro observador), y las demás observaciones se dejan para cuando la lección haya terminado. Algunas de las observaciones del maestro pueden registrarse de memoria después de la lección; no durante ella.

No obstante es necesario impedir que la informalidad de los procedimientos de reunir datos afecte la precisión de éstos. Se necesitan datos cuantitativos para la evaluación formativa. Por ejemplo, la opinión del maestro de que "los estudiantes se desempeñaron bien respecto de esta lección", no satisface el requisito de prueba convincente. Si se busca la prueba de que los objetivos de la lección se han alcanzado, ninguna será tan convincente como la evaluación de las ejecuciones de los estudiantes conforme a una prueba adecuadamente elaborada para dichos objetivos.

Búsqueda de pruebas. Para tomar decisiones acertadas sobre el desarrollo del acontecimiento didáctico se necesitan diversos tipos de pruebas. Para empezar, si este paso se repite en ocasiones ulteriores, cuando se dispone de otras pruebas, debe ser revisada por un "experto en la materia" la precisión esencial del contenido, lo que generalmente hará una persona con profundo conocimiento del campo a que se refiera la enseñanza. Por ejemplo, los conocimientos de genética pueden usarse para percibir incongruencias en una lección acerca de los animales híbridos. Asimismo el conocimiento del historiador puede usarse para determinar la precisión de los acontecimientos de que se informa en una lección acerca de las leyes de hacienda de los Estados Unidos de América.

Una vez que el planificador ha quedado satisfecho con las comunicaciones precisas que se hagan, se interesa por evaluar tanto la practicabilidad como la eficiencia de la enseñanza. Esto significa, en términos generales, que deben buscarse datos en los maestros y en los estudiantes, por igual, y preferiblemente también en un "observador", que podrá ser miembro del equipo de planificación (o el planificador). Regularmente en cada estudio de evaluación formativa se emplean métodos particulares de reunir datos, planificados en parte para satisfacer las satisfacciones locales; por tanto, no se trata de métodos absolutamente estandarizados. Los tipos de datos que se buscan pueden enumerarse de la siguiente manera:

Del *observador:*

1. ¿En qué aspectos el planificador emplea (no emplea) los materiales y medios, de acuerdo con la manera propuesta?
2. ¿En qué aspectos el maestro lleva a cabo (no lleva a cabo) los procedimientos, y toma (no toma) las decisiones planificadas?
3. ¿En qué aspectos los estudiantes siguen (no siguen) los procedimientos generales especificados?

Del *maestro:*

1. ¿Qué dificultades prácticas se encuentran al impartir la lección? (Ejemplos: excederse del tiempo reglamentario, disposición del equipo, etc.)

2. Estimar el grado de dedicación o interés de los estudiantes en la clase.

3. ¿Qué dificultades se encontraron al llevar a cabo los procedimientos del maestro?

Del *estudiante:*

1. ¿Qué probabilidad hay de que elija usted hacer las cosas que aprendió en esta clase?

2. ¿Qué tan inclinado está usted a recomendar esta clase a sus amigos?

3. Resultado de la prueba de ejecución de los objetivos de la clase.

Necesitamos insistir en que esta lista se da con el fin de identificar los *tipos de pruebas* que se buscan, y en que no representa el contenido de los instrumentos empleados para reunirlas. La pregunta que se le hace al estudiante acerca de "qué probabilidad hay de que elija las cosas que aprendió en la clase", por ejemplo, no representa la pregunta real que se le hace a los estudiantes. Hallar la respuesta a esta pregunta probablemente requiera de un número de preguntas específicas, elaboradas con el fin de revelar las actitudes de los estudiantes. Como se presenta aquí, la pregunta simplemente refleja lo que el evaluador desea sacar en conclusión, a partir de los datos reunidos.

Para los fines de la evaluación formativa, normalmente se reúne en cada lección el conjunto de pruebas pertinentes a estas preguntas. Así, las pruebas deben cotejarse de una manera adecuada para aplicarlas a los temas o a todo el curso. La necesidad de revisar o ampliar estas unidades de enseñanza más grandes, generalmente se revela en los datos de las lecciones.

Interpretación de las pruebas. Estos diversos tipos de prueba, reunidos mediante los registros de observación, cuestionarios y pruebas, se emplean para sacar conclusiones acerca de si la lección necesita mantenerse como está, revisarse, reformularse o desecharse.

Por ejemplo, el problema de la *viabilidad* debe resolverse considerando los informes que dan los maestros o alumnos acerca de las dificultades que tuvieron al llevarse a cabo la lección. El problema de la *eficacia* es un juicio un tanto más complejo; puede depender, en parte, de los informes del observador, relativos a si los materiales pudieron no haberse usado de la manera intentada, o de que el maestro no hubiese aplicado los procedimientos planificados. Por otra parte, puede depender también de las actitudes de los estudiantes que establecen incidentalmente la lección, como se revelan en las respuestas a las preguntas que se les hacen a los maestros y alumnos. Y naturalmente, puede depender en gran medida del grado en que tenga éxito la enseñanza, como se revela en las pruebas de ejecución.

Al lector le parecerá obvio que la evaluación formativa, en contraposición a la general, se relaciona más estrechamente con la pregunta 1: "¿en qué medida se han alcanzado los objetivos de la enseñanza?" Éste es uno de los principales tipos de prueba que deben aplicarse a la revisión y mejoramiento de la enseñanza planificada. A veces también podrá disponerse de pruebas que permitan hacer comparaciones con otro acontecimiento de la enseñanza (pregunta 2), y tales pruebas pueden también emplearse para propósitos formativos. Asimismo, las observaciones que revelan efectos imprevistos (pregunta 3), buenos o malos, seguramente tendrán un efecto sobre las decisiones acerca de la revisión o el perfeccionamiento de la enseñanza. Independientemente de lo útiles que puedan ser estas otras pruebas, sigue siendo cierto que la pregunta 1 define un tipo de prueba esencial, que lleva a tomar decisiones acerca de si hay que revisar o mejorar la unidad de enseñanza que se está elaborando.

Evaluación general

Generalmente se emprende la evaluación general cuando en cierto sentido se ha finalizado la elaboración de un medio didáctico, y no durante la misma. Se hace con el objeto de sacar conclusiones sobre el éxito que ha tenido la enseñanza. Estos hallazgos permiten que las escuelas decidan si han de adoptar y emplear el medio de enseñanza.

La evaluación general se ocupa de la eficacia de un sistema didáctico, curso, o tema. Naturalmente que las lecciones individuales pueden evaluarse como componentes de estas unidades mayores, aunque raramente se evalúen como medios independientes. Se le llama general a la evaluación porque tiene el fin de obtener pruebas sobre *todos* los efectos de un conjunto de lecciones que constituyen una unidad mayor de enseñanza. Resulta claro, empero, que estas pruebas pueden incluir información que señale defectos o cualidades de las lecciones, y esto puede emplearse para hacer una evaluación formativa de la siguiente elaboración o revisión de un medio de enseñanza.

Las pruebas de evaluación general son útiles principalmente para establecer si un curso (u otra unidad) nuevo es mejor que aquél al que reemplaza y, por tanto, debiera adoptarse permanentemente. Por supuesto, podría no ser mejor, en cuyo caso otras consideraciones, diferentes a la de la eficacia *per se* (como el costo), determinarían la elección. También es concebible que fuera peor que el curso al que reemplaza, en cuyo caso no sería difícil tomar la decisión.

Supongamos que un curso recientemente elaborado sobre el gobierno de los Estados Unidos de América está reemplazando a otro del mismo título, y que una escuela lo ha adoptado para probarlo. La evaluación general revela que el entusiasmo de los estudiantes por el nuevo curso no difiere mucho del que tenían por el viejo; que los estudiantes alcanzan 137 de los 150 objetivos definidos del nuevo curso (el curso anterior no tenía objetivos definidos, ni medios de evaluarlos), y que la prueba sobre el gobierno del país mencionado, puesta al final del semestre, arroja una puntuación promedio de 87 en comparación con la de 62 de la misma prueba el año anterior. El nuevo curso les gusta a los maestros porque les permite invertir más tiempo en tratar individualmente a los estudiantes. Suponiendo que el nuevo curso no costara más que el anterior, este nuevo conjunto de pruebas muy probablemente llevaría a la decisión de adoptar y continuar el nuevo curso y abandonar el otro.

A diferencia de la evaluación formativa, la general tiene de ordinario muchas características formales, algunas de las cuales se indican en este ejemplo. La medición de las actitudes de los estudiantes tiende a estar basada en cuestionarios cuidadosamente elaborados, de manera que puedan compararse directa y confiablemente con los de los estudiantes del año anterior. La evaluación del dominio de cada objetivo también se realiza sistemáticamente, para que exista un índice cuantitativo de lo que se logró en todo el curso. Además las medidas de ejecución se toman de una prueba que sirve de "examen semestral". Al igual que con la evaluación formativa, cada una de estas mediciones generales necesita hacerse con métodos que permitan reunir pruebas convincentes de eficiencia.

La búsqueda de pruebas. La evaluación general de un tema, curso o sistema de enseñanza, se ocupa principalmente de los testimonios de los resultados del aprendizaje. Como se verá en la siguiente parte del capítulo, para obtener tales testimonios se necesita reunir datos sobre las "mediciones de entrada" y las "mediciones de procedimiento", al igual que acerca de las mediciones con que se evalúan directamente los resultados. Éstos se evalúan mediante observaciones o pruebas de las capacidades humanas, según se reflejen en los objetivos de enseñanza. Así, las mediciones de los resultados pueden ser de cualquiera de los siguientes tipos, o de todos:

1. Mediciones que indican el dominio de las *capacidades intelectuales,* con las que se puede apreciar si se han adquirido o no las capacidades en cuestión. Ejemplo: una prueba en que se pidan soluciones para las variables designadas en ecuaciones lineales.

2. Medidas de *capacidad de resolver problemas,* con las que se evalúa la calidad o eficiencia del razonamiento del estudiante. Ejemplo: los ejercicios que consisten en planificar un experimento para probar el efecto de un cierto factor sobre algún fenómeno natural, en una situación novedosa para el estudiante.

3. Pruebas de *información* que permiten juzgar si se ha aprendido o no cierto conjunto de hechos o generalizaciones. Ejemplo: una prueba en que se le pida al estudiante decir los nombres y papeles de los personajes prin-

cipales de una obra literaria. O bien, las pruebas con que se aprecia la amplitud del conocimiento que logró el estudiante. Ejemplo: una en que se le pida al estudiante que mencione los antecedentes principales de un acontecimiento histórico.

4. Las observaciones u otras medidas de la adecuación de las *destrezas motoras,* generalmente con referencia a una "norma" especificada de conducta. Ejemplo: un ejercicio en que se le pida al niño que escriba el alfabeto en letras mayúsculas.

5. Cuestionarios para evaluar *actitudes.* Ejemplo: un cuestionario en que se le pida al estudiante que indique la "probabilidad de elección" de los actos relacionados con la eliminación de basura.

Interpretación de los testimonios generales. Las diversas medidas adecuadas para los resultados del aprendizaje se interpretan principalmente por comparación con medidas similares, obtenidas respecto de un medio educativo que represente otro método de enseñanza. Así, lo más importante de los testimonios que se obtienen con fines generales está en la respuesta a la pregunta 2 (pág. 253): "¿de qué manera y en qué grado es mejor un medio que otro?". Generalmente esta comparación, que se debe hacer, se efectúa respecto de un tema o curso al cual trata de reemplazarse con una unidad recientemente elaborada; en ocasiones pueden compararse dos medios educativos recientemente elaborados. En cualquier caso, para hacer estas comparaciones se necesitan métodos para reunir datos, y con los cuales demostrarse que "todo lo demás es igual", lo que de ninguna manera es fácil de hacer.

Las respuestas a las preguntas 1 y 3 también son resultados deseables de la evaluación general. Se desea determinar, como mínimo, si se han alcanzado o no los objetivos de la nueva unidad de enseñanza (pregunta 1). De ser negativa la respuesta, este resultado afectará naturalmente las posibles conclusiones que se saquen de la comparación con una unidad optativa. Además siempre vale la pena averiguar si la enseñanza apenas elaborada ha tenido algunos efectos imprevistos (pregunta 3). Por ejemplo, un tema elaborado para enseñar los conceptos fundamentales de la música podría llegar a tener ciertos efectos inesperados sobre las actitudes de los estudiantes hasta la audición de música clásica.

DESARROLLO DE LA EVALUACIÓN

Las diversas medidas de resultados de la enseñanza que se han mencionado requieren naturalmente, y en buena medida, reflexión y esfuerzo concienzudos. A veces los instrumentos de medición, pruebas, programas de observación o cuestionarios pueden compararse o adaptarse a partir de instrumentos disponibles. No obstante, en la mayoría de los casos deben elaborarse *independientemente,* para satisfacer las necesidades del trabajo de planificar la enseñanza. En el capítulo 9 se describieron los métodos para elaborar los instrumentos de medición del resultado.

Además de la elaboración de pruebas u otros tipos de medidas, la evaluación, tanto formativa como general, requiere métodos científicos cuidadosos que sirvan para garantizar que los testimonios obtenidos son realmente convincentes. Describir estos métodos de manera cabal y minuciosa requeriría, cuando menos, otro volumen. De hecho existen obras que tratan la planificación de los estudios evaluativos (por ejemplo, DuBois y Mayo, 1970; Isaac y Michael, 1971; Popham, 1972). En este capítulo trataremos únicamente la *lógica* de los estudios evaluativos, empezando por la lógica de la compilación e interpretación de datos, lo que ya hicimos hasta cierto punto. Sin embargo, queda aún por presentarse la justificación de identificar y controlar sus variables al realizar la evaluación, para poder sacar conclusiones válidas acerca de los resultados de la enseñanza.

Las variables de los estudios evaluativos

Los estudios que se hacen para evaluar un medio didáctico tienen por objeto sacar conclusiones sobre los efectos que tiene la enseñanza sobre sus resultados: sobre las capacidades para cuyo establecimiento o mejoría se ha planificado la enseñanza. Pero estas capacidades son afectadas por otros factores del medio educativo y no solamente por la propia enseñanza. Por tanto, es necesario *controlar o explicar estas variables* para sacar conclusiones válidas sobre la eficacia de la enseñanza. Considerada en conjunto, la situación educativa en que se introduce la enseñanza contiene las clases de variables descritas en los siguientes párrafos.

Variables del resultado. Comenzamos a enumerar las variables de la situación educativa con las variables de resultados, es decir con aquellas que son dependientes o medibles, y que constituyen el foco de interés principal. Éstas ya se han descrito como medidas de las capacidades humanas, a las que trata de modificar la enseñanza. Las clases de variables que influyen en los resultados educativos y sus diversas fuentes se muestran en la figura 10.

Variables de procedimiento. ¿Qué factores de la situación escolar podrían influir en los resultados, de haber un programa educativo? Obviamente la manera como se pone en práctica el medio de enseñanza (tema, curso, sistema) puede tener efectos. En otras palabras, los resultados pueden ser influidos por las *operaciones* (generalmente a cargo del maestro) que se llevan a cabo para realizar la enseñanza (véase Astin y Panos, 1971). Por ejemplo, la enseñanza, tal como está planificada, puede exigir cierto tipo y frecuencia de preguntas del maestro; ¿en qué medida se ha hecho esto? O bien, el curso planificado puede exigir una serie de actividades intelectuales, algunas de las cuales habrá que dominar antes de emprender otras; ¿en qué medida se ha efectuado esta operación? Asimismo la enseñanza planificada puede especificar que debe incorporarse un cierto tipo de retroalimentación en cada clase (capítulo 7); ¿se ha hecho esto de manera sistemática y consistente?

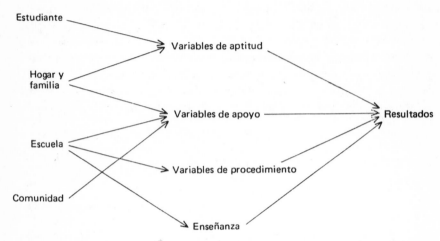

Figura 10. Variables que influyen en los resultados de un programa de enseñanza.

No podemos suponer simplemente que las variables de procesos de tipo especificado por la enseñanza planificada, o intentada por el planificador, ocurran inesperadamente y de la forma indicada. Naturalmente que la enseñanza bien planificada tiene en cuenta cualquier acción que se requiera para garantizar que la operación del programa se efectúe de la manera prevista; por ejemplo, frecuentemente se toman medidas con el fin de entrenar a los maestros para que realicen estas operaciones. Sin embargo estos esfuerzos no siempre tienen éxito completo; los maestros no están más exentos de los errores humanos que los miembros de cualquier otro grupo profesional. Por ejemplo, los planificadores de los nuevos programas de enseñanza individualizada han encontrado con cierta frecuencia que las operaciones especificadas para estos programas no se realizan de la manera originalmente planificada. Consecuentemente, es indispensable que se evalúen las variables del procedimiento, particularmente cuando se ensaya por primera vez un medio de enseñanza recientemente elaborado.

Las variables de procedimiento comprenden todos los factores de la situación educativa que puedan afectar directamente el aprendizaje. Estos factores pueden relacionarse con los problemas de secuencia, o de la institución y disposición de los *acontecimientos de la enseñanza,* que se describen en el capítulo 7. Otro factor es la *cantidad de tiempo* que los estudiantes dedican a las clases o a ciertas partes del curso. Naturalmente que una de las principales variantes que se encontrarán en los temas o cursos de enseñanza es el grado con que se especifican estas clases de variables de procedimientos. Por ejemplo, un libro de texto puede presuponer una sucesión de la enseñanza, relativa a la organización de sus capítulos, o bien puede dejarle al maestro el orden de los acontecimientos didácticos, o al propio estudiante (como se hace en este libro). Por el contrario, un tema planificado para la enseñanza de las habilidades lingüísticas de sexto año puede no solamente especificar un orden de las capacidades subordinadas, sino también los acontecimientos particulares, como, entre otras cosas, el hecho de informar los objetivos a los estudiantes, estimular la rememoración de los conocimientos previamente requeridos, proporcionar orientación al aprendizaje y retroalimentación al estudiante. Independientemente de la medida en que el medio educativo planificado prescriba las variables de procedimiento, es necesario tenerla en cuenta en un estudio evaluativo correctamente planificado. Después de todo, los resultados obtenidos pueden ser observados esencialmente por las formas en que se *maneja* un nuevo programa de enseñanza, cualesquiera que sean sus propósitos.

Por lo general, las variables de procedimientos se evalúan mediante observaciones sistemáticas realizadas en el aula (u otro medio educativo). En este caso la tarea de conducir la evaluación corresponde al observador, y no al maestro. Aquél puede emplear una lista de verificación o programa de observación, como auxiliar, al llevar los registros de sus observaciones. Por lo regular, estos instrumentos deben planificarse específicamente para satisfacer los requisitos de cada estudio de evaluación en particular.

Variables de apoyo. Debe considerarse todavía a otra clase de variables, que ocurre en parte dentro del hogar y en la comunidad del estudiante, como influencia posible en los resultados del programa educativo. Figuran entre éstas los factores como la existencia de materiales adecuados (en el aula y la biblioteca de la escuela); la disponibilidad de un lugar silencioso para el estudio; de un "clima" de aula que favorezca un buen aprovechamiento; las acciones de los padres, en cuanto a reforzar actitudes favorables hacia la tarea en el hogar y otras actividades del aprendizaje, y muchos otros. El número de variables de esta clase es muy grande y no se sabe lo suficiente de ellas como para poder hacer una diferenciación confiable de la importancia relativa de las mismas.

La naturaleza general de estas clases de variables se verá en sus efectos sobre las *oportunidades para el aprendizaje.* Por ejemplo, los materiales del aula pueden presentar más o menos oportunidades para el aprendizaje, según sea su disponibilidad; los padres pueden fomentar en mayor o menor grado la atención adecuada que se le dé a la tarea en el hogar, etc. Al contrario de la del conocimiento, las *variables de apoyo* no influyen directamente en el proceso de aprendizaje, que es lo que se espera del primer conjunto de factores. En lugar de ello, tienden a determinar las condiciones ambientales más generales de los periodos durante los cuales pueden ejercer sus efectos las variables del conocimiento. Por ejemplo, la enseñanza planificada puede exigir al estudiante un periodo de estudio independiente. El maestro puede tomar las medidas necesarias para que los alumnos dispongan de tiempo para ese estudio, garantizando así que se tome en cuenta la variable de procedimiento. Pero ¿cuál será la diferencia de resultados entre: *a*) un estudiante que tiene un lugar relativamente quieto, en el cual pueda estudiar sin que se le interrumpa, y *b*) otro que lleva a cabo su estudio independiente en un rincón de un aula ruidosa?; este contraste ejemplifica una diferencia de variable de *apoyo*. Es de suponerse que las oportunidades de aprendizaje sean menos en el segundo caso, aunque los efectos reales de esta variable sobre el resultado no puedan determinarse en este ejemplo hipotético.

Las variables de apoyo requieren diversos medios para evaluarlas. Lo que los maestros hacen para alentar la tarea suele evaluarse mediante un cuestionario; la existencia de los materiales pertinentes a un tema o curso puede evaluarse contando libros, folletos y otras fuentes de referencia. Puede determinarse el "clima" del aula empleando un programa sistemático de observación. Al principio del estudio puede disponerse fácilmente de otras mediciones de este tipo, del número de estudiantes o de la proporción entre alumnos y maestros. Para cualquiera de los tipos de las variables de apoyo es probable que sea necesario elegir o elaborar la técnica de evaluación que mejor se ajuste a la situación.

Variables de aptitud. Es de gran importancia advertir que, de todas las variables que pueden determinar los resultados del aprendizaje, la de mayor influjo es probablemente la *aptitud para aprender* que tenga el estudiante. Independientemente de lo que pueda lograrse por métodos mejorados de enseñanza, mediante la disposición de las variables de procedimiento, y garantizando el mejor de los apoyos posibles al aprendizaje, conviene tener en mente que todo este conjunto de circunstancias favorables no puede influir en los resultados del aprendizaje tanto como puede hacerlo la aptitud del estudiante.

La aptitud para el aprendizaje que posee el estudiante en cualquier momento, sin duda está parcialmente determinada por su herencia genética. También lo está, en parte, por los influjos del medio, algunos de los cuales (como la alimentación) pueden ejercer sus efectos incluso antes del nacimiento. La aptitud de un individuo está también determinada parcialmente por los tipos de aprendizaje que ha experimentado, y por las oportunidades que ha tenido de aprender. Así pues, debe quedar claro que la aptitud es una variable que tiene sus causas propias y múltiples. No obstante, y ya que se introduce en un estudio evaluativo, generalmente es una *variable de entrada* (Astin y Panos, 1971). Como tal, no es susceptible de ser alterada por la evaluación; únicamente puede medirse, no manipularse.

Tradicionalmente, la aptitud para el aprendizaje se mide con instrumentos llamados *pruebas de inteligencia*. Se dispone de muchas de estas pruebas bien elaboradas y cuidadosamente validadas. A veces se critican por "injustas", debido en parte al hecho demostrable de que contienen ítemes con los que se muestra la información, y habilidades que pueden estar más fácilmente al alcance de un grupo étnico que de otro. En estas páginas no podemos concederle espacio a la consideración de esta crítica. Sin embargo, para los fines de los estudios evaluativos puede notarse que la característica importante que se busca en una prueba de aptitud de aprendizaje no es la "justicia", sino su *poder de pronóstico*. Aquí nos referimos al poder que una puntuación de prueba de aptitud tiene para pronosticar variaciones del aprovechamiento de diferentes alumnos, considerado como resultado del aprendizaje. Que las pruebas de inteligencia tienen tal poder de pronóstico es un hecho que se ha demostrado en demasiados estudios, para citarlos. En términos generales, a través de ellos se ha demostrado que la inteligencia (aptitud para aprender) es responsable hasta de un 50% de las variaciones del resultado del aprendizaje, medidas como aprovechamiento en relación con las capacidades que se clasifican como información, capacidad intelectual y estrategias cognoscitivas.

Por eso es que la aptitud para aprender con la cual llega el estudiante a la situación de enseñanza probablemente tendrá un gran efecto sobre lo que aprenda, cuando esto se evalúe más tarde en función de los resultados. Hasta donde se sabe, lo anterior es válido, muy independientemente del grupo étnico o racial a que pertenezca el estudiante. Por tanto, si se va a evaluar la eficacia de un programa de enseñanza, deberá demostrarse el efecto de ésta, estableciendo controles que permitan separar del influjo la aptitud "de entrada" que tenga el estudiante.

Si bien con las puntuaciones de las pruebas de inteligencia frecuentemente se identifican, con comodidad, las mediciones de la aptitud para aprender, a veces se emplean otras mediciones. Para obtener una puntuación mixta con que evaluar la aptitud, puede usarse una *combinación* de varias pruebas pertinentes. (En realidad, la mayor parte de las pruebas de inteligencia son, en sí, colecciones de subpruebas con que se muestrean varias aptitudes diferentes.) Otro procedimiento consiste en emplear medidas, de cuyas puntuaciones se sepa que se *correlacionan* en un grado razonablemente alto. Las calificaciones escolares previas muestran estas correlaciones elevadas, particularmente en materias como la lectura de comprensión y la matemática. Otra medición correlacionada es el ingreso familiar, o la posición socioeconómica de la familia (SES).* Parece razonable que, aunque las mediciones correlacionadas a veces son útiles, en los estudios de evaluación no habrán de preferirse sobre las medidas con que se intenta evaluar la aptitud para aprender de la manera más directa posible.

INTERPRETACIÓN DE LOS DATOS EVALUATIVOS

Hemos visto que, además del mismo programa, algunas variables de la situación educativa influyen en la medición de los resultados del programa de enseñanza, es decir, en la medición de las capacidades intelectuales aprendidas, las estrategias cognoscitivas, la información, las actitudes y las destrezas motoras. Las variables de procedimiento de la operación del programa educativo pueden afectar directamente el aprendizaje, y también sus resultados. Las variables de apoyo de la escuela o del hogar determinan las oportunidades para aprender, e influyen así en los resultados del aprendizaje que se observan. Y más señaladamente, las aptitudes de los estudiantes influyen poderosamente en los resultados medidos en un estudio evaluativo.

Si ha de evaluarse la eficacia de la enseñanza planificada, deberán imponerse ciertos *controles* sobre las variables de procedimiento, apoyo y aptitud, para asegurar que se revele el "efecto neto" de la propia enseñanza; en esta parte describimos los procedimientos para lograr dicho control. Nuevamente puede ser necesario señalar que sólo la lógica fundamental de estos procedimientos puede explicarse aquí. No obstante, ésta es de importancia crítica para planificar los estudios evaluativos.

Control de los efectos de aptitud

Para evaluar los resultados de la enseñanza conforme a la pregunta 1 (¿en qué medida se han alcanzado los objetivos?), necesitan tenerse en cuenta los efectos de las variables de la aptitud. Para esto debe establecerse en primer lugar cuál *es* el nivel de inteligencia de los estudiantes a quienes se enseña. Esto puede hacerse proporcionando simplemente la puntuación promedio, y cierta medida de dispersión de la distribución de las puntuaciones (por ejemplo, la desviación estándar) con una prueba estándar de inteligencia. No obstante, con este fin se usan frecuentemente medidas correlacionadas como la SES. Suponiendo que se han alcanzado

---

* Socioeconomic status. [N. del E.]

117 de los 130 objetivos de un curso, es importante saber si el CI promedio de los estudiantes es de 115 (como podría pasar en una escuela suburbana), o de 102 (como en algunas zonas de la ciudad o en un área rural). Es posible que en el primer supuesto el número de objetivos logrados pueda ser de 117, de un total de 130, mientras que en el segundo podría descender hasta 98, respecto del mismo total. Los objetivos de la evaluación pueden conseguirse mejor poniendo a prueba el medio didáctico en varias escuelas diferentes, cada una con una gama un tanto diferente de aptitudes de aprendizaje de los estudiantes.

Cuando la evaluación se hace para responder la pregunta 2 (¿en qué medida es mejor?), se deberá informar simplemente la naturaleza y cantidad de la variable de aptitud. En este caso se trata de mostrar si existe alguna diferencia entre el nuevo programa de enseñanza y algún otro; en otras palabras, hacer una *comparación.* Para hacer la comparación se requiere demostrar que los dos grupos de estudiantes eran *equivalentes,* para empezar. Es más fácil encontrar la equivalencia de aptitud de los estudiantes cuando se emplean como grupos de comparación clases sucesivas de estudiantes de la misma escuela y que provengan del mismo medio. Así sucede cuando se introduce un curso recién planificado en un aula o escuela, y debe compararse con un curso diferente, dado el año anterior.

A menudo se emplean otros métodos para establecer la equivalencia de las aptitudes iniciales. En ocasiones pueden asignarse estudiantes, *aleatoriamente,* a diferentes aulas de una misma escuela, la mitad de los cuales reciben la enseñanza recién planificada, mientras que la otra mitad no lo hace. Cuando se emplea este método deben hacerse arreglos administrativos definidos, para asegurar el carácter aleatorio de la selección; dicho carácter no puede suponerse simplemente. Otro procedimiento consiste en elegir un conjunto de escuelas y aptitudes "igualados" hasta donde sea posible, y poner a prueba la nueva enseñanza en la mitad de ellas, comparando los resultados obtenidos con los de las escuelas donde no se administró dicha enseñanza. Todos estos métodos contienen ciertas complejidades de planificación que necesitan manejarse con cuidado para poder hacer comparaciones válidas.

También existen métodos estadísticos de control para las variables de aptitud: métodos que "separan" los efectos de las variables de aptitud y, por tanto, revelan el efecto neto de la propia enseñanza. En general, estos métodos se conforman a una lógica como la siguiente: si el resultado medido es producto de A y E, en donde A es la aptitud y E es la enseñanza, ¿cuál sería el efecto de solamente E, si se supusiera que A tiene un valor constante? Tales métodos son de considerable valor para revelar la eficacia de la enseñanza, teniendo en cuenta particularmente el influjo prominente que la variable A pueda tener.

Independientemente del procedimiento particular que se emplee, deberá estar claro que toda comparación válida de la eficacia de la enseñanza, en dos o más grupos de estudiantes, necesita que se establezca la equivalencia de las aptitudes iniciales. En la comparación pueden usarse medidas de inteligencia u otras correlacionadas. Los estudiantes pueden asignarse al azar a los diversos grupos, o bien pueden compararse sus aptitudes cuando la asignación sea hecha con bases diferentes (por ejemplo, la ubicación de la escuela). Para que pueda suponerse que existe equivalencia, deben emplearse métodos estadísticos. Cualquier de estos métodos tiene el propósito de asegurar que existe equivalencia de aptitudes de aprendizaje entre los grupos de estudiantes cuyas capacidades se comparan después de la enseñanza. Ningún estudio en que se evalúen los resultados del aprendizaje puede proporcionar un testimonio válido de la eficacia de la enseñanza, sin que haya previamente una forma de "controlar" esta importante variable.

Control de los efectos de las variables de apoyo

Para muchos de los fines de evaluación, las variables de apoyo pueden tratarse como variables de "entrada", y controlarse así de maneras similares a las usadas para la aptitud de aprender. De este modo, cuando el interés se centra en la obtención de los objetivos (pregunta 1), las medidas de las variables de apoyo pueden comunicarse al mismo tiempo que las medidas de apoyo, para que puedan considerarse al interpretar los resultados. En este caso también un procedimiento útil es probar el tipo de enseñanza en toda una variedad de escuelas que muestren patentemente características diferentes (o cantidades diferentes) de "apoyo".

Asimismo, las comparaciones implícitas en la pregunta 2 y parte de la pregunta 3 requieren que se demuestre la *equivalencia* entre los grupos o escuelas cuyos resultados de aprendizaje se sometan a comparación. Supóngase que se obtienen medidas de resultados de dos grupos diferentes de aptitudes equivalentes en una escuela, y que uno de los grupos ha sido sometido a un curso apenas planificado de composición inglesa, en tanto que el otro sigue con un curso diferente. Supóngase que a pesar de las diferencias de enseñanza, los objetivos de ambos cursos son prácticamente los mismos, y que la evaluación de los resultados se basa en estos objetivos comunes. El grupo M muestra en promedio un aprovechamiento considerablemente mejor que el grupo N. Hasta que sea en verdad convincente el hecho de que la nueva enseñanza es "mejor", deberá demostrarse que no existen diferencias relativas a las variables de apoyo. Como se trata de la misma escuela, puede demostrarse que son equivalentes muchas variables de este tipo, como la biblioteca, los materiales disponibles y otras características por el estilo. ¿Dónde podrían hallarse diferencias relativas a las variables de apoyo? Una posibilidad sería el "clima" de los dos grupos: uno puede ser más estimulante, para el aprovechamiento, que el otro. También puede ser que, como cada uno tiene un maestro diferente, uno de ellos sea simpático y el otro no. Las actitudes de los estudiantes pueden diferir; acaso en un grupo haya más estudiantes que busquen nuevas oportunidades de aprendizaje que en el otro. Consecuentemente, pueden afectar los resultados las variables de este tipo que influyan en las oportunidades de aprender. Por tanto, es muy importante demostrar la equivalencia de los grupos con respecto a estas variables, o tenerlas en cuenta mediante métodos específicos.

Control de los efectos de las variables de procedimiento

Es de particular importancia evaluar y controlar las variables de procedimiento cuando tratan de obtenerse datos relacionados con la consecución de los objetivos enunciados (pregunta 1). Es evidente que un medio didáctico puede "funcionar" mejor o peor, según sean las operaciones que especifique como necesarias de realizar. Supongamos, por ejemplo, que en un nuevo curso de ciencia elemental los maestros tengan que orientar las actividades de los estudiantes, de modo que éstas queden prácticamente al arbitrio de ellos mismos (con la guía de un cuaderno de ejercicios). Los maestros encuentran que en estas circunstancias los estudiantes tienden a producir situaciones en que puedan hacerles preguntas a sus maestros, sin que éstos "sepan las respuestas". Un maestro puede manejar esta circunstancia alentando a los estudiantes a tratar de descubrir una forma de dar la respuesta; otro podrá pedir que los estudiantes hagan únicamente lo que prescribe el libro de ejercicios. De esta forma, el mismo programa de enseñanza puede llevar a operaciones muy diferentes. La variable de procedimiento difiere señaladamente en estos dos casos, y efectos igualmente pronunciados pueden producirse respecto de las medidas de resultados. Si la evaluación es de tipo formativo, el planificador puede interpretar tales datos como un reflejo de la necesidad de más instrucciones o entrenamiento de parte del maestro. Si se lleva a cabo una evaluación general, deben tratarse independientemente los resultados de los dos grupos de estudiantes, para revelar las variables de procedimiento.

En los estudios de comparación (pregunta 2), las variables de procedimiento son igualmente importantes. Como en el caso de las variables de aptitud o apoyo, deben "controlarse" de una u otra forma para poder obtener pruebas válidas de la eficacia de la enseñanza. Debe demostrarse la equivalencia de los grupos, en función de las variables de procedimiento, ya sea ejerciendo control sobre ellas, con un enfoque aleatorio, o mediante recursos estadísticos. Debe advertirse que las variables de procedimiento se prestan más al control directo que las de apoyo o de aptitud. Si la escuela o la clase se encuentra en un medio ruidoso (variable de apoyo), puede ser que no existan los medios de cambiar el nivel del ruido. Sin embargo, si un estudio de evaluación formativa demuestra que algunos maestros no han empleado las operaciones especificadas por el nuevo programa de enseñanza (variable de proceso), puede emprenderse el adiestramiento de ellos para que en la siguiente ocasión se empiece con un conjunto adecuado de variables de procedimiento.

Las variables de procedimiento pueden influir igualmente en los resultados imprevistos (pregunta 3) y, por tanto, se requieren procedimientos de control similares. Un conjunto de actitudes positivas por parte de los estudiantes, en un programa recién planificado, *podría* ser el resultado del modelamiento ejercido por un maestro en particular, y así contrastaría con las actitudes menos favorables de otro grupo de estudiantes que, por otro lado, tuvieron la misma enseñanza. También en este caso es necesario demostrar la equivalencia de las variables de procedimiento antes de tratar de sacar conclusiones sobre los efectos del medio de enseñanza de que se trate.

Control de las variables mediante la aleatorización

Se acepta generalmente que la forma óptima de controlar las variables en un estudio de evaluación es asegurar que los efectos ocurran al azar. Éste es el caso cuando puede asignarse los estudiantes a grupos de "control" y "experimentales", de manera aleatoria, o cuando puede dividirse todo un conjunto de grupos o escuelas de dicha manera. En el caso más simple, si se comparan los resultados del grupo A (el nuevo medio de enseñanza) con los del grupo B (medio de enseñanza antes empleado), y si los estudiantes sacados de una población dada han sido asignados a estos grupos en números iguales, al azar, puede suponerse que la comparación de los resultados está influida igualmente por las variables de aptitud. El mismo razonamiento se aplica a los efectos de aleatorizar la repartición de aulas, maestros y escuelas en los grupos experimental y de control, para igualar las variables de procedimiento y apoyo.

La aleatorización tiene el efecto de controlar no únicamente las variables específicas identificadas, sino también otras que pudieran no haberse separado, para medirlas por no conocerse su potencialidad de influjo. Aun cuando son ideales para los fines de control, generalmente es difícil disponer, en la práctica, de los procedimientos de aleatorización. Por lo general las escuelas no toman a sus estudiantes al azar, de una comunidad, ni los asignan aleatoriamente a los grupos o maestros. Por eso generalmente debe emprenderse la identificación y medición de las variables de aptitud, apoyo y procedimiento, de la manera descrita en los párrafos anteriores. Cuando se puede asignar al azar a los estudiantes, maestros o clases, los estudios de evaluación alcanzan un grado de elegancia que de otra manera no tendrían.

EJEMPLOS DE ESTUDIO DE EVALUACIÓN

A los cuatro tipos de variables de los estudios evaluativos, a saber, la aptitud, apoyo, procedimiento y resultado, generalmente se les considera y mide cuidadosamente en todo estudio evaluativo, ya sea de carácter formativo o general. La interpretación de estas medidas difiere, como se verá en los siguientes ejemplos, según la función de los dos tipos de evaluación.

Evaluación de un programa de lectura para principiantes

Los Laboratorios de Desarrollo Educativo de McGraw-Hill, Inc. y la L. W. Singer Company, de Random House, Inc. elaboraron y evaluaron durante dos años un conjunto variado de lecciones de preparación para la lectura en general y para principiantes; a este sistema de enseñanza se le dio el nombre de *Escuche, vea, aprenda*. En resumen, los materiales didácticos consisten en: a) un juego de filminas con sonido, preparado con el fin de desarrollar comprensión y repetición verbal en el escucha; b) un cuaderno de ejercicios de coordinación ojo-mano, para la identificación y trazo de letras y números; c) un juego de filminas en que se señalan tareas de escribir letras, y que acompaña al libro de trabajo; d) cartas de letras para la identificación cinestésica de las mismas; e) tarjetas seriales de dibujos, y otras para la práctica de "oír y leer"; f) un juego de filminas de colores para analizar fonéticamente las palabras y presentarlas en contextos narrativos.

Según informan Heflin y Scheier (1968), se llevó a cabo una evaluación sistemática formativa del sistema de enseñanza, con la que al mismo tiempo se obtuvieron algunos datos de primera mano con fines de evaluación general. En la tabla 8 se resumen algunos de los puntos principales del estudio, a partir de este informe. La tabla se presenta para ilustrar la manera como se trataron e interpretaron las primeras clases de variables; naturalmente que dadas las reducidas dimensiones de la tabla no puede informarse de muchos de los pormenores del estudio.

En dicho estudio se abarcaron clases de alumnos de primer grado de escuelas de once estados. Se aplicó el sistema de enseñanza *Escuche, vea, aprenda* a un grupo de cuarenta clases con un número total de 917 alumnos, y se usó como grupo de control a 1 000 alumnos de 42 clases. Las clases del grupo de control emplearon el sistema de enseñanza de "lectura fundamental". Se pidió a los distritos escolares que proporcionaran grupos experimentales y de control, que en la medida de lo posible fuesen equivalentes en cuanto a las características de los maestros y los alumnos.

Variables de aptitud. Debido a las diferencias de existencia de puntuaciones de aptitud en las diversas escuelas, no se emplearon medidas iniciales de ésta; en su lugar, se obtuvo información concerniente a la posición socioeconómica de las familias de los alumnos, como se indicó en la tabla 8. Al aplicar pruebas de aptitud durante el segundo año de estudio (Metropolitan Readiness, Pintner Primary IQ), se verificó una gran gama de aptitudes, al igual que la equivalencia de los grupos experimental y de control.

Para los fines de la evaluación formativa se desearía saber si las clases elegidas para la enseñanza abarcan una gama de aptitudes del estudiante que sea representativa de las escuelas del país, puesto que tal es el fin práctico del sistema que se evalúa. A partir del informe (Heflin y Scheier, 1968), parecería que las escuelas que participaron en el estudio representaban una gran mayoría de las escuelas primarias de los Estados Unidos de América, aunque de ninguna manera a todas ellas; por ejemplo, no se incluyeron escuelas de zonas urbanas superpobladas. No obstante, el estudio ofrece pruebas bastante buenas de que estuvo representada una amplia gama de aptitudes. Además, de los datos resulta claro que los dos grupos de alumnos fueron razonablemente equivalentes en cuanto a aptitudes.

Variables de apoyo. La diversidad de las posiciones socioeconómicas de las familias de los alumnos nos indica también que el apoyo al aprendizaje, hasta donde puede suponerse que se origina en el ambiente hogareño, exhibió una amplitud de variación adecuada para el estudio. Otras pruebas de apoyo al aprendizaje se infieren a partir de las mediciones de las características de los maestros, según se indican en la tabla 8. La diferencia consiste en que los maestros con una amplitud típica de antecedentes educativos se conducirán de forma que proporcionen toda una gama de oportunidades para el aprendizaje. También se demuestra un grado razonable de equivalencia en cuanto a esas variables entre los grupos experimental y de control.

Otras medidas de apoyo al aprendizaje, no obtenidas sistemáticamente en este estudio, acaso sean de mayor importancia para la evaluación general. Ejemplos de ellas serían las variables tales como: "disponibilidad de materiales de lectura", "fomento de la lectura independiente", y otras de esta naturaleza general. En el estudio de *Escuche, vea, aprenda,* se obtuvieron testimonios incompletos sobre el número de libros que leía cada niño, y se vio que este número variaba desde cero hasta 132 (Heflin y Scheier, 1968, pág. 45).

Tabla 8. *Variables medidas e interpretación de las mismas,
destinadas a las evaluaciones formativa y general del estudio de un sistema
de enseñanza de lectura para principiantes (Escuche, vea, aprenda)* *

Tipo de variable	Manera de medirla	Interpretación
Aptitud	En un principio, mediante la posición socioeconómica (SES), medida correlacionada	*Formativa:* Una variedad de tipos que provee de una gama de SES, desde los niveles altos hasta los bajos
	Durante el segundo año, puntuaciones de pruebas estandarizadas de CI y aptitud para la lectura:	*General:* Equivalencia de SES y, más tarde de aptitud, demostrada en los grupos experimental y de control
Apoyo	1) Nivel de educación formal de los maestros 2) Cuantía de conocimientos del maestro en lo relativo a métodos de lectura 3) Años de experiencia docente	*Formativa:* Amplitud de estas variables, características de la mayoría de las escuelas primarias *General:* Equivalencia razonable de los grupos experimental y de control, respecto de estas variables
Procedimiento	1) Pertinencia de las lecciones a juicio del maestro 2) Éxito de los componentes del programa, a juicio del maestro 3) Solidez y vulnerabilidad de las lecciones individuales, a juicio del maestro	*Formativa:* Juicios sobre la pertinencia destinados a establecer la viabilidad Indicaciones indirectas de la eficacia del aprendizaje, basadas en las estimaciones del maestro
Resultado	Medias de la prueba de aprovechamiento sobre el conocimiento de palabras Metropolitan Primary I: Grupo EVA-25.5 Grupo de control-24.1	*General:* Las puntuaciones de aprovechamiento, conforme a la prueba estandarizada, indican puntuaciones de las capacidades componentes de la lectura considerablemente mayores que las del grupo de control equivalente
	Medias de la prueba de discriminación de palabras: Grupo EVA-25.9 Grupo de control-24.7	
	Medias de la prueba de lectura: Grupo EVA-27.3 Grupo de control-25.2	

* Información y resultados tomados de *The formative period of listen look learn,
a multi-media communication skills system,* de Heflin y Scheier. Huntington, Nueva
York: Educational Development Laboratories, Inc., 1968.

Variables de procedimiento. Como se indica en la tabla 8, se obtuvo una medida de viabilidad de las diversas partes del programa, pidiéndole a los maestros que juzgaran la propiedad de los materiales para los grupos de estudiantes de aprendizaje rápido, medio y lento. Diversas características de las lecciones pudieron contribuir a la propiedad; por ejemplo, la familiaridad del sujeto como un cuento o la dificultad de las palabras empleadas. Los juicios de los maestros llevaron a conclusiones acerca de la viabilidad, las cuales produjeron la eliminación o revisión de algunos elementos del programa.

Las estimaciones de los maestros también formaron las bases para probar el "éxito" de las diversas actividades que comprendió el programa *Escuche, vea, aprenda.* Tales medidas son, naturalmente, pruebas indirectas que se refieren a variables de procedimiento, al compararlas con indicadores como el número de ejercicios que hizo cada estudiante, el tiempo que invirtió en cada uno, la retroalimentación que se proporcionó para las respuestas correctas o incorrectas y otros factores de esta índole. Los materiales de este programa no permiten ver inmediatamente cuáles pudieron ser las variables de procedimiento deseadas. Por tanto, los informes de los maestros acerca de "cuál fue la eficacia de la lección" probablemente fueron tan buenos indicadores de estas variables, como los mejores que pudieran haberse obtenido en este caso.

Variables de resultado. Los resultados de aprendizaje de este programa se evaluaron mediante pruebas estandarizadas de conocimiento y discriminación de palabras, y lectura (partes de la Prueba de Aprovechamiento Metropolitana de Primaria I). Como se ve en la tabla 9, las puntuaciones medias de estos tres tipos de actividades fueron mayores con el grupo experimental que con el de control, que se había considerado más o menos equivalente por lo que hace a la operación de las variables de aptitud y de apoyo. Las pruebas estadísticas de las diferencias entre las diversas parejas de medios, indicaron que estas diferencias fueron significativas a un nivel aceptable de probabilidad.

Debe señalarse que las pruebas de resultados de aprendizaje obtenidas en este estudio fueron consideradas por sus autores como meros indicadores iniciales del éxito del programa *Escuche, vea, aprenda.* Más tarde se llevaron a cabo otros estudios para evaluar, en general, los resultados de aprendizaje (Brickner y Scheier, 1968, 1970; Kennard y Scheier, 1971). En general estos estudios han arrojado datos y conclusiones que muestran mejorías en el aprovechamiento temprano de la lectura, considerablemente mayores que las producidas por los otros programas de enseñanza a los cuales trata de suplantarse (que consisten generalmente en sistemas de lectura fundamental).

Evaluación de un programa de aritmética individualizado

Otro ejemplo de estudio evaluativo, de carácter general, nos lo da una investigación de un sistema de enseñanza individualizada elaborado por el Centro de Investigación y Desarrollo del Aprendizaje, de la Universidad de Pittsburgh (Cooley, 1971). En ese estudio se comparó un programa de enseñanza individualizada de aritmética para el segundo grado, de la Frick School, con el que se empleaba antes. El nuevo programa pasó antes por varios años de evaluación formativa y desarrollo. Se planificó con el fin de que permitiera el progreso individual de los alumnos, en lo tocante a capacidades aritméticas, y estaba basado en el dominio de las capacidades de requisito.

En la tabla 9 se resume el tratamiento de las variables de este estudio evaluativo, que representan los resultados principales.

Variables de aptitud. En primer lugar, se observa en la tabla que se midieron las variables de aptitudes, cada año, en el momento en que los niños entraban a la escuela. Durante varios años se observó que las aptitudes de entrada eran fundamentalmente las mismas. Además se vio que permanecía estable la variable correlacionada de posición socioeconómica (SES). Así pues, se consideró razonable suponer en este estudio que las clases sucesivas de alumnos tendrían las mismas aptitudes iniciales. Un grupo experimental (enseñanza individualizada) del segundo grado, en 1971, podría compararse con un grupo de control (enseñanza normal) que hubiera estado en segundo grado en 1970.

Variables de apoyo. Por lo que hace a las variables de apoyo no se separaron específicamente, ni se midieron de manera individual; por el contrario, se demostró la equivalencia de aulas y maestros. En estas circunstancias, se supuso que las variables de apoyo eran equivalentes en ambos grupos; asimismo aquéllas correspondientes al hogar podrían suponerse equivalentes, en vista de que se demostró que no había diferencias relativas a las variables de posición social económica de ambos grupos.

Variables de procedimiento. De éstas, las más importantes, es decir, las asociadas con el método específico de enseñanza individualizada, se compararon deliberadamente en los dos grupos, y se verificó esta variación mediante observaciones hechas en el salón de clases. Pudieron suponerse equivalentes otras variables de procedimiento (como el estímulo que proporcionaban los maestros a los alumnos), debido a que se emplearon los mismos maestros en los grupos experimental y de control.

Resultado. Como consecuencia del plan de este estudio, se demuestra que ciertas variables que influyen en las categorías de aptitud, apoyo y procedimiento, son equivalentes en sus efectos sobre ambos grupos de alum-

Tabla 9. *Variables y su interpretación en un programa individualizado de aritmética para segundo grado en la Frick School* *

Variable	Manera de medirla o controlarla	Interpretación
Aptitud	Clases de alumnos empleados en los grupos de control y experimental, con aptitudes equivalentes al ingresar a la escuela	Aptitud de los grupos de alumnos, la cual permanece constante en esta escuela año tras año
	Se demuestra que son equivalentes ambos grupos de alumnos, en cuanto a su SES	
Apoyo	Las mismas instalaciones escolares y los mismos maestros, para ambos grupos	Las variables de apoyo específicas de la escuela y el hogar son equivalentes
	Son equivalentes los SES de los alumnos	
Procedimiento	Procedimientos contrastantes en la enseñanza individual y la normal	Quedan por investigar los efectos de las variables de procedimiento de la enseñanza individualizada; las otras variables de procedimiento específicas son equivalentes para ambos grupos
	Mismos maestros en ambos grupos	
Resultados	Amplia gama de la prueba de aprovechamiento en aritmética. Puntuaciones medias en el segundo grado:	Se obtuvieron diferencias significativas entre las puntuaciones de resultado con los grupos equivalentes
	Grupo experimental (1971)-25.22 Grupo de control (1970)-23.40	

* Información y resultados tomados de *Methods of evaluating school innovations.* Pittsburgh, Filadelfia: Learning Research and Development Center, University of Pittsburgh, 1971 (26).

nos o, cuando menos, puede suponerse razonablemente que así lo son. Por tanto, se espera que las variables de resultados reflejen fielmente los efectos de los cambios de la enseñanza. En el último renglón de la tabla se muestran medidas de aprovechamiento aritmético, las cuales indican una mejoría considerable al compararse la nueva enseñanza (individualizada) con la empleada anteriormente.

Generalización a partir de un ejemplo

Todo estudio de evaluación le presenta al evaluador un conjunto diferente de circunstancias, a las cuales deberá aplicar la lógica antes descrita. En la práctica deben hacerse concesiones, en virtud de la existencia de medidas inadecuadas de los resultados de aprendizaje, de las dificultades de lograr equivalencia en los grupos que se comparan, de la presencia de ciertos acontecimientos que afectan a una escuela o grupo sin influir en otros, y muchas otras posibilidades, demasiadas como para mencionarlas aquí. Naturalmente que parte de la tarea del evaluador es juzgar la seriedad de estas contingencias y las maneras como deben tomarse en cuenta para llegar a resultados convincentes.

En la tabla 10 se muestra un conjunto de referencia de las situaciones de evaluación representativas, a la par que sus interpretaciones más probables. Estas situaciones sirven como una especie de resumen de nuestro estudio previo sobre los tipos de variables que afectan a los resultados del aprendizaje.

En las comparaciones hipotéticas de la tabla 10, se supone que la escuela A puso a prueba un curso apenas planificado (también rotulado "A"),

Tabla 10. *Comparación e interpretación de los resultados de aprendizaje en la escuela A (usando el curso A) y en la escuela B (usando el curso B)*

Situación		Comparación de resultados	Interpretación más probable
1. Variable de aptitud:	A > B	A > B	La mayor parte de la diferencia de resultados, si no toda, es atribuible a diferencias de aptitud
Variables de apoyo:	A = B		
Variables de procedimiento:	A = B		
2. Variable de aptitud:	A = B	A > B	Las diferencias pueden ser causadas por la enseñanza, el apoyo o ambos
Variables de apoyo:	A > B		
Variables de procedimiento:	A = B		
3. Variable de aptitud:	A = B	A > B	Las diferencias pueden ser causadas por la enseñanza, las diferencias de procedimiento o ambos
Variables de apoyo:	A = B		
Variables de procedimiento:	A > B		
4. Variable de aptitud:	A = B	A > B	La diferencia puede atribuirse a los efectos de la enseñanza
Variables de apoyo:	A = B		
Variables de procedimiento:	A = B		

y que sus resultados se comparan con los de la escuela B, la cual ha empleado un curso diferente ("B"). En todo caso se supone, además, que las mediciones del resultado han sido mejores en la escuela A que en la B.

La situación 1 es aquélla en que las variables de apoyo y de procedimiento han sido controladas, es decir, demostradas como equivalentes. Las variables de aptitud indican, en promedio, mayor inteligencia en la escuela A que en la B. Toda vez que esta variable tiene tanto poder, no puede esperarse que salten a la vista los efectos de la enseñanza, y la interpretación probable será como se aprecia en la columna final. La situación número 2 es aquélla en que todas las variables influyentes han sido demostradas como equivalentes, excepto en el caso de las variables de apoyo. Las diferencias de resultado pueden ser causadas por estas variables, por la enseñanza, o por ambos factores, en alguna proporción indeterminada. De la misma manera, la situación 3, en que difieren las variables de procedimiento, puede conducir únicamente a la conclusión de que las diferencias de resultado observadas han sido producto del procedimiento o de la enseñanza, o de ambos.

La situación 4 es el objeto de los estudios de evaluación general. En este caso se ha demostrado que son equivalentes todas las variables influyentes, mediante uno u otro método. Esta situación permite interpretar que las diferencias de resultado son atribuibles a la propia enseñanza.

RESUMEN

La evaluación de cursos, programas y programas de enseñanza, generalmente se tiene que enfrentar, cuando menos, a los siguientes problemas: a) ¿se han alcanzado los objetivos de la enseñanza?; b) ¿es mejor el nuevo programa, que aquel que se pretende suplantar?, y c) ¿qué otros efectos produce el nuevo programa?

Se emprende la evaluación formativa mientras se planifica la nueva unidad. Su propósito es dar pruebas de la viabilidad y eficacia, para que puedan hacerse revisiones y mejoras. Se buscan testimonios de los observadores, maestros y estudiantes.

La evaluación general trata la eficacia del curso o programa, una vez que se ha elaborado. Las pruebas que se buscan están relacionadas principalmente con el aprovechamiento del estudiante. Se toman medidas de los tipos de capacidades del alumno, que pretenden establecerse mediante el programa.

Cuando se hacen evaluaciones generales para comparar una nueva unidad de enseñanza con otra unidad "vieja", deben tenerse en cuenta otras variables, además de la propia unidad. Los resultados de la enseñanza son modificados por variables cuyos efectos deben "controlarse" para probar los efectos de aquélla. Estas variables son:

1. Variables de aptitud, que reflejan la aptitud que tienen los estudiantes para aprender.
2. Variables de procedimiento, que tienen su origen en la manera como funciona la enseñanza en la escuela.
3. Variables de apoyo: condiciones del hogar, escuela y comunidad, las cuales afectan las oportunidades de aprender.

En los estudios evaluativos se emplean diversos métodos para controlar estas variables, con el fin de demostrar los efectos de la enseñanza recientemente planificada. A veces la operación de estas variables puede igualarse asignando a los estudiantes, escuelas o comunidades, de manera "aleatorizada", a los diferentes grupos que se van a instruir. Lo más común es emplear métodos estadísticos para establecer la equivalencia entre los grupos que se van a comparar. Si se trata de evaluar dos grupos o sistemas de enseñanza, para determinar cuál es el mejor, la evaluación requiere que se ejerza control sobre otras variables. Idealmente todo deberá ser equivalente, excepto los dos programas de enseñanza mismos.

REFERENCIAS BIBLIOGRÁFICAS

Astin, A. W. y Panos, R. J. The evaluation of educational programs. En R. L. Thorndike (dir.), *Educational measurement*, 2a. edición. Washington, D.C.: American Council on Education, 1971, págs. 733-751.

Brickner, A. y Scheier, E. *Summative evaluation of listen look learn cycles R-40, 1967-68*. Huntington, Nueva York: Educational Development Laboratories, Inc., 1968.

Brickner, A. y Scheier, E. *Summative evaluation of listen look learn 2nd year students cycles, R-70, 1968-69*. Huntington, Nueva York: Educational Development Laboratories, Inc., 1970.

Cooley, W. W. *Methods of evaluating school innovations*. Pittsburgh, Filadelfia: Learning Research and Development Center, University of Pittsburgh, 1971 (26).

DuBois, P. H. y Mayo, G. D. (dir.). *Research strategies for evaluating training*. AERA Monograph series on curriculum education, núm. 4. Chicago: Rand McNally, 1970.

Heflin, V. B. y Scheier, E. *The formative period of listen look learn, a multi-media communication skills system*. Huntington, Nueva York: Educational Development Laboratories, Inc., 1968.

Isaac, S. y Michael, W. B. *Handbook in research and evaluation*. San Diego, California: Knapp, 1971.

Kennard, A. D. y Scheier, E. *An investigation to compare the effect of three different reading programs on first-grade students in Elk Grove Village, Illinois, 1969-1970*. Huntington, Nueva York: Educational Development Laboratories, Inc., 1971.

POPHAM, W. J. *An evaluation guidebook.* Los Ángeles: Instructional Objectives Exchange, 1972.

SCRIVEN, M. The methodology of evaluation. En R. TYLER, R. M. GAGNÉ y M. SCRIVEN, *Perspectives of curriculum evaluation.* AERA Monograph series on curriculum evaluation, núm. 1. Chicago: Rand McNally, 1967.

Índice onomástico

AAAS Commission on Science Education, 117, 136, 150, 153, 211, 237, 238, 250
Aronson, E., 87
Astin, A. W., 261, 265, 279
Ausubel, D. P., 18, 28, 63, 67, 76, 87, 122, 136, 163, 176, 211, 227
Austin, G. A., 36, 46

Baker, E. L., 34, 47, 93, 95, 98, 113
Ball, J. R., 244, 251
Bandura, A., 81, 87
Bilodeau, E. A., 122, 136
Bloom, B. S., 34, 46, 78, 87, 104, 112, 113, 182, 200
Bretz, R., 73, 87
Brickner, A., 274, 279
Briggs, G. E., 84, 87
Briggs, L. J., 28, 95, 113, 131, 132, 136, 157, 169, 172, 175, 176, 180, 200, 211, 227, 230, 239, 244, 248, 250, 251
Bruner, J. S., 22, 28, 36, 46, 59, 62, 67, 103, 113, 117, 136
Buckley, N. K., 225, 227

Coleman, L. T., 131, 135, 136
Commission on the Reorganization of Secondary Education, 46
Cooley, W. W., 275, 276, 279
Cronbach, L. J., 198, 200
Crovitz, H. E., 162, 176
Crowder, N. A., 230, 251
Czanyi, A. P., 227

Dale, E., 170, 176
Davies, I. K., 230, 251
Deese, J., 17, 29, 73, 87
DuBois, P. H., 261, 279

Edling, J. V., 206, 227
Esbensen, T., 236, 251

Festinger, L , 77, 87
Finch, G., 250
Fishbein, M., 77, 87
Fitts, P. M., 37, 46, 83, 84, 87, 121, 136
Fitzgerald, D., 122, 136
Flavell, J. H., 62, 67
Frase, L. T., 163, 176
Friedenberg, E. Z., 15, 29

Gagné, R. M., 18, 23, 29, 36, 46, 51, 52, 62, 67, 79, 87, 105, 113, 122, 125, 127, 129, 131, 133, 135, 136, 139, 153, 232, 251, 280
Galanter, E. H., 251
Gardner, J. W., 14, 29
Gephart, W. R., 47
Gilbert, T. F., 143, 153
Glaser, R., 148, 153
Gonzales, M. A., 227
Goodnow, J. J., 36, 46
Gordon, J., 122, 136
Guilford, J. P., 190, 200
Guskin, A. L., 248, 251
Guthrie, E. R., 230, 251

Hagen, E., 198, 200
Hartley, J., 230, 251
Hastings, J. T., 34, 46, 112, 113, 183, 200
Havelock, R. G., 248, 251
Heflin, V. B., 272, 273, 279
Homme, L., 225, 227
Hulse, S. H., 17, 29, 73, 87

Isaac, S., 261, 279

Johnson, D. M., 149, 153, 190, 200
Jung, J., 73, 87

Índice analítico

La publicación de esta obra la realizó
Editorial Trillas, S. A. de C. V.

División Administrativa, Av. Río Churubusco 385,
Col. Pedro María Anaya, C. P. 03340, México, D. F.
Tel. 56884233, FAX 56041364

División Comercial, Calz. de la Viga 1132, C. P. 09439
México, D. F. Tel. 56330995, FAX 56330870

Esta obra se terminó de imprimir y encuadernar
el 29 de marzo del 2002,
en los talleres de Impresora Roma, S. A. de C. V.
BM2 80 TW